"十四五"职业教育国家规划教材

高等职业教育物流类专业新形态一体化教材

货物学基础
（第二版）

张 彤 主编

赵 静 孙国芳 马建国 彭 渝 副主编

清华大学出版社

北京

内容简介

本书是"十四五"职业教育国家规划教材。本书是以物流中的货物为中心,以货物的物流业务运行为主线,全面地介绍了货物的性质、分类、质量、标准、检验、包装、储存、养护等环节的基本理论与基本技能,对危险货物、冷藏货物、集装箱货物进行了专题介绍,由此构建了比较完整的货物学体系。本书共8个学习项目:认知货物、货物质量与标准、货物检验、货物包装与标志、货物储存与养护、危险货物、冷藏货物、集装箱货物。

本书为新形态一体化教材,配有丰富的数字化教学资源,如微课、视频、教学指导、学习指南、教学课件、实训项目、同步测试、企业案例等。学习者通过扫描二维码,可以获取数字资源,即扫即学。

本书是由高职院校教师和行业企业专家共同打造的"双元"教材,可以作为高等职业院校物流管理、工程物流管理、物流工程技术、采购与供应管理、物流金融管理以及电子商务、国际商务、市场营销等专业教学用书,也可作为物流企业、港航企业和货代公司从业人员的岗位培训教材和专业参考书籍。

本书封面贴有清华大学出版社防伪标签,无标签者不得销售。
版权所有,侵权必究。举报: 010-62782989, beiqinquan@tup.tsinghua.edu.cn。

图书在版编目(CIP)数据

货物学基础/张彤主编. —2版. —北京:清华大学出版社,2021.8(2024.9重印)
高等职业教育物流类专业新形态一体化教材
ISBN 978-7-302-54381-7

Ⅰ. ①货… Ⅱ. ①张… Ⅲ. ①物流-货物运输-高等职业教育-教材 Ⅳ. ①F252

中国版本图书馆 CIP 数据核字(2019)第 263348 号

责任编辑:左卫霞
封面设计:常雪影
责任校对:刘 静
责任印制:杨 艳

出版发行:清华大学出版社
网　　址: https://www.tup.com.cn, https://www.wqxuetang.com
地　　址: 北京清华大学学研大厦 A 座　　邮　编: 100084
社 总 机: 010-83470000　　邮　购: 010-62786544
投稿与读者服务: 010-62776969, c-service@tup.tsinghua.edu.cn
质量反馈: 010-62772015, zhiliang@tup.tsinghua.edu.cn
课件下载: https://www.tup.com.cn, 010-83470410

印 装 者: 北京联兴盛业印刷股份有限公司
经　　销: 全国新华书店
开　　本: 185mm×260mm　　印　张: 12.25　　字　数: 296千字
版　　次: 2016年7月第1版　2021年8月第2版　　印　次: 2024年9月第12次印刷
定　　价: 49.00元

产品编号: 086560-01

第二版前言

党的二十大报告要求"坚持以高质量发展为主题",提出建设"交通强国"的目标。现代物流业是国民经济基础性、战略性、先导性产业,是"交通强国"的重要内容,以"创新驱动、数字驱动、安全发展、绿色发展"为核心,用科技赋能,节能减排,降本增效,推动物流业数字化升级,建设智慧物流和绿色物流,实现物流业高质量发展,服务实体经济。本教材聚焦国家发展战略,将物流数字化技术、物流节能环保、物流高质量发展和物流安全运行贯穿于货物的性质、质量、标准、检验、包装、储存中,贯穿于危险货物、冷链货物、集装箱货物等不同的货物形态中。

党的二十大报告提出"用社会主义核心价值观铸魂育人"的根本任务。本教材全面贯彻党的二十大精神,落实立德树人的根本任务,以社会主义核心价值观为引领,设计知识目标、能力目标、思政目标"三位一体"学习目标,在学习目标下匹配课程思政内容,设计"价值链""知识链""能力链",将教材中的知识点和能力点串联成线,形成知识链和能力链,其背后所蕴含的价值要素串联成价值链,三条链合成一体,由此构成了"一个引领、三位一体、三链合一"的教材思政体系。

随着《国家职业教育改革实施方案》的逐步实施和教育信息化的不断推进,教材改革势在必行。《国家职业教育改革实施方案》所倡导的新型活页式、工作手册式教材并配套开发数字化资源的"新形态一体化教材"将成为教材改革方向。同时,伴随着物流行业的高质量发展,货物学领域的理论与实践也取得了突破性的进展,新理论和新技术层出不穷。在这一背景下,我们对本书第一版进行了修订。

与第一版相比,第二版主要进行了以下6个方面的补充与完善。

第一,优化了货物学的知识体系。第二版从物流企业业务运营的实践出发,紧紧围绕物流中的货物,按照货物在物流企业中的实际运行轨迹,从货物的基本性质和基本分类入手,选择了与货物密切相关的内容,严格区分货物、商品、产品,删除了商品编码、产品质量管理的相关内容。考虑到集装箱运输和冷链物流是未来物流业行业发展的两个重要领域,故增加了冷链货物和集装箱货物的内容。第二版共包括8个学习项目:认知货物、货物质量与标准、货物检验、货物包装与标志、货物储存与养护、危险货物、冷藏货物、集装箱货物,学习项目之间的逻辑关系较第一版更加清晰。

第二,结构安排更加符合高职学生的认知规律。第二版的主体结构为引导案例、学习目标、思维导图、学习单元、拓展阅读、前沿视角、职业指导、同步测试、实训项目。引导案例指引学生从认知进入系统学习;学习目标列示了知识目标、能力目标和思政目标;思维导图展示了学习项目的框架与关键内容；学习单元呈现教材的主要内容；拓展阅读和前沿视角旨在拓展学生的视野，使学生了解行业中的前沿理论与技术，了解行业的发展趋势；职业指导是解读项目内容在企业中的实际应用，指明学生需要掌握的知识点和技能点；同步测试考核学生对知识掌握和应用的能力；实训项目重在让学生能够学以致用。这种结构安排更加符合高职学生的认知规律。

第三，设计了一体化的实训项目。第二版是按照货物学的内在逻辑关系，基于不同类型的货物，以分析货物性质为基础，设计了货物质量控制、货物检验、货物包装、货物储存和保管、危险货物运输、冷藏货物的储存保鲜、集装箱货物的装箱与选箱等一系列方案，形成了一体化实训项目，覆盖所有教学内容，并以任务工作单、任务实施单、任务检查单、任务评价单的形式呈现，体现了《国家职业教育改革实施方案》倡导的工作手册式教材。实训项目是由编写团队中的高职院校教师与企业专家共同开发的成果，体现了职业教育的产教融合。

第四，配套了丰富的数字化教学资源。第二版是以知识点、技能点为颗粒度进行了微课建设，并配套了包括动画、视频、图片、教学设计、教学指导、学习指南、教学课件、习题、实训项目、案例等数字化教学资源，学习者可以通过扫描教材中的二维码获得学习资源。数字化教学资源与纸质教材配套使用，形成了适用于混合式学习的"新形态一体化教材"。

第五，更新和完善了教材内容与案例。第二版引用了行业企业的最新案例，更新和完善了前沿理论与前沿技术，同时还增加了货物学的最新知识，体现了教材的前沿性。

第六，增加了"思政目标"，凸显"课程思政"。第二版根据货物学课程的基本内容，挖掘课程所蕴含的"思政"元素和资源，将其融入知识传授与技能培养中，培养学生的社会主义核心价值观，发挥课程的价值引领作用。

本书修订工作由高职院校教师和企业资深专家组成的编写团队共同完成。高职院校教师执笔编写各个学习项目，企业专家提供案例、参与实训项目开发，进行职业指导。因此本书是校企合作开发的"双元"教材。

本书由北京电子科技职业学院教授张彤担任主编。张彤对全书进行了统稿和修改，并修订学习项目一和编写学习项目八；北京电子科技职业学院副教授赵静修订学习项目二；北京电子科技职业学院讲师孙国芳修订学习项目三；重庆财经职业学院讲师彭渝修订学习项目四；重庆财经职业学院讲师马建国修订学习项目五、学习项目六，并编写学习项目七。北京国商物流有限公司总经理苟卫博士、重庆直通国际物流有限公司总经理杨佳俊参与了全书的修订工作。

本书在修订过程中，引用了诸多数据、资料和图片，在脚注和参考文献中尽可能详尽地列出了文献资料的来源，如有疏漏敬请谅解。在此向引用资料的原作者表示诚挚的敬意和由衷的感谢；本书得到了清华大学出版社的大力支持，在此表示衷心的感谢。

通过以上修订，本书更加符合《国家职业教育改革实施方案》的要求，更加适应教育信息化环境，更好地满足线上线下混合式教与学的需求。由于编者水平有限，书中难免会出现不当与疏漏之处，敬请专家和读者批评、指正。

张　彤

2022年12月于北京

FOREWORD
第一版前言

随着商品经济的发展和国际贸易范围的不断扩大,货物运输量逐年增加,这对货物质量和货运质量提出了更高的要求。货物学主要研究货物在包装、运输、储存过程中的质量问题。通过分析不同类别货物的性质和影响货物质量的各种因素,以确定采用相应的包装材料、技术以及运输、储运手段来减少货物损耗。因此货物学在商品流通和国际物流中发挥的作用越来越大。

本书根据现代物流管理的要求,围绕物流中的货物,从货物的物流业务运行角度,对货物的性质、分类、质量、标准、检验、包装、运输、储存、保养等方面知识进行全面介绍,并对危险货物、鲜活易腐货物、超限货物等特殊货物的相关知识进行专门介绍。

本书具有以下特色。

1. 编写理念体现职业教育特色。本书在编写中融入课程教学设计的理念,以学生为主体,以教师为主导,以培养学生的职业能力和创新能力为目标。理论教学与技能训练相结合,理论教学中所教授的理论以"够用"为度,技能训练按照物流中货物操作与管理的技能要求设计。通过理论学习和技能训练,以达到学以致用、强化技能培养的目的。

2. 体系结构设计突出系统化和模块化。本书以物流中的货物为中心,以确保物流中的货物质量为目的,以货物的物流业务运行为主线,设计了8个学习项目:认知货物、货物的分类与编码、货物质量与标准、货物检验、货物包装、货物的储存与养护、危险货物和其他特殊货物。由此构建了以货物基本特性为基础、以货物的物流运行环节为主体的货物学知识体系。本书整体结构具有系统性,每个学习项目又是相对独立的,这种系统性和模块化相结合的教材结构,更便于不同专业、不同实训条件、不同教学时数的学校剪裁使用。

3. 书中内容选取体现知识性和技能性。书中内容精选学生在职业岗位上有用的基础理论和基础知识,融入货物操作与管理的新观念、新制度、新方法,突出实用性和新颖性。加强"案例分析"和"实训项目",引导学生在"做"中"学",培养学生运用知识解决问题的能力。

4. 学习项目设计完整、清晰,**便于教师和学生使用**。每个项目都涵盖引导案例、学习导航、学习单元、职业指导、知识拓展、前沿理论与技术、实训项目、课后习题等内容。引导案例选取典型案例作为引导,引出本项目所涉及的知识。学习导航一方面针对学生,根据本项目各个内容之间的内在逻辑关系,为学生提供学习路径指导,并提出明确的知识目标和能力目标;另一方面针对教师,根据教学内容的特点提出教学方法。学习单元介绍学生为了达到学习目标所需要掌握的基本知识和基本技能。职业指导从企业需求、实际应用的角度,分析本项目的实践价值,以及学生应具备的职业技能。知识拓展围绕本学习项目的主体内容展开介绍一些相关知识,帮助学生拓宽思路,培养学生从多角度分析和解决问题的能力。前沿理论与技术起到"抛砖引玉"的作用,通过本领域前沿理论与知识的介绍,帮助学生进行前瞻性的学习。实训项目是对学生进行的技能训练,通过实践训练,使学生具备岗位要求的基本素质和技能。课后习题帮助学生对学习成果进行检验。

  本书由北京电子科技职业学院副教授张彤担任主编,负责全书架构设计和编写体例设计,负责对全书进行修改和统稿,并编写学习项目一和学习项目二;北京电子科技职业学院赵静编写学习项目三;北京电子科技职业学院孙国芳编写学习项目四;重庆财经职业学院彭渝编写学习项目五;重庆财经职业学院马建国编写学习项目六~学习项目八。

  在本书编写过程中,参阅了大量国内外公开发表和出版的文献资料,在此谨向原著作者表示诚挚的敬意和由衷的感谢。

  由于编者的理论水平和实践经验有限,书中难免有不足之处,恳请各位专家和读者批评指正,以便我们不断完善。

编　者
2016 年 4 月

CONTENTS

目 录

学习项目一　认知货物 ………………………………………………………………… 1

　　引导案例 ………………………………………………………………………………… 1
　　学习目标 ………………………………………………………………………………… 1
　　思维导图 ………………………………………………………………………………… 2
　　学习单元一　货物的基本概念 ………………………………………………………… 2
　　学习单元二　货物的基本性质 ………………………………………………………… 3
　　学习单元三　货物的分类 ……………………………………………………………… 8
　　学习单元四　货物的计量 ……………………………………………………………… 11
　　拓展阅读 ………………………………………………………………………………… 15
　　前沿视角 ………………………………………………………………………………… 15
　　职业指导 ………………………………………………………………………………… 18
　　同步测试 ………………………………………………………………………………… 18
　　实训项目 ………………………………………………………………………………… 20

学习项目二　货物质量与标准 ……………………………………………………… 21

　　引导案例 ………………………………………………………………………………… 21
　　学习目标 ………………………………………………………………………………… 21
　　思维导图 ………………………………………………………………………………… 22
　　学习单元一　货物质量 ………………………………………………………………… 22
　　学习单元二　货物标准 ………………………………………………………………… 28
　　学习单元三　货物标准化 ……………………………………………………………… 35
　　拓展阅读 ………………………………………………………………………………… 38
　　前沿视角 ………………………………………………………………………………… 41
　　职业指导 ………………………………………………………………………………… 42
　　同步测试 ………………………………………………………………………………… 42
　　实训项目 ………………………………………………………………………………… 44

学习项目三　货物检验 ……………………………………………………………… 45

　　引导案例 ………………………………………………………………………………… 45
　　学习目标 ………………………………………………………………………………… 45

思维导图 46
学习单元一　认知货物检验 46
学习单元二　货物检验的方法 49
学习单元三　进出口货物检验 55
拓展阅读 59
前沿视角 59
职业指导 60
同步测试 60
实训项目 62

学习项目四　货物包装与标志

引导案例 64
学习目标 64
思维导图 65
学习单元一　认知货物包装 66
学习单元二　货物包装材料 68
学习单元三　货物包装方法 83
学习单元四　货物包装标志 88
学习单元五　货物积载因数 93
拓展阅读 97
前沿视角 97
职业指导 98
同步测试 98
实训项目 100

学习项目五　货物储存与养护

引导案例 102
学习目标 102
思维导图 103
学习单元一　认知货物储存 104
学习单元二　货物储存质量变化 106
学习单元三　仓库温湿度控制 108
学习单元四　货物养护 111
拓展阅读 115
前沿视角 117
职业指导 119
同步测试 120
实训项目 121

学习项目六　危险货物

引导案例 123

学习目标	124
思维导图	124
学习单元一　认知危险货物	125
学习单元二　危险货物包装与标志	128
学习单元三　危险货物的积载与隔离	131
学习单元四　危险货物的储存与运输	134
拓展阅读	139
前沿视角	140
职业指导	142
同步测试	143
实训项目	144

学习项目七　冷藏货物 …… 146

引导案例	146
学习目标	146
思维导图	147
学习单元一　认知冷藏货物	147
学习单元二　冷藏货物的储存	150
学习单元三　冷藏货物的运输	154
拓展阅读	157
前沿视角	158
职业指导	159
同步测试	159
实训项目	160

学习项目八　集装箱货物 …… 162

引导案例	162
学习目标	162
思维导图	163
学习单元一　认知集装箱货物	163
学习单元二　集装箱货物的装箱	173
学习单元三　集装箱货物汗湿及防止措施	181
拓展阅读	182
前沿视角	183
职业指导	183
同步测试	184
实训项目	185

参考文献 …… 186

学习项目一

认知货物

引导案例

茶叶受潮事件

某年 9 月 12 日,福峡茶厂与福州港务管理局马尾港务公司签订了经上海中转至青岛、运输 12 000 kg 茉莉花茶的水路联合运输运单式合同。原计划 9 月 15 日装船,由于受台风影响,延滞于 9 月 27 日才得以启运。在此期间,启运地受到 3 次台风袭击,连降暴雨和大雨。集装箱按规定和惯例始终露天置放,福州港务管理局马尾港务公司未采取任何防护措施。收货公司收到货后,在仓库开箱时发现 5 个集装箱底部均有不同程度的水湿,茶叶受潮霉变。于是电告福峡茶厂,表示拒收货物。

案例分析：茶叶是多孔性的组织结构,存在亲水性成分,具有显著的吸湿性。当茶叶吸收水分超过 12% 时,就会变软、香气减退,如不及时采取措施就会发霉变质,严重影响茶叶质量。本案中由于受台风影响,在连降暴雨和大雨的情况下,福州港务管理局马尾港务公司将装有茶叶的集装箱露天放置 12 天,未采取防雨淋措施,导致茶叶运到目的地时受潮变质,该公司应该对茶叶受损事件负责,承担由此带来的经济损失。

案例所涉及的知识点：货物性质。

学习目标

【知识目标】

1. 掌握货物的基本概念；
2. 掌握货物的基本性质；
3. 掌握货物的基本分类；
4. 熟悉货物的计量单位和计量方法。

【能力目标】

1. 能够区分货物与商品、货物与产品；
2. 能够分析不同货物的基本性质；
3. 能够识别不同类别货物的基本特征,对货物进行归类；
4. 能够正确使用货物计量单位；
5. 能够正确计量货物的重量和体积。

【思政目标】

1. 培养学生的系统思维和实践思维,强化马克思主义的客观辩证思维方式。通过对本项目的学习,使学生从货物的概念出发,系统地了解货物的基本性质,客观地把握货物的本质。依据货物的性质对货物进行科学的分类,为合理地安排货物运输、储存、装卸、搬运、配积载等实践活动提供指导。由此培养学生客观、系统地认识问题,并用马克思主义的方法论指导实践。

2. 激发学生的爱国情怀,增强民族自豪感和民族自信心。通过对货物计量的学习,使学生了解我国古代的度量衡制度。我国的度量衡制度在当时的历史条件下已经十分完备,并领先于世界,让学生感受到中国的传统文化和中国人民的伟大创新,由此激发学生的爱国情怀,增强学生的民族自豪感,坚定民族自信心,相信中华民族有能力在经济、科技等多领域站在世界前沿。

思维导图

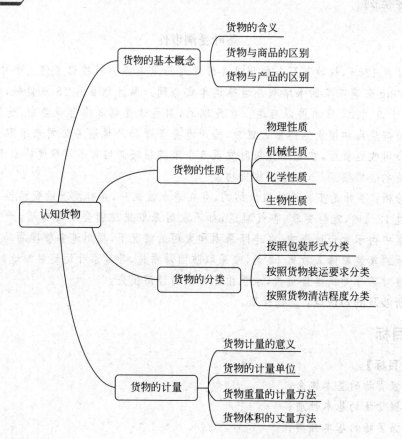

学习单元一　货物的基本概念

一、货物的概念

(一)货物的含义

货物(cargo)是指在各种运输方式下,运输部门承运的各种原料、材料、商品以及其他产品或物品的总称。

从这个定义中可以看出：①货物是运输环节中的"物品"；②货物包括原材料、商品、工农业产品、涉外个人物品等。

(二) 从物流的角度认识货物

现代物流起源于美国，对物流的研究始于20世纪20年代。经过近百年的发展，人们对物流的认识更加清晰。

美国物流管理协会(Council of Logistics Management,CLM)对物流的定义：物流是供应链运作的一部分，是以满足客户要求为目的，对货物、服务和相关信息在产出地和消费地之间实现高效且经济的正向和反向的流动与储存所进行的计划、执行和控制的过程。

日本日通综合研究所对物流的定义：物流将货物由供应者向需求者的物理位移，是创造时间价值和场所价值的经济活动，包括包装、搬运、保管、库存管理、流通加工、运输、配送等活动领域。

我国对物流的定义：物流是物品从供应地向接收地的实体流动过程。根据实际需要，将运输、储存、装卸、搬运、包装、流通加工、配送、信息处理等基本功能实施有机结合。①

从以上具有代表性的物流定义可以看出，货物是物流的对象，存在于物流过程中，其表现形式为发生位移的原材料、在制品、制成品(产品)。

二、货物与商品、产品的区别

(一) 货物与商品的区别

1. 商品的概念

商品(commodity)是指用来交换、能够满足人们某种需要的劳动产品，是价值和使用价值的统一体。商品有狭义和广义之分，狭义的商品是指通过市场交换，能够满足人们某种需要的物质形态的劳动产品，是有形商品；广义的商品是指通过市场交换，能够满足人们某种社会需要的所有形态(知识、劳务、资金、物质等)的劳动产品，包括有形商品和无形商品。

2. 商品和货物的区别

商品存在于商业领域，即销售与消费环节；货物存在于运输环节；商品是经过交换的产品；货物是指没有经过交换的产品。

(二) 货物与产品的区别

1. 产品的概念

产品(product)是指在生产企业制造完工的成品。

2. 产品和货物的区别

产品存在于生产领域，即生产环节；货物存在于运输环节；产品通常是指产成品；货物不仅包括产品，还包括原材料、涉外个人物品等。

学习单元二　货物的基本性质

货物在装卸、运输和保管等各个环节中，由于本身的特点以及环境的影响，会发生各种各样的质量变化，造成货物减值或丧失价值。货物的质量变化是由货物性质决定的，货物基

---

① 资料来源：中华人民共和国国家标准《物流术语》(GB/T 18354—2006)。

本性质归纳起来包括物理性质、机械性质、化学性质和生物性质4种。

一、货物的物理性质

(一) 货物物理性质的概念

货物的物理性质是指货物具有的受外界的温度、湿度、阳光、雨水等因素的影响会发生物理变化的性质。货物发生物理变化时,虽不改变其本质,但会造成数量减少、质量降低甚至是损坏。

微课:货物的物理性质

(二) 货物发生物理变化的形式

货物发生物理变化的主要形式包括吸湿、挥发、热变等。

1. 吸湿

吸湿是货物具有吸附水蒸气或者水分的性质,是货物运输中发生质量变化的一个重要原因,对货运质量有较大的影响。

货物的吸湿性受到以下几个因素的影响。

(1) 货物的化学成分和结构。如果货物的化学成分中含有亲水性基团(如蛋白质、糖、果酸等),那么该类货物极易吸收水分;如果货物的结构为疏松多孔,如棉、麻、茶叶等,则具有较强的吸湿性。

(2) 货物蒸发水分的气压。当货物表面水气压小于空气中水气压时,货物会吸湿;反之,货物会散湿。其流向取决于两者的气压差,水分由高压的一方流向低压的一方,直至两者达到平衡状态。

(3) 空气的温湿度。当空气温度较高,相对湿度较小时,货物易散发水分;当空气温度较低,相对湿度较大时,货物易吸收水分。

货物含水量过多,超过其安全水分标准时,会出现货物潮解、溶化、分解、发霉等变质现象;货物含水量过少时,则会致使货物损耗、发脆、开裂。因此,在货物储存中应注意对仓库温湿度的控制。

2. 挥发

挥发是指液体货物表面能迅速气化变成气体而散发至空间中的性质。此类货物有:汽油、原油、酒精等。

液体货物发生挥发现象,是由于液体货物表面的分子比其内部分子的运动更为活跃,它的表面蒸汽压力大于空气压力,所以能不断地挥发扩散到空气中去。一般地,温度高、物质沸点低、空气流动快、液面大、空气压力小,挥发的速度就快。某些固体物质也能直接升华,如硫黄、樟脑等。

液体货物的挥发会造成货物重量、质量损耗,包装中气压过大会造成包装破裂或者爆炸。有些挥发出的气体有毒、腐蚀、易燃,还会引发危险事故。因此,货物的包装要坚固完好,封口严密,避免受到高温外力作用。对于沸点低的液体货物,应选择低温季节或冷藏运输,作业前必须充分通风。

3. 热变

热变是低熔点货物在超过一定温度范围后引起形态变化的性质。热变与物质熔点、外部温度密切相关,一般来说,熔点低、温度高容易引起热变。

货物在热变后,虽然在成分上没有发生变化,但是在形态上发生了变化,如软化、变形、粘连、熔化等,以致造成货损、货垛倒塌及沾污其他货物,影响装卸作业。因此,对于低熔点的货物,如松香、橡胶、石蜡等,应选择在阴凉的场所装载,远离热源部位,如在炎热的季节要采取防暑降温措施。

二、货物的机械性质

(一) 货物机械性质的概念

货物机械性质是指货物的形态、结构在外力作用下发生机械变化的性质。

微课:货物的机械性质

货物的机械变化取决于货物的质量、形态与包装强度,在运输和储存过程中,货物所受的外力作用如表1-1所示。

表1-1 货物所受外力的作用

外力	静态作用力	堆码压力
	动态作用力	震动冲击
		翻倒冲击
		跌落冲击

在运输过程中,货物受到震动、翻倒、跌落冲击是不可避免的。常用的机械性指标有抗压强度、韧性。抗压强度(即抗压性)是指物质单位面积上所能承受的极限压力,单位为帕(Pa),它决定着货物的堆码高度或耐压的强度。韧性是物质抵抗冲击力的能力。缺乏韧性,称为脆性,脆性的货物或包装不耐外界冲击力的破坏作用。

(二) 货物发生机械变化的形式

货物发生机械变化的形式主要有破碎、变形、渗漏、结块等。

1. 破碎

破碎是由于货物质脆或包装强度弱,以至于在较小的外力作用下就容易破损的性能。各种玻璃制品、陶瓷制品,以及用玻璃、陶瓷做包装的货物都属于易碎货物。

在货物运输、储存和装卸作业中,对于易碎货物须轻拿轻放,避免摔、抛、滑、滚等野蛮操作;码垛不宜过高,重货不应堆装在其上面,注意加固绑扎以防止货物倒塌;堆装位置应选在便于作业、防震、防下沉处。

2. 变形

变形是指具有可塑性的货物发生变形。所谓可塑性是指货物受外力作用后发生变形,而当移去外力后,不能完全恢复原状的性质。这类货物虽不易碎裂,但受到超过货物所能承受的压力时就会引起制品变形,影响质量。如具有热变性的橡胶、塑料制品,在高温条件下受重压、久压极易变形。皮革制品和铝制品等也是如此。

在堆码作业中,对于易变形货物要堆形平整,堆装高度不宜过高,且不能在上面堆码重货。在货物装卸搬运作业中,要避免摔、抛、撞击,机械作业时要稳铲、稳吊、稳放,防止因外力作用造成变形。

3. 渗漏

渗漏主要发生在液体货物中。如货物包装容器质量有缺陷、封口不严、灌装不符合要求,那么,在搬运过程中受到撞击、跌落等或受高温作用时,则易使货物发生渗漏现象。

为避免渗漏,在货物运输过程中,应加强对液体货物包装容器的检查和高温时的防暑降温措施;在货物装卸搬运作业中,要使用合适的机具,船舱内应紧密堆装不留空隙,以避免引起碰撞。对于易渗漏且有污染性的货物,应堆装于低部位置。如渗漏物有挥发性、散湿性,应做好防护措施。

4. 结块

结块主要发生在粉粒晶体状货物中。装载时堆码超高或受重货所压以及受水湿、干燥、高温、冷冻等因素的影响,易造成此类货物结块。易结块的货物如水泥、食糖、化肥、矿粉等。

货物结块不仅对货物的质量有所损害,而且会在装卸中造成货物包装断裂,以致散装货物难以卸货。因此,在货物堆码作业中切勿重压、久压。在装卸货物时,不宜用水喷洒货物,以免造成货物结块。

三、货物的化学性质

(一) 货物化学性质的概念

货物化学性质是指货物在光、氧、水、酸、碱等作用下,发生改变物质本身的化学变化的性质。

微课:货物的化学性质

货物的化学性质是由货物的组成成分决定的。货物在发生化学变化的过程中,货物的性质也发生了变化,改变了原有的物质,产生了新的物质与成分。货物发生化学变化后,会彻底改变货物的化学成分和使用价值,甚至会使使用价值完全丧失。如钢铁生锈、肥料失效以及黑火药爆炸等都属于化学变化。

(二) 货物发生化学变化的形式

货物发生化学变化的形式主要有氧化、腐蚀、燃烧、爆炸等。

1. 氧化

氧化是指货物与空气中的氧或放出氧的物质所发生的化学变化,又称氧化作用。氧极易与物质发生氧化反应而使货物变质,甚至发生危险事故。易氧化的物质有很多,如金属类、油脂类、自燃类物质。

货物发生氧化反应,一方面会降低货物的质量,如橡胶的老化、茶叶的陈化、煤炭的风化,棉织品在日晒条件下的褪色等;另一方面还会造成自热、自燃等危险事故。由于氧化产生的热量不易散发而被积聚起来,所以会发生自热、自燃现象。比如,发热量较大、燃点较低的黄磷、赛璐珞制品等,氧化后会释放出热量,其本身燃点较低,故易发生自燃事故;油纸、油布等油脂类制品含有不饱和脂肪酸,其氧化后发出热量,热量不易散发而导致温度上升,一旦达到燃点便会引起自燃。

锈蚀是一种非常典型的氧化还原反应。金属货物发生锈蚀,一方面是因为金属本身性质不稳定,其成分存在着自由电子;另一方面是因水分子和氯化氢、二氧化硫等酸性有害气体对货物发生作用。锈蚀是金属货物的主要破坏形式。

2. 腐蚀

腐蚀是指某些货物具有的能对其他物质产生破坏作用的性质。酸性、碱性、氧化性和吸水性的货物,易引起腐蚀。

常见的腐蚀品主要是酸类、碱类物质。例如,钢铁和盐酸作用,能破坏钢铁制品;烧碱和油脂作用,能灼伤人的皮肤;浓硫酸能吸收植物水分,使之碳化变黑;漂白粉的氧化性,能破坏有机物等。

3. 燃烧

燃烧是指物质相互化合而发生光和热的过程。一般是指物质与氧激烈地化合,所进行的化学反应称为燃烧反应。例如磷的燃烧:$P_4+5O_2 =\!=\!= 2P_2O_5$。

物质引起燃烧或继续维持燃烧,必须同时具备三个条件,即可燃物、助燃物(氧或氧化剂)、温度,三者缺一不可。气体燃料能直接燃烧并发出火焰;液体和固体燃料,通常需先受热变成气体后才能燃烧而产生火焰。

4. 爆炸

爆炸是指物质非常迅速地发生化学或物理变化而形成压力急剧上升的一种现象。爆炸分为化学性爆炸和物理性爆炸。化学性爆炸是指物质受外因的作用,产生化学反应而发生的爆炸;物理性爆炸是指货物包装容器内部气压超过容器的承受强度而发生的爆炸,如氧气瓶的爆炸。

爆炸反应的主要特点是反应速度极快,放出大量的热和气体,产生冲击破坏力,如黑火药等爆炸品发生爆炸。

在运输过程中,应注意防止以下几种爆炸现象。

(1) 易分解物质(如爆炸品、有机过氧化物等)的爆炸。

(2) 不相容物质(如氯酸钾与酒精、硫酸与硫黄等)接触引起的爆炸。

(3) 容器[如石油气钢瓶、汽油桶、碳化钙(电石)桶等]的爆炸。

(4) 易燃气体或易燃粉尘(如乙醚、汽油、铝粉等)与空气的混合物引起的爆炸。

四、货物的生物性质

(一) 货物生物性质的概念

货物生物性质是指有生命的有机体货物及寄附在货物上的生物体,在外界各种条件的影响下,能分解营养成分的性质。它包括货物本身的生命活动(呼吸过程消耗营养物质)和微生物在有机营养内活动两个方面。比如,粮谷、豆类、油籽、果菜等通过缓慢氧化(吸收)维持生命;鲜鱼、肉类等会因为微生物的生命活动而导致营养物质被分解。

微课:货物的生物性质

(二) 货物发生生物变化的形式

货物发生生物变化的形式主要有酶、呼吸、微生物、虫害作用等。

1. 酶作用

酶又称酵素,是一类生物催化剂,一切生物体内物质分解与合成都要靠酶的催化来完成,是生物新陈代谢的内在基础。如粮谷的呼吸、后熟、发芽、发酵、陈化等都是酶的作用结果。

酶是一种特种蛋白质,其催化作用有专一性。酶的种类很多,大致分为氧化还原酶、水解酶、转移酶、裂解酶、异构酶和连接酶六大类。影响酶的催化作用因素有温度、pH 酸碱度和水分等。因此在货物储存过程中,应严格控制仓库的温湿度。

2. 呼吸作用

呼吸作用是一种分解有机成分产生水分的生物化学反应。呼吸作用是有机体货物在生命活动过程中,为获取热能维持生命而进行的新陈代谢现象。呼吸作用是一切活的有机体货物都具有的最普通的生物现象,寄附在货物上的微生物、害虫等也具有此特性。

呼吸作用可分为有氧呼吸和缺氧呼吸。有氧呼吸是有机体货物中的葡萄糖或脂肪、蛋白质等,在通风良好、氧气充足的条件下受氧化酶的催化,进行氧化反应,产生二氧化碳和水,并释放出热量;缺氧呼吸是在无氧条件下,有机体货物利用分子内的氧进行呼吸作用。葡萄糖在各种酶的催化作用下,转化为酒精和二氧化碳,并释放出少量的热量。这种缺氧呼吸实质上是一种发酵作用。

影响呼吸强度的因素有:含水量、温度、氧的浓度等。旺盛的有氧呼吸会造成有机体中营养成分大量消耗,并产生自热、散湿现象;而严重的缺氧呼吸,则会导致酒精积累过多,引起有机体内细胞中毒死亡。因此在货物运输过程中,应合理通风并尽量控制有关因素,使货物进行微弱的有氧呼吸。

3. 微生物作用

微生物是借助于显微镜才能看见其个体形态的小生物。微生物作用是微生物依据外界环境条件,吸取营养物质,经细胞内的生物化学变化,进行生长、发育、繁殖的生理活动过程。易受到微生物作用的货物主要有肉类、鱼类、蛋类、乳制品、水果、蔬菜等。易造成货损的常见微生物主要有细菌、酵母菌和霉菌三大类。

微生物在货物上生长繁殖必备的条件包括水分、氧气、温度、氢离子浓度和渗透压。微生物所摄取的养料必须在溶解状态下才能进入细胞体,因此水分是其生长活动的必备条件;大多数菌类活动需要在有氧环境下进行;不同菌类在各自适宜的温度下能迅速发育、繁殖;不同菌类在氢离子浓度适宜值的环境下活动旺盛;微生物是依靠外界一定的渗透压摄取养料的。此外,紫外线、射线、超声波、化学药剂、抗生素和植物杀菌素等,对微生物的生命活动也有致命的影响。

一般来说,货物含水量多,环境温暖潮湿,非常适宜微生物的生长、繁殖。因此,控制货物含水量和环境温湿度以及防感染是防止微生物危害的主要措施。

4. 虫害作用

害虫对有机体货物的危害性极大,害虫不仅会破坏货物组织结构,引起货物发热、霉变结露;还会排泄代谢废物,污染货物外观,降低货物使用价值,甚至使货物使用价值完全丧失。如粮谷受到害虫侵袭后,会出现结露、陈化、发热和霉变等情况。易受虫害的货物主要有粮谷类、干果类、毛皮制品。

虫害作用与一般环境的温湿度、氧气浓度、货物的含水量密切相关,其中温湿度是最重要的。常见危害货物的仓库害虫有40多种。为防止虫害,应控制仓库的温湿度,并做好清洁卫生工作。

学习单元三　货物的分类

微课:货物的分类

货物的种类繁多,性质各异,分类方式也不尽相同。对于不同种类的货物,要求有不同的运输包装、装载工具、仓储条件、装卸机械及应急预案。为了保护货物,便于货物的安全装载、运输和保管,按照货物的某一共同特征进行分类是十分必要的。

货物分类是进行货物研究的基础。只有将货物进行科学分类,才能将每一个货物的特征归结为每一类货物的特征,在此基础上进行货物质量分析,使用性能的检验、鉴定等方面的研究。

货物分类是保证货物流通质量的前提。只有对货物进行科学分类,才能了解某类货物的基本性质,据此对货物进行合理的包装、运输、储存,选择适合货物的运输和储存条件,保证货物在流通环节的质量。

一般来说,可以按照包装形式、装运要求和清洁程度进行货物分类,具体类别如下。

一、按照货物包装形式分类

(一)件装货物

件装货物称为件杂货或杂货,是以件数和重量承运,其标志、包装形式不一,性质各异,一般,其批量较小且票数较多。按照货物是否有包装,件装货物分为包装货物和裸装货物。包装货物是指袋装、桶装、捆装的货物,这些货物外部有包装物或捆扎物,大部分的件装货物都是包装货物;裸装货物是指不加任何包装的货物,比如汽车、铅锭、钢管、木材等就没有包装。

(二)散装货物

散装货物是指以散装方式进行运输,以重量承运,无标志、无包装、不易计算件数的货物。一般,批量较大且种类较少。散装货物又分为固体散货和液体散货。固体散货是直接装运、不需要包装和标志的固体货物,常见的固体散货有煤炭、矿石、粮食等;液体散货是直接装运、不需要包装和标志的液体货物,常见的液体散货有原油、成品油、动植物油、液化气等。

(三)成组装货物

成组装货物是指用托盘、网络、集装袋和集装箱等,将件装货物或散货组成一个大单元进行运输的货物。成组装货物又可分为托盘货物、网络货物、集装袋货物和集装箱货物。托盘货物是指将若干包件货物集合放在一个托盘上,用塑料薄膜等材料连同托盘一起形成一个装运单元进行运输的货物,比如大部分件装日用品都是用托盘货物;网络货物是指使用棕绳或尼龙绳、钢丝绳等编制的网络所承装的货物,它以一个网络为一个运输单元。集装袋货物是指装入由可折叠的涂胶布、树脂加工布等软材料制成的大型袋子中的货物。集装箱货物是指装入集装箱内进行运输的货物。按照货物性质和形态,可采用通用集装箱或特种集装箱装运;按照装运方式,可采用整箱货和拼箱货装运。集装箱运输具有很多优势,是未来运输发展的主要方向。

二、按货物的装运要求分类

根据货物性质的不同,一般将货物分为普通货物和特殊货物两大类。

(一)普通货物

普通货物(general cargo)是指因货物本身不具有特殊性质而在运输过程中没有规定特别条件的各类货物。

普通货物又分如下 3 类。

1. 清洁货物

清洁货物(clean cargo)是指洁净的、干燥的货物,也可称为精细货物(fine cargo)。如供人们食用的糖果、糕点、茶叶;在运输保管中不能混入杂质或被沾污的各种纤维织品;不能受重压、磕碰、棒打的易碎品中的陶瓷器、玻璃制品等;肥皂、洗衣粉、洗面奶等各种洗涤用品和化妆品;盆、杯子等各种塑料制品。

2. 液体货物

液体货物(liquid cargo)是指盛装于桶、瓶、罐、坛内的,在运输过程中容易破损、滴漏的各种流质或半流质货物。如酒类、药品、各种油类及其制品、普通饮料等。

3. 粗劣货物

粗劣货物(rough cargo)是指具有散发异味、易水湿、易扬尘和易渗油等特性的货物。如能散发气味的货物中的生皮、鱼粉、烟叶、大蒜、氨水、油漆等;易扬尘并使其他货物受污染的扬尘污染性货物中的水泥、炭黑、矿粉、颜料等;煤油、豆饼等易渗油货物。

(二) 特殊货物

特殊货物(special cargo)是指货物本身的性质、体积、重量和价值等方面具有特别之处,在积载、装卸和保管中需要采取特殊设备和措施的各类货物。

特殊货物包括如下 8 类。

1. 危险货物

危险货物(dangerous cargo)是指具有燃烧、爆炸、毒害、污染、腐蚀和放射射线等性质,在运输过程中会引起人身伤亡、财产毁损,在积载、装卸和保管中需要采用特殊设备、采取特别措施,且需要按照有关危险货物运输规则的规定进行运输的货物。

2. 笨重长大货物

笨重长大货物(bulky and lengthy cargo)是指重量超过一定界限或者单件体积过大(过长)的货物,如钢轨、机车头、各种成套的设备等。

3. 有生动植物

有生动植物(living animal and plant)是指具有正常生命活动,在运输过程中仍然需要特别照顾,维持其生命和生长机能,以避免其枯萎、患病或死亡的动植物。如牛、马、猪、羊等家畜,鸡、鸭、鹅等家禽以及其他兽类、鸟类、鱼类等活的动物;花卉、树苗、盆景等植物。

4. 易腐货物

易腐货物(perishable cargo)是指在常温条件下容易腐烂变质的货物,如肉、鱼、鸡蛋、奶及其制成品,鲜水果和鲜蔬菜等。多数易腐货物要使用冷藏运输工具进行运输,故称"冷藏货物"。

5. 贵重货物

贵重货物(valuable cargo)是指本身价值昂贵的货物。如金、银等贵重金属,玉器首饰,货币,高档电器,精密仪器,名贵药材,历史文物,以及其他高价商品。

6. 邮件货物

邮件货物(mail cargo)是指国家之间的邮件、包裹等货物,它要求运输迅速,以便及早送达收件人手中。

7. 拖带运输货物

拖带运输货物（towing carriage cargo）是指较适宜于经编扎在水上拖带运输，而不便于装载在船舶上运输的货物，如竹子、木排、浮物、船坞等。

8. 涉外货物

涉外货物（foreign-related cargo）是指外国驻华使领馆、团体和个人的物品等外交用品，以及国际礼品、展览品等物品。

三、按照货物清洁程度分类

（一）清洁货物

清洁货物是指洁净的、干燥的货物，其特性是不污染其他货物，也要求不被污染，例如生活中的日用品。

（二）污秽货物

污秽货物是指具有散发异味、易水湿、易扬尘和易渗油等特性的货物。

污秽货物又可分为易扬尘货物，如水泥、炭黑、矿粉等；易潮解货物，如糖、盐、化肥等；易融化货物，如松香、石蜡、肥皂等；易渗油货物，如煤油、豆饼、小五金等；易渗漏货物，如酒、蜂蜜、肠衣等；易散味货物，如鱼粉、氨水、油漆等；带虫害病毒，如未经消毒的生牛羊皮、破布、废纸等。

清洁货物与污秽货物不能放在同一个运输工具上，如一个集装箱货、一个船舱，不能同运同仓。这种分类的目的是为了更好地配积载，确保货物的质量。

学习单元四　货物的计量

一、货物计量的意义

货物计量是指以一定的度量衡单位来表示货物的数量，如货物的个数、重量、长度、面积、体积、容积等。

微课：货物的衡重

货物计量在物流中的意义如下。

（1）合理地进行积配载，充分利用运输工具的载重量和载货容积，做到满舱满载。

（2）合理地使用装卸设备和工具。

（3）合理地利用仓库（堆场）的面积和空间。

（4）正确计算运输费用。

二、货物的计量单位

（一）度量衡制度

世界各国所采取的度量衡制度不同，因而同一计量单位所表示的货物的实际数量也不同。目前国际上常用的度量衡制度有4种，如表1-2所示。

表 1-2　度量衡制度及使用国家或地区

度量衡制度名称	使用国家或地区
公制（the metric system）	东欧、拉丁美洲、东南亚、非洲等地区
英制（the british system）	英国、新西兰、澳大利亚等国家
美制（the U.S. system）	北美国家
国际单位制（the international system of units）	许多国家

（二）计量单位

由于货物的种类和性质不同，货物对应的计量单位也各不相同。通常使用的货物计量单位如表 1-3 所示。

表 1-3　常用计量单位

计量单位种类	中文名称	英文名称	缩写	适用范围
按个数计算（number）	件	piece	pc	日用工业制成品及杂货类产品，如文具、成衣、车辆、活牲畜等
	双	pair	—	
	套	set	—	
	袋	bag	—	
	包	bale	—	
	打	dozen	doz	
按重量计算（weight）	公吨	metric ton	m/t	农副产品、矿产品以及部分工业制成品，如谷物、羊毛、煤等
	长吨	long ton	l/t	
	短吨	short ton	s/t	
	千克	kilogram	kg	
	克	gram	g	
	盎司	ounce	oz	
	磅	pound	lb	
按长度计算（length）	米	meter	m	布匹、电线、电缆、绳索
	码	yard	yd	
	英尺	foot	ft	
	厘米	centimeter	cm	
	英寸	inch	in	
按面积计算（area）	平方米	square meter	sq. m	皮制品和部分装潢材料，如皮革、地板、玻璃、地砖等
	平方码	square yard	sq. yd	
	平方英尺	square foot	sq. ft	
	平方英寸	square inch	sq. in	
按体积计算（volume）	立方米	cubic meter	cbn/m^3	木材、砂石、化学气体等
	立方码	cubic yard	cu. ft/ft^3	
	立方英寸	cubic inch	cu. in/in^3	
按容积计算（capacity）	蒲式耳	bushel	bu	部分谷物、流体、气体等，如小麦、玉米、啤酒、汽油等
	升	liter	l	
	加仑	gallon	gal	
	毫升	milliner	ml	

（三）计量单位之间的换算

表 1-3 中计量单位之间存在着一定的换算关系，如表 1-4 所示。

表 1-4　常用计量单位换算关系

1 盎司＝28.349 5 克	1 千克＝35.273 6 盎司
1 磅＝0.453 6 千克＝16 盎司	1 千克＝2.204 6 磅
1 长吨＝1 016 千克	1 短吨＝907 千克
1 码＝0.914 4 米＝3 英尺	1 盎司＝0.062 5 磅
1 英尺＝12 英寸＝0.304 8 米	1 克拉＝0.2 克＝200 毫克
1 公升＝1 000 毫升＝0.219 98 英加仑＝0.264 17 美加仑	1 蒲式耳＝36.369 升
1 公吨＝7.35 桶	1 桶＝42 美加仑＝136 千克
1 平方米＝10.763 91 平方英尺	1 平方英尺＝0.092 9 平方米
1 立方米＝1.308 立方码	1 立方码＝27 立方尺

三、货物重量的计量方法

在计量货物重量时,散装货物和包装货物的重量计量方法是不同的。

(一) 散装货物重量的计量方法

散货重量分为装船重量(loaded weight)和卸船重量(discharged weight)。散装货物可采用水尺计重。

(二) 包装货物重量的计量方法

1. 毛重

毛重(gross weight,G.W.)是货物本身重量连同包装的重量,按照毛重计算的重量又称为"以毛作净"(gross for net)。这种方法一般适用于包装本身不便分别计算或包装材料与货物本身价值差不多,如一些价值较低的农副产品和初级产品。

2. 净重

净重(net weight,N.W.)是指货物本身的重量。在实践中,一般通过用毛重扣除皮重的方法取得净重。

皮重(tare weight,T.W.)是指包装物的重量。计算皮重的方法有以下 4 种。

(1) 实际皮重:将整批货物的包装逐一过磅,算出每件包装的重量和总重量。

(2) 平均皮重:从全部货物中取出几件,称其包装的重量,然后除以抽取的件数,得出平均数,再乘以总件数,最后算出全部包装重量。

(3) 习惯皮重:按照市场已公认的规格化的包装计算,即用标准单件皮重乘以总件数。

(4) 约定皮重:按照买卖双方事先约定的皮重作为计算的基础。这种方法是最常用计量重量的方法。在合同中没有明确规定重量计量方法时,则按照惯例以净重计算。

3. 公量

公量(conditional weight)是指用科学的方法抽取货物中的水分,再加上标准水分所求得的重量。

这种计重的方法适用于水分不稳定的货物,如羊毛、生丝之类的货物。

公量是以货物的标准回潮率计算出来的。标准回潮率是交易双方约定的货物中水分与干量之比。实际回潮率是货物中的实际水分与干量之比。

公量的计算公式为

$$公量 = 净重 \times \frac{1+标准回潮率}{1+实际回潮率}$$

4. 理论重量

理论重量(theoretical weight)是指根据每件货物重量推算出的总重量。这种计重方法适用于某些有固定规格的货物,其形状规则,密度均匀,每件的重量大致相同,如钢板、马口铁等。

计量包装货物的重量,原则上应逐件衡重,但因条件或时间限制,不具备逐件衡重的条件时,可采用整批或分批衡重、抽件衡重并求平均值等方法测得重量。货物称重时可使用轨道衡、汽车衡(一种地秤)、吊钩秤、皮带秤、定量秤等工具。

四、货物体积的丈量方法

货物丈量是指测量货物外形尺寸和计算体积。

(一) 货物丈量的原则

(1) 按货件的最大方形体积进行满尺丈量,即

$$丈量体积 = 最大长度 \times 最大宽度 \times 最大高度$$

(2) 对于特殊、畸形货物酌情处理或采用分割丈量。

(二) 货物丈量的方法

对不同包装的货物,采用不同的丈量方法,具体如表1-5所示。

表1-5 不同包装的货物丈量方法

货物种类	丈量方法
袋装货物	将同品种、同规格的货物取12袋,码成3层高,每层2×2,中央突出部分略加摊平,进行满尺丈量,求出单袋平均体积,计算出整票的总体积
捆包、箱装货物	将同品种、同规格的货物取数件,以单件为单位或将数件码成立方,进行满尺丈量,求得单件的平均体积,计算出整票的总体积
托盘货物	将同品种、同规格的桶装货物取单件进行满尺丈量,对上、下底直径大小不同的桶,或两头小、中间大的琵琶桶,应按其最大尺码的直径计算。按直径乘以长度的公式,求得单件的体积,计算出整票的总体积
捆束货物	取少量捆束货物堆码成整齐的小垛,进行满尺丈量,求得单件的平均体积后,计算出整票的总体积。对一头大、一头小的捆束货物,应交叉堆码成平整的小垛,再进行满尺丈量
车辆	对同种车辆取一辆进行满尺丈量,求得单辆的体积后,再计算出整票的总体积
原木	抽取不同长短、粗细的圆木,逐根进行满尺丈量,先求得各类每根的平均直径(即根头直径加梢头直径的1/2),再按直径乘以长度的公式,求得各类每根的平均体积,然后计算出总的平均体积,最后计算出整票的总体积。对长度比较一致、堆垛较为整齐的圆木,可按堆进行满尺丈量
特殊形态货物	这类货物必须根据装载条件及实际占用舱位的情况,采取酌情减量、免量或分量的方法,求得货物的体积

货物忌装

忌装货物是指一种货物与另一种货物或几种货物之间因性质相互抵触而不能堆放在一起的货物。

如果堆放在一起,忌装货物之间会相互作用或影响,对一种或几种货物质量产生危害,轻者会降低质量,重者则能引起燃烧、爆炸等危险事故。因此,在货物积配载时要特别注意货物的忌装。

常见货物忌装的情形如下。

(1) 食品类货物不能与有毒货物、异味货物、污秽货物、粉尘货物、化工原料以及其他有碍食品卫生的货物装载一起。如大米不能与锑粉、硫酸铵装载一起,这是因为锑粉有毒,而硫酸铵有时会放出氨气,会使大米受污而不能食用。

(2) 扬尘货物不能与清洁货物混装一起。如水泥、炭黑、磷矿粉、染料不能与棉花、丝绸、食品、仪表设备等同时装卸和相邻堆装,以免引起污染,降低、损害清洁货物的质量。

(3) 流质或半流质货物不能装载在怕污染的货物上面。如各种饮料、酒类、食用油、油漆等不能装载在布匹、生丝、食品、工艺品等货物上面。

(4) 散发异味的货物不能与易吸收异味的货物在同一舱室装载。如生皮、鱼粉、樟脑、香皂不得与茶叶、香烟、食糖、面粉等装载于同一舱室内。

(5) 油污货物不能与忌油的、易燃的或有氧化性的货物装载一起,尤其不可将油污货物装载在怕污染的货物上。否则,不仅会降低质量,甚至还会引起自燃事故。如油脂类货、油料作物、涂有防锈油的五金零件与棉花、毛麻织品、橡胶制品、氧气钢瓶等货物不得混装。

(6) 粉粒晶状货物不能与怕杂质混入的货物装载一起。如黄沙、矿粉、化肥、铁屑与滑石粉、纸浆、粮谷、耐火材料等货物不得混装。

(7) 危险货物与危险货物之间要严格按照《国际海上危险货物运输规则》中的隔离要求来操作。如氧化剂与还原剂、爆炸品与爆炸品之间必须确保安全隔离。

用于测量集装货物体积与重量的设备和系统

集装器是一种航空货运专用的装运设备(unit load device,ULD)。集装器设备包括集装箱、集装板等。集装箱是用铝板制作的封闭箱子,有特别设计,与飞机的固定系统直接结合,不需要任何附属设备。集装箱外形多种多样,有弧形、尖角,甚至不规则的形状,使集装箱形状与飞机内部吻合,充分利用并节省飞机空间。集装板是一块铝制平板,四周有用于固定网罩的网扣,中间略为凹入,货物摆放在上面后,用薄膜缠绕整齐并加盖网罩,通过专门的卡锁装置固定在飞机中(见图1-1)。

集装箱具有保护货物的作用,鲜活产品及危险品的运输都会用到集装箱。但因受飞机机型的限制,某种型号的集装箱只能用于固定机型或者相似机型,而不能互换使用于相差悬

图 1-1　集装箱形状必须与飞机内部吻合,充分利用并节省飞机空间

殊的机型,因此,使用率偏低,易造成运力浪费。近年来,空运业较常使用集装板装载货物,因为集装板在规定范围内可允许装载最大体积、重量的货物,如汽车、大型仪器、设备等。集装板的使用,更有利于航空公司的回收利用、堆叠存放保管、维护修理,降低投资成本。

1. 航空货运对集装器有严格限制

货运服务供应商一般会将货品整理及堆叠在集装板上,以货车运送至货运大楼,交给装载飞机的操作人员。在已装满货物的集装板往飞机上装载前,操作人员会仔细检查集装货物的大小,以确认其是否准确符合装载体积及重量要求。基于安全考量,不符合要求的货物会被拒绝运载。为了避免航班受阻,航空公司不会给予货运服务供应商调整货物的机会及时间。

2. 测量集装货物体积,提供准确三维外形轮廓

目前,市场上有一类测量设备,专门用于测量堆叠货品的体积,并能准确扫描堆叠货物的外形轮廓(见图 1-2)。这种测量系统一般有两个架高固定的传感器,配合输送带操作,以红外线测量技术,取得堆叠货物的长度、宽度和高度,适用于测量堆叠后外形规则的货物。对于以倒三角形或其他方式堆叠的货品,更适合使用备有三个传感器的堆叠货品测量系统。两个架高传感器扫描货物表面的同时,在输送带底下的第三个传感器收集货物底面的数据。第三个传感器由旋转编码器及近接感测器组成(见图 1-3)。旋转编码器用于记录输送带行走速度,配合近接感测器侦测集装板的位置及货品堆叠斜面。三个传感器所收集的数据组合起来,就能提供完整且准确的货物三维外形轮廓。

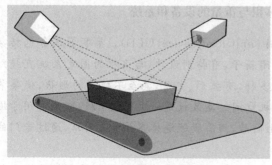

图 1-2　一般堆叠货品测量系统

图 1-3　第三个传感器

3. 进行数据比对，及时调整集装货物体积

除了收集数据之外，测量系统更可执行数据比对。只需将飞机装载体积及重量要求预先设置于系统内，系统就可以将货物的三维外形轮廓与预设数据进行比对，并显示货物未能符合装载要求的部分。这个功能使货运服务供应商可在集装板装载于飞机之前，及时处理及调整体积过大的集装货物，以确保集装板符合装载体积要求，免去被拒运的风险。

4. 应用广泛，多为知名企业采用

堆叠货品体积测量系统功能强大，为物流服务供应商带来了前所未有的便利，中国货运行业中正在被逐渐普及，且应用越来越广泛。某知名国际快递与物流服务供应商在其位于上海浦东机场的转运中心中，设置了多台堆叠货品体积测量系统，以应对庞大的货物中转量。据悉，该企业选用了来自德国的 APACHE 货物体积测量系统。该系统除了有测量及比对集装货品体积的功能以外，还具有高像素数码镜头及条码扫描设备，可对货物实时追踪的功能。系统所配备的软件能直接与航运系统相连接，更便于客户查阅货物的状态。该企业还利用系统为入仓货物进行体积测量，以优化仓库摆位及运输配送流程，把系统功能全面应用于货物进出口中转这个重要的环节中。

(1) CubiScan 100 应用于工业标准的移动立方体与重量测量。

CubiScan 100（见图 1-4）为集成式重量与体积测量系统，可让物流服务供应商全面控制在物流配送或仓储应用中的作业。试想一下快速、一致地收集包装资讯（重量及尺寸）所带来的效果：无须猜测、无人为错误、无须重新输入资料，且不会发生资料损毁。数据可快速传输到资料处理系统中，以供实时应用。

CubiScan 100 经审核认证且符合贸易要求，是货运舱单作业的得力助手。CubiScan 100 比手动测量更加快速可靠，可一次做好所有的工作，采用正确的货运收费标准，避免拒付情况发生。采用集成的数字显示器与控制面板，只需手指轻松输入，即可全面掌控工作。

(2) CubiScan 125 专为测量细小部件、不规则形状及箱形物品而设。

CubiScan 125（见图 1-5）体积轻巧，采用多种感应技术，能同时测量不规则形状及箱形物件。系统采用超声波测量体积较大的箱形物件。测量细小部件及非立方物件时，则采用红外线，提高测量精确度。

图 1-4 CubiScan 100　　　　　　　　　图 1-5 CubiScan 125

CubiScan 125 广泛应用于医药品、服装、硬件设备的配送流程中，所得数据便于仓储空间优化、纸箱挑选、包装、重量测量及运费计算。测量数据会显示于系统面板上，并实时传送至用户的计算机或伺服器。每台 CubiScan 125 都备有一个串列通信端口、一个以太网端口

及一个USB端口。配合系统使用的专利软体,可供用户直接操作系统、储存测量数据,并把资料转送到数据库中。CubiScan 125更可配合携带式的电源、掌上型条码扫描器、标签印表机及手推车等配件,提供一个流动的工作平台,使用户不受限制地工作。

职业指导

企业需求

货物是物流企业直接接触的对象。物流企业的从业人员应该熟悉货物的基本性质,从而采取科学合理的包装、运输和仓储措施。同时物流企业的从业人员还要掌握货物计量的方法,能够对货物的重量和体积进行测量,据此进行合理配载。

实际应用

从企业实践的角度,本学习项目所涉及的"货物的基本性质、货物的计量"具有较强的实际应用价值。

首先,不同货物具有不同的物理、机械、化学和生物性质,企业要根据货物的基本性质,选择合适的包装材料,确保包装材料和被包装货物没有性质上的互抵;运用合理的包装技术和包装标识,为被包装货物做好安全保护;根据货物的基本性质,选择合适的运输方式和运输工具,合理控制仓库的温湿度,保证货物质量。

其次,对货物的重量和体积进行科学计量,能够合理地选择包装材料尺寸,进行合理运输配载,保证运输工具的载重量和容积的均衡;根据货物的大小进行入库安排,能够合理利用仓库的空间;正确计量货物的重量和体积,更有助于准确计算出货物运费。

职业技能

学生通过本学习项目学习,能够掌握以下技能,以满足企业(职业)岗位需求。

- 能够分析不同货物的基本性质;
- 能够正确使用货物计量单位,并准确地进行换算;
- 能够准确测量货物的重量和体积。

同步测试

一、选择题

1. 货物常见的质量变化有(　　)。
   A. 物理变化　　B. 化学变化　　C. 机械变化　　D. 生物变化
2. 下列属于物理变化的有(　　)。
   A. 燃烧　　　　B. 熔化　　　　C. 热变　　　　D. 破碎
3. 下列属于机械变化的有(　　)。
   A. 变形　　　　B. 虫害　　　　C. 发芽　　　　D. 氧化
4. 下列属于生物变化的有(　　)。
   A. 吸湿性　　　B. 结块　　　　C. 霉变　　　　D. 聚合
5. 货物吸湿的原因有(　　)。
   A. 温度过高　　B. 温度过低　　C. 湿度过大　　D. 湿度过小
   E. 压力过大

6. 具有呼吸作用的植物性货物需要呼吸的条件是（　　）。
   A. 有氧呼吸　　　　　　　　B. 无氧呼吸
   C. 旺盛的有氧呼吸　　　　　D. 控制的有氧呼吸
7. 下列属于危险货物的是（　　）。
   A. 石油　　　B. 动植物油　　　C. 粮食　　　D. 新鲜水果
8. 下列属于污秽货物的是（　　）。
   A. 棉花　　　B. 茶叶　　　C. 干香菇　　　D. 食盐
9. 下列属于特殊货物的有（　　）。
   A. 古玩字画　　B. 活的猪牛　　C. 石油　　　D. 大米
10. 下列（　　）运输方式最适合粉末状货物的成组装。
    A. 托盘　　　B. 网络　　　C. 集装袋　　　D. 集装箱
11. 大宗农副产品、矿产品以及一部分工业制成品的习惯计量方法（　　）。
    A. 按面积计算　B. 按长度计算　C. 按重量计算　D. 按容积计算
12. 木材、天然气和化学气体的习惯计量单位（　　）。
    A. 按重量计算　B. 按面积计算　C. 按体积计算　D. 按容积计算
13. 一些贵重金属如黄金、白银的习惯计量单位（　　）。
    A. 克拉　　　B. 盎司　　　C. 长吨　　　D. 短吨
14. 我国现行的法定计量单位是（　　）。
    A. 公制　　　B. 国际单位制　　C. 英制　　　D. 美制

二、简答题

1. 从物流的角度如何认识货物？
2. 货物发生物理变化对货物产生哪些危害？应如何防范？
3. 货物发生机械变化对货物产生哪些危害？应如何防范？
4. 货物发生化学变化对货物产生哪些危害？应如何防范？
5. 货物发生生物变化对货物产生哪些危害？应如何防范？
6. 为什么要进行货物分类？
7. 简述在实践中计算皮重的方法。

三、案例分析题

案例1　某年11月3日，我国远洋运输公司的38 000t载重量的"柳林海"号货轮，从秘鲁出发装载了18 300t鱼粉，横渡太平洋回国。11月27日19时，船员发现一号舱内鱼粉自燃，第二天六号舱内也开始冒烟。船上人员立即开始实施灭火救灾措施。当时，船上配备有100多只二氧化碳钢瓶，但是全部用完后仍然没有将火扑灭，于是只能采取封舱措施，由于措施得当，火情得到了有效的控制。

12月7日，"柳林海"抵达国内某港。如果作为遇难船舶处理，应当立即组织抢险，边灭火边卸货。港方人员上船后开启六号船舱观察，没有发现明火，认为没有必要作为遇难船舶处理。于是要求国内收货人按正常程序办理卸货手续，联系接卸车辆等，然后再安排卸货。"柳林海"则在锚地抛锚等候停泊。

六号舱的舱盖被打开后，大量空气进入舱内，结果12月11日该货轮第二次发生火灾。船员再次使用二氧化碳灭火而未奏效，只能向港口求援。第二天该货轮再度进港，港方立即组织人力一边卸货，一边向舱内注水灭火。最终，两个舱内的鱼粉大部分毁损。

问题:

1. 鱼粉起火的原因是什么?
2. 为什么第二次用二氧化碳灭火时没有奏效?

案例2 青铜器受骤冷骤热的影响,会自然断裂。曾有一位喜欢收藏青铜器的藏家,买了一把战国时期的复合剑,此剑是由多次铸造复合而成,价值很高。当时由于是冬天,这位藏家把家里的空调温度调得很高,导致这把战国时期的古剑自然断裂。

问题: 运用所学的货物基本性质,分析本案例中青铜器自然断裂的原因。

实训项目

分析货物的基本性质

1. **实训目的**

通过训练,使学生能够掌握所给定的货物的基本性质。

2. **实训内容**

(1) 背景资料:北京长风物流有限公司有面积约 $1\,000\,m^2$ 的普通仓库,主要是为大型超市储存普通货物。物流公司根据超市的进货要求,将货物运到超市。

长风物流有限公司为北京地区的物美超市主要储存以下货物。

- 不锈钢刀具;
- 玻璃酒具和茶具;
- 橡胶手套、橡胶管、暖水袋;
- 茶叶;
- 葡萄酒;
- 白糖、红糖和各种糖果;
- 毛巾、浴巾、床单、被褥。

(2) 以小组为单位,分析该批货物的基本性质。

3. **实训要求**

(1) 采取"组内异质,组间同质"的原则,将学生分为若干小组,每组3~4人。

(2) 在规定时间内通过教材、参考书和网络资源,查找相关货物的基本性质。

(3) 每组提交一份货物基本性质分析报告。

(4) 每组选派一名代表讲解和展示本组的工作成果。

4. **实训考核**

(1) 评价方式:采取小组自评、小组互评、教师评价三维评价方式,以教师评价为主,小组自评和小组互评为辅,其中教师评分比例占总分数的60%,小组自评占20%,小组互评占20%。

(2) 评价指标:从专业能力、方法能力、社会能力、工作成果展现4个方面进行评价,总评成绩=小组自评×20%+小组互评×20%+教师评价×60%。

学习项目一任务工作单

学习项目一任务实施单

学习项目一任务检查单

学习项目一任务评价单

学习项目二

货物质量与标准

 引导案例

茶叶串味事件

浙江省茶叶进出口公司委托上海对外贸易运输公司(以下简称上海外运)将750箱红茶从上海出口运往德国汉堡港。上海外运将红茶在上海装入3个20英尺集装箱中,委托广州远洋运输公司所属的船舶运往德国汉堡港。货物到目的地后,发现其中一个20英尺集装箱内的250箱红茶串味变质,经保险公司检验,确定这250箱红茶受精萘气味污染。为此,浙江茶叶进出口公司要求货物承运方赔偿损失。最终经认定,是因为承运人所提供的集装箱之前曾装过有精萘气味的货物,由此导致茶叶串味。

案例分析:茶叶是多孔性的组织结构,这一结构使茶叶具有较强的吸收异味功能。当茶叶吸收异味后,会严重影响茶叶质量。本案中上海外运将茶叶装入带有异味的集装箱,导致茶叶串味,影响茶叶的质量,承担赔偿责任。在货物储运过程中,既要考虑货物本身的特性,又要考虑与其他货物之间可能发生的质量变化,这些变化会影响货物的质量,如不加以控制,就会由量变发展到质变。

本案例涉及的知识点:影响货损的因素,货物质量控制。

学习目标

【知识目标】

1. 掌握货物质量的概念及内涵;
2. 掌握影响货物质量的因素;
3. 掌握影响货物质量因素的成因;
4. 掌握控制货物质量的方法;
5. 了解货物标准的概念、作用与分类;
6. 熟悉货物标准的分级;
7. 掌握货物标准的内容;
8. 掌握货物标准化及其经济效果。

【能力目标】

1. 能够根据影响货物质量的因素,提出管控货物质量的措施;

2. 能够运用货物标准衡量货物质量；
3. 能够评价企业标准化经济效果。

【思政目标】

1. 培养学生的质量观念，严把流通中货物的质量关，增强社会责任感。本项目是以货物质量为主线展开，通过对本项目的学习，使学生从货物的基本性质出发，认识影响货物质量的因素，学习货物在储存、运输、装卸、搬运等环节中可能出现的质量问题，做到"提前预防、过程管控"，把控好货物在流通环节的质量关，增强社会责任感。

2. 培养学生树立标准意识，养成以标准做事的习惯。通过对货物标准及标准化的学习，使学生树立标准意识，按照标准行事，用标准来衡量和评价行事结果，养成良好的行为习惯。

思维导图

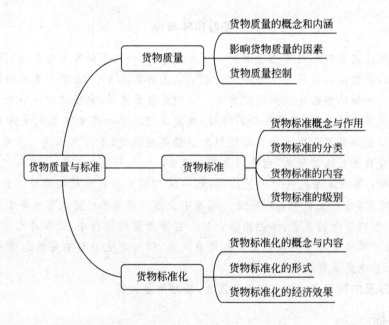

学习单元一　货　物　质　量

一、货物质量的概念和内涵

（一）货物质量的概念

在国际标准化组织制定的国际标准《质量管理体系基础和术语》（ISO 9000：2000）中，货物质量定义是：一组固有特性满足要求的程度。

特性是可辨别的特征。特性可以是定性的，也可以是定量的。特性包括货物的嗅觉、触觉、味觉、视觉、听觉、人体工程学（如生理的特性或有关人身安全的特性）以及其他的类别特性。

固有特性是某种货物本来具有的特性（如产品的质量特性），而不是人们赋予的特性（如产品的价格、产品的所有人)。

要求是明示的、通常隐含的必须履行的需求或期望。明示的、必须履行的需求是在文件中明确指出的相关法律、法规或合同规定。

（二）货物质量的内涵

1. 货物质量的广义含义

（1）"质量"术语，既用来表达在比较意义上的优良程度，又用于定量意义上的技术评价，如"质量水平"和"质量度量"是对质量的"定量"意义上的评价。

（2）在贸易合同中，货物质量是对货物品质特性的具体规定；在购物环境中，它隐含着消费者需要的各种表现形式。

（3）产品或服务质量是受相互作用的活动所构成的阶段影响的，因此，对具体产品要界定其质量领域范围。

（4）质量是按需要规定的特征和特性，即是规定的质量标准。

（5）质量随条件的变化而变化，因此，需要不定期地修改、规范质量要求。

2. 从货物质量的属性理解货物质量

从货物属性来看，货物质量具有使用的针对性、比较的相对性和标志的可变性。使用的针对性，是指在一定使用条件下给定货物的用途；比较的相对性，是指对使用目的相同的同类货物的使用价值相对于不同货物个体的比较；标志的可变性，是指货物受各种因素影响，其质量在变化之中。

二、影响货物质量的因素

货物从接收至交付的整个过程中，要经过运输、储存、装卸、销售等各个环节。货物的质量会在外界因素，如阳光、空气、温湿度、外力等的作用下，发生各种各样的变化，造成货物质量下降，货物产生货损与货差。因此货损与货差是影响货物质量的主要因素。

微课：影响货物质量的因素

（一）货损和货差的概念

货损是指货物在运输、装卸和储存过程中质量上的损坏与数量上的损失。质量损坏包括货物受潮、污染、破损、串味、变质等。数量的损失包括海难、火灾、落水无法捞取、被盗、遗失等原因所导致货物的灭失，以及货物的挥发、撒漏、流失等情况所造成的超过货物自然损耗的货物减量。

货差是指货物在运输过程中发生的溢短和货运工作中的差错。差错包括错转、错交、错装、错卸、漏装、漏卸，以及货运手续办理错误等原因造成的有单无货、有货无单或点数不准，出现单货不符、件数或重量溢短的情况。

为了使货损货差减少到最低限度，必须熟悉并掌握物流生产各环节中货物质量下降的原因和产生货损货差的原因，以便采取有效对策，加强货运质量的科学管理。

（二）货物运输过程中的货损货差

1. 货物质量下降的原因

货物运输是货物从生产领域进入流通领域的必要条件。在运输过程中，货物质量会受到路程的远近、时间的长短、运输的气候条件、运输线路、运输方式、运输工具及装卸工具等因素的影响。运输工具的种类有很多,包括火车、轮船、汽车、飞机和管道等。选择运输工具时,必须充分考虑货物的性质,避免或减少外界因素对货物的影响,确保货物质量。又如,运输时的温度和湿度若不符合货物要求,必然引起货物质量的变化。因此,在运输时要保持安全的温湿度,同时避免货物受到风吹、日晒和雨淋的不良影响。

2. 产生货损货差的原因

(1) 货舱设备不完善。货舱在装货前的准备工作没有满足货物的要求,如仓促、勉强装货造成货损;货舱外板、甲板、舱口盖漏水或货舱开口造成货舱进水引起货损;货舱舱壁护板不全、通风设备失灵、舱内管道漏损等原因造成货损。

(2) 运输中保管不当。如运输需进行呼吸的货物因货舱长期封闭而导致发酵、霉烂、自热,因通风不当造成货物霉腐、汗湿、燃爆。

(3) 运输中不可抗力。例如,船舶在航行过程中遭遇海损事故、自然灾害、航道堵塞等情况,由此造成货损。

(4) 在运输过程中由于被盗、交通事故损失等因素而造成货差。

(三) 货物储存过程中的货损货差

1. 货物质量下降的原因

货物储存是解决货物生产和消费的时间矛盾,促进货物流通正常进行的必要保证。货物在储存期间的质量变化与货物的耐储性、仓库内外环境条件、储存场所的适宜性、养护技术与措施、储存期的长短等因素有关。货物本身的性质是引起其质量变化的内因,而仓储环境是质量发生变化的外因。通过一系列维护仓储货物质量的技术和措施,可以有效地控制货物储存的环境因素,以减少或减缓外界因素对货物质量的破坏。比如,根据货物的性质来确定是储存在普通仓库、专业仓库还是特种仓库,对货物进行堆码和苫垫,对仓库的温湿度进行控制,根据货物的保存期和保质期保存,贯彻先进先出原则,确保货物的安全。

2. 产生货损货差的原因

(1) 仓库设备不全。仓库内漏水漏电,露天场地苫垫设备不良,致使货物水湿、污损、燃烧等造成货损。

(2) 仓库清洁卫生差。库场的清洗、干燥、除味、驱鼠、熏蒸、除毒等清扫工作不及时或没有满足货物性质的要求,致使货物受污染,遭受虫蛀、鼠害等造成货损。

(3) 货物保管不当。把性质相互抵触的货物同库堆存,造成串味、污染、腐蚀等;库内通风不当,造成货物汗湿;货物堆码过高,造成下层货物压坏;货物苫盖不当或者没有苫盖等,都会造成货损。

(4) 货物交付不及时。如易腐货物、有生动植物货物到港未及时交付,致使货物腐蚀、死亡、枯萎等。

(5) 收发时计数不清。货物出入库时,库管人员在收发、点踩、计数过程中统计的数据不准确,计数不清,由此造成货差。

(四) 货物装卸搬运过程中的货损货差

1. 货物质量下降的原因

装卸是指物品在指定地点以人力或机械装入运输工具设备或卸下,搬运是指在同一场所内,对物品进行水平移动为主的物流作业。货物装卸搬运活动主要包括将货物装上运输工具(装车)、将货物从运输工具上卸下来(卸车)、堆垛、入库、出库以及连接上述各项活动的短途输送等活动,是随着运输与仓储而产生的连带性活动。货物装卸搬运过程中会造成货物破损、散失、损耗、混合等损失。例如在装卸搬运过程中,袋装水泥易出现纸袋破损和水泥散失,玻璃、机械、器皿、煤炭等货物容易造成损失。此外,由于装卸人员失职而错装、错卸、漏装、漏卸和混装货物,也会造成货差。

2. 产生货损与货差的原因

(1) 装卸操作不当或违章操作。有些操作人员操作不熟练或者马虎,不按照储运指示性标志进行作业。比如,装卸易碎货物时没有做到轻拿轻放,造成货物的破损;装卸长大件时起吊帮扎的位置不对,造成货物损失;在装车卸车过程中野蛮装卸、违规操作,造成货物损失等。

(2) 装卸设备或工具使用不当。在装卸货物中运用不当的装卸设备和工具,或者使用了失修的装卸设备和工具,造成货物损失。例如,袋装货物装卸过程中,滥用吊钩起吊或者使用吊钩不当,造成外包装破损,吊钩伤及货物;吊杆各部件过分磨损,吊货索、吊杆、滑车索具不良,使用前未能检修,故在使用中发生折断、松弛等情况,造成货物损坏等。

(3) 装卸过程中气候变化的影响。在装卸过程中遇到恶劣的气候,如在大风、大雨、雪天等天气状况下进行装卸,会导致货物水湿、溶化、燃烧等,造成货损。

除此以外,货物在配积载过程中,由于货物搭配不当、装载货位不当、垫衬隔离不当会造成货物挤压、污染、损坏、变质等损失。在理货过程中,因理货人员的失职渎职造成计数不准确、少收多报、多收少报,产生货差。在包装过程中,因货物包装不牢固、包装质量不符合要求,产生货损。

(五) 货物的自然损耗

1. 货物自然损耗的概念

货物的自然损耗,也称货物的自然减量,是指货物在运输保管中,因其自身性质、自然条件和运输条件的限制,而在重量上出现不可避免的减少量。

微课:货物的
自然减量

2. 货物自然损耗大小的表示

自然损耗的大小用自然损耗率来表示。

$$自然损耗率 = \frac{自然损耗量}{接收时的货物重} \times 100\%$$

在运输过程中,货物的自然损耗是非事故性的、非人为的货物减量,对于承运人是免责的,所以承运人希望自然损耗率订得高一些,而货主希望自然损耗量降得越低越好。为了防止货主与承运人之间的纠纷,双方可以在运输合同中订立损耗限度条款。一般合同中的自然损耗率是按照行业习惯或业内公认的标准取值。目前海上货物运输领域中,一些货物的自然损耗率是按照国际航运的习惯确定的。表2-1中列出了国际上公认的部分货物的自然损耗率。

表 2-1　国际公认的部分货物自然损耗率

货物类别	自然损耗率
谷物（散装和包装）	远程 540 海里以内时：0.1% 远程 540～1 080 海里时：0.15% 远程 1 080 海里以上时：0.2%
各种煤炭	0.11%～0.15%
各种矿石	0.12%～0.13%
盐	散装：0.85%～3.0% 袋装：0.3%
水泥（袋装）	0.7%
蔬菜类	0.34%～3.40%
水果类	0.213%～2.55%
肉类	0.34%～2.55%
鱼类	0.213%～2.55%
蛋类	0.51%
酒类	0.085%～0.34%
糖	0.06%～0.85%

3. 产生自然损耗的原因

货物产生自然损耗的原因主要有以下 3 个。

(1) 干耗和挥发。具有挥发性的散装液体货物及含水分较多的货物，由于环境温湿度的变化及长时间暴露在空气中，使货物中的水分自然蒸发，产生干耗现象，例如蔬菜、水果和粮谷等。像汽油、石油、苯酚等液体货物容易发生挥发现象。干耗和挥发都会使货物重量减少，品质下降。

(2) 飞扬和散失。粉末颗粒状货物在装卸过程中会因为飞扬或散失造成货物重量减少，飞扬和散失造成的自然损耗与装卸方式、包装方式和气象条件有关。例如，矿粉、水泥、面粉、谷类等粉末颗粒状货物因扬尘性、撒漏等而造成难以收集的少量粉末地脚[①]，均会造成货物减量。例如矿粉、水泥、面粉、谷类等粉末颗粒状货物的损耗。

(3) 流失和沾染。流失是指液体货物通过包装的非人为渗透；沾染是指液体或固体散货沾染在结构之间的缝隙内，或者液体散货积存在装卸用的管路中。流失和沾染都会造成货物重量的减少。

三、货物质量控制

货物在运输、储存、装卸过程中产生的货损、货差和自然损耗，都会降低货物质量。因此，在货物运输、储存、装卸等物流环节中，货物质量控制的任务是要尽可能地防止或降低货损与货差。

（一）运输过程中货物质量的控制

为了防止或降低货损与货差，在运输过程中可以采取以下质量控制措施。

---

① 地脚，即地脚货，货物因散装或包装破损，部分受泥土污染，导致品质下降的货物。

(1) 采取"直运直达"的运输方式,缩短在途时间。货物运输中常常存在着迂回、重复和对流等不合理的运输现象,结果使货物在途时间过长,经过环节过多,由此增加了发生货损与货差的机会。因此,为了减少货物流通的周转环节,可采用"直线直达"运输方式,走最便捷的运输线路,从而缩短运输时间,减少环境对货物质量造成的不利影响,保证货物质量。

(2) 采用集装箱运输等先进运输方式。集装箱运输是一种现代化运输方式。用集装箱运输有利于实现装卸机械化,简化运输手续,缩短货物在途时间,保证运输安全,隔绝外界不良因素的影响,进而很好地保护货物,使货物免受外界伤害。

(3) 加强对运输中的货物保管。在运输过程中根据运输货物的性质,采用适合的保管措施,做到运输工具内卫生清洁、通风透气。而且,运输人员要及时检查货物状况,发现问题后及时处理。

(4) 使用恰当的运输工具,备齐各种运输设备。根据货主需求和货物特性,选择合适的运输工具,尤其是对冷藏货物、危险货物、超限货物要选用特殊的运输工具,同时备齐与运输工具配套的设备设施,以保证货物的运输质量。

(二) 储存过程中货物质量的控制

为了防止或降低货损与货差,在储存过程中可以采取以下质量控制措施。

(1) 根据货物的性质,安排储存场所。为了确保货物质量不变,应根据货物的性能,选择适当的储存地点,同时要注意避免忌装货物同室同仓。

(2) 加强货物的入库验收。货物在入库之前,进行运输、搬运、装卸、堆垛等作业的过程中,可能会受到雨淋、水湿、玷污或操作不慎以及运输中震动、撞击,致使货物或包装受到损坏。对此,通过入库验收即能及时发现问题,以分清责任界限。对入库货物除了核对数量、规格外,还应该按比例检查其外观有无变形、变色、玷污、生霉、虫蛀、鼠咬、生锈、老化、沉淀、聚合、分解、潮解、溶化、风化、挥发、含水量过高等异状,有条件的还应进行必要的质量检验。

(3) 合理堆垛和苫垫。入库后的货物应根据其性质、包装条件、安全要求,采用适当的堆垛方式,达到安全牢固、便于堆垛且节约仓库的目的。为了防止货物受潮和满足防汛需要,货垛垛底应适当垫高,对怕潮货物还需要在垛底加垫隔潮层。露天货垛必须苫盖严密,达到风吹不开、雨淋不湿的要求。垛底地面应稍高,货垛四周应无杂草,并有排水沟以防积水。

(4) 加强仓库温度和湿度控制。货物在储存过程中发生的质量变化,多数是由于受到空气温度和湿度的影响。因此,不同的货物在储存过程中都要求有一个适宜的温湿度范围。这就需要掌握自然气候变化规律,并通过采取各种措施,使库房内的温度和湿度得到控制与调节,创造适宜货物储存的温湿度条件,以保护货物的质量不变。

(5) 保持仓库良好的卫生环境。为了使货物安全储存,必须保持环境卫生。库区要铲除杂草,及时清理垃圾;库房的各个角落均应清扫干净,做好货物入库前的清仓消毒工作,将库房的清洁卫生工作持久化、制度化,杜绝一切虫鼠生存的空间,做好防治工作。

(三) 装卸过程中货物质量的控制

为了防止或降低货损与货差,在装卸过程中可以采取以下质量控制措施。

(1) 合规操作。装卸搬运人员要严格按照操作规程进行操作,严禁野蛮装卸。操作时注意轻拿轻放,防止货物损坏。

(2) 正确和使用选择装卸工具和设备。工前工间应加强对装卸机械设备、吊货工具的安全检查，注意根据气候变化情况，做好充分准备，以防止发生意外的货损货差事故。

(3) 精准装卸，合理积载，做到"重货不压轻货，木箱不压纸箱，忌装货物分开装货"。

（四）货物自然损耗的预防措施

为了预防货物的自然损耗，可以采取以下质量控制措施。

(1) 控制仓库温湿度，防止货物干耗和挥发。比如，通过降低货物温度，减少货物表面空气流动等措施，来降低干耗和挥发。

(2) 合理的装卸和包装，防止货物飞扬和散失。飞扬和散失造成的自然损耗是与装卸方式、包装方式和气象条件有关的。采用合理的装卸方式和包装方式，可以减少货物的散落。例如，用皮带运输机尤其是有遮盖的皮带运输机装卸，要比抓斗装卸更能减少货物的散落；使用质地紧密的包装袋，能很好地减少货物的散落；用桶装容器装运粉末状货物，要比袋装容器更有效地减少货物散落。此外，避开大风天气装卸作业，可以避免粉尘货物飞扬。

(3) 合规装卸货物，减少货物流失和沾污。比如，通过加温装卸和清扫货仓，可以减少流失和沾染，减少货物的自然损耗。

(4) 缩短储存和运输的时间。货物在储运过程中，容易受到外界因素的影响，如气候变化的影响、仓库和运输工具舱内温湿度的影响等发生自燃损耗。因此，加快货物的储运过程，减少运输和储存环节的滞留时间，可以有效地防止自然损耗。

学习单元二　货物标准

一、货物标准的概念与作用

（一）标准的概念

国家标准《标准化工作指南　第 1 部分：标准化和相关活动的通用词汇》（GB/T 20000.1—2002）中标准定义："为了在一定范围内获得最佳秩序，经协商一致制定并由公认机构批准，共同使用的和重复使用的一种规范性文件。"同时，还进一步注明："标准以科学、技术和经验的综合成果为基础，以促进最佳的共同效益为目的。"

标准是由一个公认机构批准的，对重复性事物和概念所做的统一规定。它是由有关各方根据科学、技术成就与经验，合作起草，一致或基本上同意的技术规范和其他公开文件。制定与实施标准的目的在于获得最佳秩序，促进最佳社会效益。

（二）货物标准的概念

货物标准是指为保证货物的适用性，对货物必须达到的部分或全部要求制定的标准，包括品种、技术要求、试验方法、检验规则、包装、标识、运输和储存等。货物标准是评定、监督和维护货物质量的准则和依据。

（三）货物标准的作用

(1) 货物标准是社会生产力发展的产物，是科学技术和生产发展水平的重要标志，具有推动社会生产力发展的重要作用。

(2) 货物标准有利于促进技术进步，保证货物质量，维护国家和人民利益，促进社会主义市场经济发展。

（3）货物标准是货物生产、质量检验、选购验收、贸易洽谈、储存运输、使用维护等的技术依据和准则。

（4）货物标准是对货物质量争议做出仲裁的依据，对保证和提高货物质量、提高生产、流通和使用的经济效益，维护消费者和用户的合法权益具有重要作用。

（5）货物标准有利于提高我国企业和产品的国际竞争力。

二、货物标准的分类

（一）按照存在形式划分

按照存在形式的不同，货物标准可以分为文件标准和实物标准。

（1）文件标准是指用特定的规范文件，通过文字、表格、图样等形式，表述货物的规格、质量、检验等有关技术内容的统一规定。绝大多数货物标准都是文件标准。文件标准在其开本、封面、格式、字体、字号等方面都有明确的规定，应符合 GB 1.2—1996《标准化工作导则 标准出版印刷的规定》的有关规定。

（2）实物标准，也称为标准样品或标准物质，它是指对某些难以用文字准确表达的质量要求（如色、香、味、形、手感等），由标准化主管机构或指定部门（行业或订货方）用实物制成与文件标准规定的质量要求完全或部分相同的标准样品，按一定程序颁布，用以鉴别货物质量和评定货物等级。实物标准是文件标准的补充，实物标准要经常更新。作为文件标准的补充，实物标准同样是生产、检验等有关方面共同遵守的技术依据。例如，粮食、茶叶、羊毛、蚕茧等农副产品，都有分等级的实物标准。GSB 61003—87 就是"汾酒实物标准"（S 代表实物）。

（二）按照实施方式划分

按照实施方式的不同，货物标准分为强制性标准和推荐性标准。

（1）强制性标准，又称法规性标准，是指由法律、行政法规规定，要强制实行的标准，即经批准发布，在其规定的范围内，有关方面都必须严格贯彻执行。国家对强制性标准的实施依法进行有效监督。

（2）推荐性标准，又称自愿性标准，即国家制定的标准由各企业自愿采用、自愿认证，国家采取优惠措施鼓励企业采用。实行市场经济的国家大多数实行推荐性标准。例如，国际标准及美国、日本等国的大多数标准。

我国《标准化法》规定：凡涉及保障人体健康、人身财产安全的标准，法律、行政法规规定强制执行的标准，为强制性标准。其余为推荐性标准。国家采取优惠措施，鼓励企业自愿采用推荐性标准。我国从 1985 年开始实行强制性和推荐性标准相结合的标准体制。

（三）按照成熟程度划分

按照成熟程度的不同，货物标准可以分为正式标准和试行标准。

（1）由国家正式颁布的货物标准称为正式标准。

（2）试行标准与正式标准具有同等效用，同样具有法律约束力。

试行标准一般在试行两三年后，经过讨论修订，再作为正式标准发布。现行标准绝大多数为正式标准。

（四）按照保密程度划分

按照保密程度的不同，货物标准分为公开标准和内控标准。

（1）公开标准是由国家正式颁布的标准，我国绝大多数标准都是公开标准。

（2）内控标准是指企业内部为在生产过程中控制产品质量而自行制定的标准。内控标准中涉及的产品技术参数、性能指标，通常高于当时的国家标准和行业标准，目的是使企业的产品质量始终保持在超前或一定的水平上，以更好地满足市场和用户的需要。少数涉及军事技术或尖端技术机密的标准是内控标准，这些标准只允许在国内或有关单位内部发行。

（五）按照标准化的性质划分

按照标准化的性质不同，货物标准分为技术标准、管理标准、工作标准。

（1）技术标准包括基础、产品、方法、安全、卫生、环境保护等标准。

（2）管理标准是指对标准化领域中需要协调统一的管理事项所制定的标准。管理标准按其对象可分为技术管理标准、生产组织标准、经济管理标准、行政管理标准、业务管理标准和工作标准等。制定管理标准的目的是为了合理地组织、利用和发展生产力，正确处理生产、交换、分配和消费中的相互关系，科学地行使计划、监督、指挥、调整、控制等行政与管理机构的职能。

（3）工作标准是指一个训练有素的人员完成一定工作所需的时间，他完成这样的工作应该用预先设定好的方法，用其正常的努力程度和正常的技能（非超常发挥），所以也称为时间标准。它是对企业标准化领域中需要协调统一的工作事项所制定的标准，包括基础工作、工作质量、工作程序和工作方法等方面的标准。

三、货物标准的内容

根据《标准化工作导则》编写标准的一般规定，货物的文件标准由概述部分、正文部分和补充部分3部分组成，如图2-1所示。

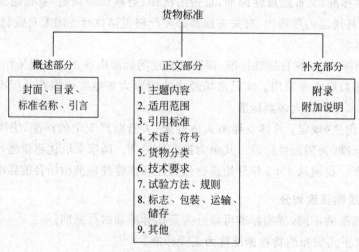

图 2-1 货物标准的构成

(一) 标准的主题内容、适用范围和引用标准

在标准中,首先需要简要说明该项规定的主要内容、使用范围和应用领域以及不适用的范围,其次应列出和注明该标准所引用的所有其他标准的代号、编号和名称。在货物标准中,应说明该项标准适用于哪种产品,加工制造该产品的原料、方法,以及该产品的用途。

(二) 货物分类

货物分类是货物技术标准内容的重要组成部分,一般是指货物分类原则与分类表示方法。分类原则是货物分类的依据,分类的方法通常按其成分、性状、结构或其他特性进行分类。电子类货物按结构、使用特性分类;化工货物按化学分子式或结构分类。同一类货物再按尺寸、溶剂或其他成分分成不同规格。货物分类的目的在于合理地规定货物的品种、型式和规格,便于用户选择和组织生产与经营。

(三) 货物质量指标和对各类各级货物的具体要求

货物质量指标和对各类各级货物的具体要求是货物标准的中心内容,具体包括货物的技术要求、感官特性、物理特性、化学特性、稳定性、可靠性、能耗指标、材料要求、工艺要求、环境条件、有关质量保证、卫生、安全和环境保护方面的要求以及质量等级规定等。此外,还有各级各类货物应达到的质量水平及某些指标规定的等级范围。

质量指标一般都是与货物的使用价值密切相关的,这些指标直接关系到工业品货物的适用性、使用寿命、安全卫生性及外观,关系到食品货物的色香味、外形、营养价值及卫生性。质量指标既是生产部门、商业部门全面准确评价货物质量的技术依据,也是商业部门做好采购,满足用户或消费者需要的根本保障。

(四) 试验方法和检验规则

试验方法是为考核与判定货物质量是否符合标准要求,而对试验方法、程序手段以及试验结果分析处理等所作出的具体规定。其包括:试验项目,试验原理和方法,试验用仪器、设备及其种类、规格,试验用试剂种类、规格及其配制方法,试验的环境条件,准备工作和试验程序,试验结果的计算、分析,试验记录和试验报告等。

检验规则包括:检验项目,抽样方法和用具、数量,样品检验前的处理和封存方法,检验方法,检验结果的评定,检验不合格时处理方法,复验方法。

(五) 货物的包装、标志、运输和储存

货物标准中明确规定了货物的包装、标志、运输和储存要求,以保证流通中的货物质量。货物标准对货物包装、标志进行了统一的规定,规定内容包括:制造商或销售商的商标、牌号或型号;搬运说明、危险警告、制造日期等;包装材料和包装方法;每件包装中商品的数量、质量和体积。

货物标准对运输和储存条件也进行了规定,包括:储存场所、条件、搬运和堆垛方法、储存期限和抽检时间等;运输方式、运输条件以及装卸应注意事项等。

四、货物标准的级别

(一) 国际货物标准的级别

1. 国际标准

国际标准是指由国际上权威专业组织制定发布,并为世界上大多数国家承认和采用的

标准,主要指由国际标准化组织(ISO)、国际电工委员会(IEC)和国际电信联盟(ITU)制定和发布的标准,以及国际标准化组织确认并公布的由其他国际组织制定的标准。

国际标准化组织确认并公布的国际组织有:食品法典委员会(CAC)、国际计量局(BIPM)、国际原子能机构(IAEA/AIEA)、国际合成纤维标准化局(BISF)、国际无线电咨询委员会(CCIR)、国际乳制品联合会(IDF)、国际图书馆协会联合会(IFLA)、国际制冷协会(IIR)、国际民航组织(ICAO)、国际空运联合会(IATA)、国际劳工组织(ILO)、国际海事组织(IMO)、世界卫生组织(WHO)、世界知识产权组织(WIPO)、联合国教科文组织(UNESCO)、联合国粮农组织(UNFAO)、国际橄榄油委员会(IOOC)、国际羊毛局(IWS)、国际葡萄与葡萄酒局(IWO)、国际铁路联盟(UIC)、国际电信联盟(ITU)、万国邮政联盟(UPU)等。

国际标准采用标准代号(如 ISO,IEC)和编号(标准序号—发布年代号)表示如下。

    ISO   14000 — 1996 ×××
   标代号 标准序号   发布年份 标准名称

例如,ISO 8402—1994《质量管理和质量保证术语》。其中,ISO 为标准代号,8402 为标准序号,1994 位发布年号,《质量管理和质量保证术语》为标准名称。

2. 区域标准

区域标准,也称国际地区性标准,它是指由世界某一区域性集团组织或标准化组织制定的标准。这种国际地区性(或国家集团性)组织有的是由于地理原因,有的是由于政治经济原因而形成的,这些标准仅在这些地区(或国家集团)内发生作用。

区域标准的目的在于促进区域性标准化组织成员进行贸易,便于该地区的技术合作与交流,协调该地区与国际标准化组织的关系。

一些重要的区域标准:欧洲标准化委员会(CEN)制定的欧洲标准(EN)、欧洲电工标准化委员会(CENELEC)制定的标准、亚洲标准咨询委员会(ASAC)制定的标准、泛美技术标准委员会(COPANT)制定的标准、非洲地区标准化组织(ARSO)制定的标准等。

3. 国家标准

部分国家的国家标准如表 2-2 所示。

表 2-2　部分国家的国家标准

序号	代号	含　义	负责机构
1	ANSI	美国国家标准	美国标准学会 ANSI
2	BS	英国国家标准	英国标准学会 BSI
3	DIN	德国国家标准	德国标准化学会 DIN
4	JIS	日本工业标准	日本工业标准调查会 JISC
5	NF	法国国家标准	法国标准化协会 AFNOR

4. 行业或专业团体标准

世界上一些国家的专业团体(学会、协会或其他民间团体)也发布一些标准,其中有些标准也是国际上公认的权威标准,它们为行业提供了很好的技术规范并被各国广泛采用。例如,美国试验与材料协会(ASTM)主要从事发展机械工程及其有关领域的科学技术,鼓励基础研究,促进学术交流,发展与其他工程学、协会的合作,开展标准化活动,制定机械规范和标准。其他标准有：美国石油学会标准(API)、美国机械工程师协会标准(ASME)、美国食品与药物管理局标准(FDA)、美国机动车工程师协会标准(SAE)、美国电信工业协会标准(TIA)、美国军用标准(MIL)、美国电子工业协会标准(EIA)、美国电气制造商协会标准(NEMA)、英国船级社(LR)、德国电气工程师协会标准(VDE)等。

(二) 我国货物标准的级别

根据《中华人民共和国标准化法》，按制定部门、适用范围等的不同，将货物标准划分为国家标准、行业标准、地方标准、企业标准四级。

1. 国家标准

国家标准指由国家标准化主管机构批准发布，对全国经济、技术发展有重大意义，且在全国范围内统一的标准。

(1) 国家标准的分类、代号与编号。我国的国家标准分为强制性国家标准和推荐性国家标准，国家标准的代号由大写汉语拼音字母构成。强制性国家标准代号为GB，推荐性国家标准代号为GBT或GB/T。

我国的国家标准编号方式为：(国家标准代号)(标准发布顺序号)—发布年号。关于发布年号，1996年以后发布的标准用四位数字表示，之前发布的标准用二位数字表示。例如，GB 18168—2000表示2000年发布的第18168号强制性国家标准。又如，GB/T 12113—1996表示1996年发布的第12113号推荐性国家标准。

(2) 强制性国家标准的范围。强制性国家标准涉及以下方面：药品国家标准、食品卫生国家标准、兽药国家标准、农药国家标准；产品及产品生产、储运和使用中的安全、卫生国家标准，劳动安全、卫生国家标准，运输安全国家标准；工程建设的质量、安全、卫生国家标准及国家需要控制的其他工程建设国家标准；环境保护的污染物排放国家标准和环境质量国家标准；重要的涉及技术衔接的通用技术术语、符号、代号(含代码)、文件格式和制图方法的国家标准；国家需要控制的通用的试验、检验方法国家标准；互换配合国家标准；国家需要控制的其他重要产品国家标准。

2. 行业标准

行业标准是指对没有国家标准而又需要在全国某个行业范围内进行统一的技术要求而制定的标准。如行业的工艺规程标准；行业范围内通用的零配件标准；行业范围内通用的术语、符号、规则、方法等基础标准。

行业标准由国务院有关行政主管部门或行业协会制定，并报国家质检总局备案。我国约有150个专业标准化技术委员会参与行业标准的制定、修订和审查的组织工作。

行业标准不得与国家有关法律、法规以及有关的国家标准相抵触，已有国家标准的不再制定这类标准。在发布实施相应的国家标准之后，该项行业标准即行废止。有关行业标准之间应保持协调、统一，不得重复。

行业标准代号：由国务院标准化主管部门规定。农业 NY、石油化工 SH、林业 LY、机械 JB、轻工 QB、环保 HJ、纺织 FZ、煤炭 MT、化工 HG、商业 SB、教育 JY、烟草 YC、航空 HB、航天 QJ 等。

行业标准也分为强制性和推荐性标准。其编号方式为：(行业标准代号)(标准顺序号)—(发布年号)。即

```
        FZ 或 FZ/T        ××××××—××××
        行业标准代码      标准顺序号    发布年号
```

例如,NY 1234—1994 表示 1994 年发布的第 1234 号强制性农业行业标准。又如,JB/T 4192—1996 表示 1996 年发布的第 4192 号推荐性机械行业标准。

3. 地方标准

地方标准是指没有国家标准或行业标准而又需要在省、自治区、直辖市范围内统一制定和使用的标准。如为本地区特色产品、特需产品所制定的标准。

地方标准由省、自治区和直辖市质量技术监督部门制定、审批和发布,并报国家质检总局和国务院有关行政主管部门备案。

地方标准不得与上一级标准相抵触。在发布实施相应的国家标准和行业标准后,该项标准即行废止。

地方标准也分为强制性和推荐性标准。其编号方式为:(地方标准代号,即 DB+地区代码)(标准顺序号)—(发布年号)。即

```
        DB XX/ 或 DBXX/T      ××××××—××××
        地方标准代号          标准顺序号    发布年号
```

例如,DB 11/068—1996 表示 1996 年发布的第 068 号强制性北京地方标准;天津市推荐性标准的代号是"DB 12/T",其推荐标准《无公害叶菜蔬菜生产技术规程》编号为"DB 12/T 114—1999"。

其中,地区代码为各省、自治区、直辖市行政区划代码的前两位为数字。省、自治区、直辖市代码:北京 11000、湖南 43000、天津 12000、广西 45000、河北 13000、广东 44000、山西 14000、内蒙古 15000、海南 46000、四川 51000、辽宁 21000、黑龙江 23000、吉林 22000、云南 53000、贵州 52000、西藏 54000、上海 31000、江苏 32000、陕西 61000、浙江 33000、甘肃 62000、安徽 34000、青海 63000、福建 35000、河南 41000、江西 36000、山东 37000、新疆 65000、湖北 42000、台湾 71000、宁夏 64000。

4. 企业标准

企业标准是指对企业生产的产品没有相应的国际标准和行业标准时所制定的在该企业范围内统一使用的标准。企业标准是企业组织生产、经营活动的依据。

企业标准原则上由企业自行组织制定、批准和发布实施,并报当地质量技术监督部门和有关行政主管部门备案。

已有国家标准和行业标准的,国家鼓励企业制定严于国家标准或行业标准的内控企业标准在企业内部使用,以提高产品质量水平,争优质、创名牌。严于国家标准或行业标准的企业标准可以不公开、不备案。企业标准不得与有关法律、法规或上一级标准相抵触。

企业标准代号为 Q/;各省、自治区、市颁布的企业标准应在 Q 前加本省、自治区、市的汉字简称,如北京市为"京 Q/",湖南省为"湘 Q/";斜线后为企业代号和编号(顺序号—发布年代号)。中央所属企业由国务院有关行政主管部门规定企业代号;地方企业由所在省、自治区、直辖市政府标准化行政主管部门规定企业代号。例如:京 Q/EGF024—1997 表示 1997 年发布的北京市某企业的第 024 号企业标准。

学习单元三 货物标准化

一、货物标准化的概念与内容

（一）标准化的概念

我国 GB/T 20000.1—2002 对"标准化"的定义："为了在一定范围内获得最佳秩序，对现实问题或潜在问题制定共同使用和重复使用的条款的活动。"

标准化的 3 个要义如下。

(1) 标准化是一项活动，是一个过程。其对象不是孤立的一件事或一个事物，而是共同的可重复的事物。这项活动包括从标准的编制、发布到实施的全过程。

(2) 标准化所涉及的现实问题或潜在问题范围非常宽广，除了生产、流通、消费等经济活动以外，还包括科学、技术、管理等活动。

(3) 标准化活动是有目的的，即在一定范围内获得最佳秩序。

标准化的实质是一种制定、发布、实施和修改标准的活动过程。标准是标准化活动的中心。

标准化的目的是通过其活动使其研究对象达到统一，并最终获得最佳秩序。

（二）货物标准化的概念

货物标准化是指在货物生产和流通的各个环节中制定、发布以及实施货物标准的活动，以获得最佳市场秩序和社会效益。

货物标准化水平是衡量一个国家生产技术水平和管理水平的尺度，是现代化的重要标志。

（三）货物标准化的内容

货物标准化包括：名词术语统一化、货物质量标准化、货物质量管理与质量保证标准化、货物分类编码标准化、货物零部件通用化、货物品种规格系列化、货物检验与评价方法标准化、货物包装、储运、养护标准化和规范化等。

二、货物标准化的形式

货物标准化的形式主要有简化、统一化、系列化、通用化、组合化和模数化等。简化和统一化是最古老的、初级的一般标准化形式；而系列化、通用化、组合化和模数化是标准化发展的高级形式。

（一）简化

1. 简化的概念

简化是在一定范围内缩减货物的类型数目，使之在既定的时间内满足一般需要的货物标准化形式。简化是货物标准化的初级形式，也是实践中应用较广泛的一种形式。简化一般在事后进行。它是货物系统发展的外在动力，是对货物类型、品种进行有意识控制的有效形式，是控制复杂性、防止多样性自由泛滥的一种手段。通过合理的简化，可以消除不必要的货物类型以及同类货物中多余的、重复的和低功能的品种。

2. 简化的原则

(1) 事后进行原则：简化一般是在事后进行，也就是货物的多样化已经发展到一定规模以后，才对货物的类型数目加以缩减。

(2) 限定时空原则：货物类型数目的缩减应在一定时空范围内进行，其结果应能保证在既定时间和空间内满足一般需要。

(二) 统一化

1. 统一化的概念

统一化是把同类货物两种以上的表现形式归结为一种或限定在一定范围内的货物标准形式。它是货物标准化活动中内容最广泛、开展最普遍的一种形式。在货物标准化的活动中，需要统一的对象很多，如概念、符号、代号、术语、标识、质量指标、检验、包装、储运、质量管理等。

2. 统一化的实质

统一化的实质是使货物的形式、功能（效用）或其他技术特征具有一致性，并把这种一致性通过标准以定量化的方式确定下来。因此，统一化与简化是有区别的，前者着眼于取得一致性，即从个性中提炼共性；后者着眼于精炼，即合理地保留若干品种。

3. 统一化的类型

统一化分为两类：一类是绝对的统一，不允许有任何的灵活性。如各种编号、代号、标志、名称、计量单位、运动方向等。另一类是相对的统一，统一中有灵活性。如货物的质量标准是对该类货物的质量进行的统一，但是质量指标却允许有灵活性（如分等的规定、指标的上下限、公差范围等）。

(三) 系列化

1. 系列化的概念

系列化是对同一类货物中的一组货物进行标准化的一种形式。它是通过对同一类货物发展规律的分析研究，国内外产需发展趋势的预测，结合我国生产技术条件，经过全面的技术经济比较，将货物的主要参数、型式、尺寸、基本结构等做出合理的安排与规划，以协调同类货物和配套货物之间的关系，从而实现某一类货物系统的结构优化、功能最佳。

2. 系列化的内容

货物系列化一般包括制定货物基本参数系列、编制货物系列型谱和进行系列设计等内容。

(1) 制定货物基本参数系列。货物基本参数是货物基本性能或基本技术特性的标志，是选择或确定货物功能范围、规格尺寸的基本依据。货物基本参数系列是将货物的基本参数按一定的规律排列形成的数列，是指导生产企业发展品种、指导用户选用产品的基本依据。基本参数系列确定是否合理，不仅关系到这种产品与相关产品之间的配套协调，而且在很大程度上影响企业的经济效益以及社会经济效益。

制定基本参数系列包括选择基本参数和主参数，确定主参数和基本参数的上下限，确定参数系列等步骤。其中，主参数是各项参数中起主导作用的参数，是货物中最稳定的、最反映货物基本特性的参数。经过技术、经济比较，可以从几个可行方案中选定最优参数系列方案。

（2）编制货物系列型谱。货物系列型谱是行业主管部门根据国民经济发展和市场的需要，对国内外同类货物生产发展和需求状况进行分析后，对基本参数系列所限定的货物进行型式规划，把基型货物和变型货物的关系以及品种发展的总趋势，用图表反映出来，由此形成一个简明的品种系列表。一种货物的系列图谱，是该货物品种发展规划的一种表现形式。它不仅为选择货物发展方向、制定货物技术发展规划、合理安排货物生产以及整顿现有货物、发展变型货物等提供依据，而且还可防止企业盲目设计没有发展前途的品种。

（3）进行系列设计。货物系列设计是以基型为基础，对整个系列货物进行的技术设计或施工设计。系列设计是有效的统一化，能有效防止同类货物形式、规格的杂乱；能集中研究和设计的优势，保证设计的先进性，防止各企业平行设计统一产品，做到最大限度地节约设计力量；系列设计的货物基础件通用性好，易于根据市场动向和消费者、用户的特殊要求而机动灵活地发展新品种；此外，还便于组织专业化协作生产和配套维修。

（四）通用化

1. 通用化的概念

通用化是指在相互独立的系统中，选择和确定具有功能互换性或尺寸互换性的子系统或功能单元的标准化形式。通用化以互换性为前提。所谓互换性是指不同时间、不同地点制造出来的货物或零部件，在装配、维修时不必经过修整就能任意替换使用的性质。通用化程度越高，生产的机动性越大，市场的适应性越强。

2. 通用化的要求

在货物系列设计时，要全面分析货物的基本系列和变型系列中零部件的共性与个性，从中选择具有共性的零部件作为通用件或标准件。在单独设计某一货物时，尽量采用已有的通用件。设计新零部件时，要充分考虑到能为以后的新货物所采用，并将其逐渐发展为通用件或标准件。对现有货物进行革新改造时，可根据生产、使用、维修过程中积累的经验，将零部件经过分析、试验达到通用。

（五）组合化

1. 组合化的概念

组合化是指按照标准化的原则，设计并制造出一系列通用性较强的（标准）单元，并根据需要拼合成不同用途的货物的一种标准化形式。在产品设计、生产和使用过程中，可以运用组合化的方法。

2. 组合化的方法

组合化的方法主要是选择和设计标准单元和通用单元，又称标准组合元。

确定组合元的步骤：第一步，先确定其应用范围，然后划分组合元，编排组合型谱（即由一定数量的组合元组成货物的各种可能型式）。第二步，检验组合元是否能完成各种预定的组合。第三步，设计组合元件及对应的标准，预先制造和储存一定数量的标准组合元，根据需要组装成不同用途的货物。

组合化的原理和方法目前已被广泛应用于机械类、仪器仪表、家具等产品设计与制造中。

(六) 模数化

1. 模数的概念

模数是指在某种系统（如建筑物、构件或制品）的设计、计算和布局中，普遍、重复应用的一种基准尺寸。

2. 模数化的概念

模数化是指在系统设计、计算和结构布局中，制定和使用尺寸协调的标准模数的活动。应用标准模数，可以使产品和建筑物的结构尺寸达到模数配合。当所有的配合尺寸都是模数或是基本模数（M）的倍数时，称为完全的模数配合。模数配合作为尺寸指南，不但给制造单位一套协调的产品尺寸，而且给设计人员提供了可供选择的最佳尺寸，使产品或建筑物具有最佳结构。

3. 模数化的应用

由于模数具有优良的尺寸拼加性，在外包物与内包物之间具有良好的容纳性。因此，在仪器仪表工业中，元件、器件、零部件与机箱、机柜之间，集装箱与包装箱之间等具有尺寸对接关系的积木组装结构制品中，模数化应用极为广泛。

三、货物标准化的经济效果

标准化的经济效果是指制定和贯彻标准所取得的有用效果与所付出的劳动耗费的比较。

计算标准化的经济效果与标准化的经济效益的公式如下：

标准化的经济效果＝制定和贯彻标准所获得的有用效果÷制定和贯彻标准所付出的劳动耗费

标准化的经济效益＝制定和贯彻标准所获得的有用效果－制定和贯彻标准所付出的劳动耗费

公式表明，标准化的经济效果是相对值，表示劳动的有效性，揭示比率、效率的关系。标准化的经济效益是绝对值，表明收益的大小。

评价标准化的经济效果常采用直接比较法和动态分析法。直接比较法是按国家规定的16项主要指标进行评价，其中最主要的指标有：总产量和增长率、产品质量稳定提高率、原材料和燃料动力消耗降低率、产品优质品率、每万元产值消耗的能源和降低率、定额流动资金周转天数和加速率、可比产品成本降低额和降低率等。动态分析法主要是通过对效益和费用动态变化的分析以及对时间因素的分析，来确定最佳经济效益。

为了评价标准化经济效果，我国制定和颁布了国家标准《标准化经济效果的评价原则和计算方法》(GB 3533.1—1983)、《标准化经济效果的论证方法》(GB 3533.2—1984)和《评价和计算标准化经济效果数据资料的收集和处理方法》(GB 3533.3—1984)。

 拓展阅读

水路货物运输质量工作标准

一、库场管理

(1) 货物进出库，按单交接、点清件数、分清残损、验明包装、标志、规格、品名。发现问题，及时做好记录，并通知托运人、收货人签证处理。

(2) 按票堆码、成行成线，标志朝外、箭头朝上，剔出残损并妥善保管。

(3) 对互有抵触、易受感染、易腐变质的货物,采取相应措施,防止变质、污损。

(4) 库、场货位合理,并留出通道,保有垛距、墙距、灯距、消防距,货垛牌填写清楚,拴挂有序。

(5) 场地货物要垛上起脊,码垛整齐。同品名、同规格、同包装的货物要定量、定型,按标准垛堆码。

(6) 库、场整洁,货垛布局合理、坚实牢固。需垫盖的货物,上盖下垫、不露不漏不落地。垫、盖设备良好并做到苫盖严实、捆绑牢固。风季加防风网,货位无积水。

(7) 货物储存做到"十防":防混质、防霉变、防污染、防风、防台(风)、防汛、防火、防潮、防鼠虫害、防盗。及时处理无法交付的货物、地脚货物、破损货物。无法交付货物按规定上报处理,地脚货物随原货票同行,破损货物破来好转(包装、材料、劳务费可另计)。

(8) 库场理货员依船边、库场等交接方式,上岗定位;交接清楚、账货相符,票据周转及时,正确标志各类记录并做到字迹清楚。

(9) 集装箱装箱前或拆箱后,做好箱底清洁工作;集装箱拼箱货物的交付,有条件的应先拆箱入库,后核对交付;在箱区现场逐票分提的,做好分次开箱交付、拆加封记录,划清溢短、原残、工残责任。

二、装卸船作业

(1) 装船作业要标准,根据船舶适航适载情况及计划积载图(表)要求,正确积载,保障船舶平稳;按票装货,堆码紧密,隔票清楚,绑扎牢固,防止货物滚动、位移。

(2) 卸船作业,按顺序、分段逐层、均衡卸货。

(3) 船舶装卸作业前,船舷拴挂安全网、片,并做到拴挂合理、可靠,随水位及时调整,及时清理积物。

(4) 对同品种、同规格、同包装的货物,做关坚持"三定":定量、定型、定关。

(5) 装卸作业坚持"十不":不装破损包、不使用手钩、不倒关、不拖关、不落水、不堆垛、不挖井留山、不夹包带件、不吊超负荷关、不吊堆码不正关。

(6) 作业中轻拿轻放,箭头朝上,重不压轻,木箱不压纸箱;地脚货及时扫清、灌包、归垛。

(7) 装卸散货避免撒漏、落水、混质,按规定平仓;装卸散装液体货(包括通过管道运输装卸的液体货)不跑、不冒、不滴、不漏、不混。

(8) 雨雪天,怕湿货物无防范措施不作业。

(9) 危险品、特殊物件、笨重长大件及冷藏、危险品集装箱等,应制订防范措施后再作业。

(10) 对残损件货,分清原残、工残,并如实做好现场记录。

(11) 作业中随撒随扫、随破随修,作业完毕做到"六清"船舱清、甲板清、码头清、道路清、库场清、机具清。

三、装卸车作业

(1) 装前检查车体技术状况是否符合装载技术要求;对不良车体,不得装车并做好记录。

(2) 合理使用装卸机械、工属具,不超负荷运输。

(3) 堆码整齐,重不压轻、木箱不压纸箱、箭头朝上;袋装货超出车体时,袋口朝里。

(4) 装车不倒关、不超限、不超载、不亏载、不偏重、不集重。

(5) 货物与车门之间,留出适当距离,起好脊,苫盖严实,捆扎牢固,封好车门、车窗。

(6) 散装货物画线装车,避免撒漏、混质,作业完毕须平车;散装液体货物,不跑、不冒、不滴、不漏、不混。

(7) 卸车须卸清,作业完毕扫净车体、关好车门。

(8) 作业中做到随撒随扫、随破随修,作业完毕做到车边清、道路清、机具清。

四、船舶货运

(1) 船舶货运员(含船舶理货组长、驳船驾长及驻港理货员,下同)、船舶理货员、看舱人员,严格上岗定位,佩戴标志,遵守岗位责任制。分节驳、无人驳所属单位应有相应管理措施。

(2) 装船前,船方对港方提供的计划积载图(表),必须认真进行审核,严格把关签认,并可提出修改意见。

(3) 船舶货运员须深入货物堆存现场,摸清货物品名、特性、包装、标志、规格、数量;对不符合运输要求的货物,应做好记录。

(4) 装货前,船舶应做到适航、适工、适载,备妥分隔、衬垫物料;装货时,指导港方做好重物分隔、衬垫、绑扎工作。

(5) 船舶理货员须正确收发、计量、计数,不错卸、错装,分清标志、隔票清楚。坚持做到分清工残、原残,如实填写现场记录,交接清楚,明确责任。

(6) 认真监督、指导、配合港方坚持装舱积载标准:由下而上、先远后近、先大后小,上轻下重、箭头朝上;特殊货物先定装舱部位,异装货物慎配装;大硬货物先装,小软货物后装,轻重、大小货物搭配合理,严格装卸顺序;注意装卸事项,码舱整齐、分隔清楚。

(7) 装货结束后,船舶货运员应认真核对运单、交接单、分舱单、计划积载图(表)及运输有无特殊要求,并采取相应措施。

(8) 坚持做到"三定""四清":看舱定人、定时、定舱,货物卸清、分票隔票清、残损责任清、货物现场交接清;把好"六关":备舱关、摸底关、积载关、装货关、航行关、卸货关。

(9) 航行途中,船舶应加强对受载货物的检查与管理:注意通风,勤测污水沟,防止货物水湿、汗湿、浪湿;定时到货舱进行检查,防止货物滑动移位和倒垛;遇有恶劣气候,要做好对货物的加固绑扎工作。

(10) 整船装运散装干货,装货前船舶应对所装货物进行摸底检查,防止虫损、湿损、变质货物上船。运煤船舶应严防煤炭自燃变质;对港存煤炭已经自燃或超过规定温度的,应及时同港方协商,不采取有效措施,不准装船。

(11) 大宗散货装载完毕应指导港方平舱;认真做好水尺鉴定工作,提出准确的计量数据,做到看准、测准、算准、装足。

(12) 运油船舶,应认真做好防火、防爆、防污染工作;装油前应保证油舱及管系的清洁,坚持严格的清洗舱、验舱制度,防止油品的掺混和变质;装油时应遵守安全装卸操作程序,防止油品的跑、冒、滴、漏、混事故;装油后,应检查各种盖及阀门是否封闭,防止油舱渗水混油。

(13) 适时做好油舱的合理加温、保温,卸油时应尽量收尽各舱油脚;卸油结束前,应全面检查油舱,防止漏卸。

五、外轮理货

（1）按作业船舶及作业线路，派足理货人员，并严格上岗定位，执行交接制度。

（2）认真做到按关计数，不漏关、不重关、不错计关内小数；工班作业完毕，检查作业线路；全船作业完毕，检查舱内、甲板、船边及作业线路，防止货物漏装、漏卸；船舶作业结束后在两小时内办完交接签证手续。

（3）按单分清标志，理清件数，及时填写理货计数单。

（4）检查"定量、定型、定关"装卸作业情况，指导装舱积载，分隔衬垫，分清工残、原残，当班编制现场记录，按规定正确填写有关单证。涉及对外索赔的签证，应正确、及时提供；需要对外更正的，应及时办理。

（5）单证填写完整，内容正确，字迹清楚；理货资料保管齐全。

（6）收集船方及其他委托方对理货的意见，质量信息反馈快、情况明，并及时提出整改措施。

（摘自《水路货物运输质量管理办法》）

大数据时代的质量观

2012年2月，美国《纽约时报》发表了一篇主题为"大数据时代"的文章，称大数据时代已经来临，数据分析大师们正在获得更多的发展机遇。

大数据是全球新型工业化进程的必然产物，与计算机科学技术的发展息息相关。所谓大数据，一般是指规模巨大的数据集，这些数据由于存储量和结构规模庞大，无法用现有的软件系统和统计模型进行分析和处理，无法完成数据的撷取、分类、关联和趋势等方面的分析，更难以达到数据分析运用于经营和管理等方面的目的。从统计学的角度来看，大数据包含4个基本特点：一是数据的体量庞大，从TB级别跃升到PB级别；二是数据的种类繁多，甚至打破我们对于常规统计量的认识；三是价值密度较低而商业价值较高；四是数据处理的速度快。

大数据的出现对质量科学的影响非常巨大和深远，这里探讨的质量观，一般是指人们对于质量的基本看法和观点，可以看成是一种质量科学领域的世界观。大数据背景下的质量观关系我们对于质量科学未来发展的基本方向的认同，也会引起我们对于当前质量科学技术的思考和改进。

首先，大数据是面向质量过程的总体数据，而不再局限于随机样本。质量科学的进步最为内在的动力就是数理统计方法，其中抽样技术是最核心的方法之一。随机抽样是当代质量管理技术最重要的手段和方法，也是六西格玛管理和质量改进的重要技术特征。对于一个完整的工业过程而言，我们几乎可以收集到全部的总体数据。而大数据无法使用常规的统计软件和工具完成计算和分析，因此即便是收集到全部统计数据，我们也几乎无法完成预定的质量管理和数据分析任务，需要借助专门的海量数据挖掘和云计算技术。这就出现了一个矛盾，即面向总体质量统计的大数据资源理论上可以满足一切质量管理的需要，但质量管理实践中却无法实现常规的统计分析和监控，因为数据量过于庞大。这个矛盾的解决方案存在很多争议,一个基本的共识就是允许一定误差的抽样方法仍然是未来一段时期内最有效率和最为公平的质量管理方法。

其次,大数据倾向于混杂计算的标准,而不是像以前一样精确。精确建模和计算是统计时代的产物,也是演绎逻辑的顶峰。在数据相对匮乏的年代,我们总是要求一切统计数据都要精确。但在大数据时代的数据,混杂而不精确性未必是缺点,而可能是一个亮点。接收数据的混杂性,必须承认一些基本的事实和想法。一是当数据量以几何级数增加的时候,降低数据容差可以获得更多的数据信息;二是要想获得大规模数据带来的好处,混杂应该是一种途径,而不是竭力避免的;三是要认识到大数据的简单算法比小数据的复杂算法更有效。

最后,大数据分析更关注相关关系,而不是因果关系。传统的质量管理方法尤其注重因果逻辑,总是希望通过实验设计或者统计模型来描述事物之间的关系,而且这种关系是有因果逻辑支持的,很多质量改进技术都是在因果问题上做文章,用精确的数据模拟真实的质量生产过程,从而得到精确的结论。但大数据分析的主流研究成果相对更加注重"效果逻辑",只强调数据之间存在的相关关系,而不管这种关系在实践中如何产生。

资料来源:大数据时代的质量观.吉林日报[N],2015-01-24.

职业指导

企业需求

保证货运质量是体现物流企业服务质量的重要方面,也是提高顾客满意度、增强企业竞争力的保证。物流企业需要员工掌握货物质量和货物质量管理的基本理论与基本技能,以确保物流中的货物质量安全;同时掌握质量标准,运用质量标准对货物进行质量控制。

实际应用

控制货损、货差是物流中货物质量管理的重要环节,贯穿着货物运输和存储的全过程。货物质量不仅取决于自身性质,还受到外界环境的影响。因此,在企业的实际运作中,需要了解影响货物质量的因素,运用质量管理的基本方法,有效地控制货物质量,减少货损与货差。

职业技能

学生通过本学习项目的学习,能够掌握以下技能,以满足企业(职业)岗位寻求。
- 能够分析货物在物流环节中造成货损与货差的原因,并提出防控措施;
- 能够运用质量标准衡量货物质量;
- 能够进行企业标准化经济效果的评价。

同步测试

一、选择题

1. 在运输过程中,造成货损货差的原因有(　　)。
    A. 货舱设备不完善　　　　　　B. 保管不当
    C. 货物发酵、霉烂、自热　　　D. 不可抗力
2. 在储存过程中造成货损货差的原因有(　　)。
    A. 库场设备不全　　　　　　　B. 库场清扫工作差

    C. 货物保管不当　　　　　　　　D. 货物交付不及时
3. 自然减量的大小,与货物(　　)因素有关。
    A. 性质和状态、包装、装运方式　　B. 装卸方法、操作次数
    C. 环境温度与湿度　　　　　　　　D. 气候条件和运输时间
4. ANSI 代码的含义是(　　)。
    A. 美国国家标准　B. 德国国家标准　C. 日本国家标准　D. 英国国家标准
5. 货物标准概述部分包括(　　)。
    A. 封面　　　　　B. 目录　　　　　C. 标准名称　　　D. 引言
6. 标准体系的特征是(　　)。
    A. 目的性　　　　B. 统一性　　　　C. 整体性　　　　D. 结构性
7. 货物标准按照性质分为(　　)。
    A. 技术标准　　　B. 管理标准　　　C. 工作标准　　　D. 服务标准
8. 标准化的要义(　　)。
    A. 标准化是一项活动,一个过程
    B. 标准化所涉及的现实问题或潜在问题范围非常宽广,除了生产、流通、消费等经济活动以外,还包括科学、技术、管理等活动
    C. 标准化活动是有目的的,就是要在一定范围内获得最佳秩序
    D. 标准化的实质是一种制定、发布、实施和修改标准的活动过程。标准是标准化活动的中心
9. 货物标准化的形式主要有(　　)。
    A. 简化、统一化　B. 系列化、通用化　C. 组合化、模数化　D. 信息化、统一化
10. 通用化的作用(　　)。
    A. 通用化以互换性为前提,通用化程度越高,生产的机动性越大,对市场的适应性也越强
    B. 防止不必要的多样化
    C. 便于组织专业化协作生产和维修
    D. 增强企业竞争能力

二、简答题

1. 什么是货损与货差?
2. 在运输、储存、装卸环节中,为何会造成货损与货差?如何防范?
3. 什么是货物的自然损耗?其产生的原因是什么?如何预防?
4. 什么是货物标准?简述货物标准的主要内容。
5. 简述货物标准化的形式。

三、案例分析题

某储运公司与某食品加工厂签订了食品仓储合同,约定由储运公司储存食品加工厂的生产原料。在合同履行期间,食品厂发现从仓库提取的原材料有变质现象,致使食品厂生产原料供应不足,影响了生产进度。经查,因仓库的通风设备发生故障,不能按时通风,故导致食品原料变质。

问题：在货物仓储过程中，应该注意哪些问题以避免损失？

实训项目

制订货物质量控制方案

1. 实训目的

通过训练，使学生能够掌握在储存和运输中影响货物质量的因素，提出控制货损货差的措施。

2. 实训内容

（1）背景资料：北京长风物流有限公司有面积约 1 000 m² 的普通仓库，主要是为大型超市储存普通货物。物流公司根据超市的进货要求，将货物运到超市。

长风物流有限公司为北京地区的物美超市主要储存以下货物。

- 不锈钢刀具；
- 玻璃酒具和茶具；
- 橡胶手套、橡胶管、暖水袋；
- 茶叶；
- 葡萄酒；
- 白糖、红糖和各种糖果；
- 毛巾、浴巾、床单、被褥。

（2）针对长风物流有限公司为物美超市储存的货物，分析货物的货损与货差的原因，制订该批货物质量控制方案。

3. 实训要求

（1）根据货物的基本性质，分析造成货损货差的主要原因。

（2）制订控制货物的货损货差的方案。

（3）每组提交一份货物质量控制方案。

（4）每组选派一名代表讲解和展示本组的工作成果。

4. 实训考核

（1）评价方式：采取小组自评、小组互评、教师评价三维评价方式，以教师评价为主，小组自评和小组互评为辅，其中教师评分比例占总分数的 60%，小组自评占 20%，小组互评占 20%。

（2）评价指标：从专业能力、方法能力、社会能力、工作成果展现 4 个方面进行评价，总评成绩＝小组自评×20%＋小组互评×20%＋教师评价×60%。

学习项目二任务工作单　　学习项目二任务实施单　　学习项目二任务检查单　　学习项目二任务评价单

学习项目三

货物检验

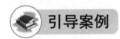 **引导案例**

植物油厂使用非食用原料生产加工食用油

根据群众举报,某市质量技监局对该市一植物油厂进行了突击执法检查,现场查获饲料玉米毛油 5 400kg,工业盐 550kg,工业用磷酸三钠 125kg,工业用氢氧化钠 3 400kg。经调查,该厂从一家饲料经营部购入饲料玉米油 157t,从盐业公司购入工业盐 3.5t,从化工商店购入工业用氢氧化钠 6t,工业用磷酸三钠 150kg。据该厂负责人介绍,在每吨饲料玉米毛油中加入 5kg 氢氧化钠、10kg 工业盐、0.1 千克磷酸三钠等工业原料,共计生产成品食用油 120t,货值金额 68.4 万元。经抽样检验,油品的酸价、过氧化值超标,为不合格品。质量技监部门对此案依法做出处理。

案例分析:本案例中植物油厂使用非食用原料生产加工食用油,经检验,油品酸价、过氧化值超标,为不合格品。质量技监部门对此案依法做出处理。可以说,商品检验是保证商品质量、维护消费者权益、维护企业信誉、推动企业持续发展的重要手段。

此案例还给我们一些有关货物检验的启示。货物检验环节可以分布到各个生产工序之中,通过检验及时发现不合格品,找到产生不合格品问题的原因,进而解决问题,使生产过程中的产品质量得到全面控制。

案例涉及的知识点:货物检验的必要性。

学习目标

【知识目标】
1. 了解货物检验的概念和种类;
2. 熟悉货物检验的项目和流程;
3. 掌握货物检验的主要方法;
4. 熟悉进出口货物的检验流程。

【能力目标】
1. 能够辨别货物检验的种类;
2. 能够运用感官检验方法检验货物;

【思政目标】

1. 培养学生合法合规意识和责任意识。通过本项目的学习,使学生了解为什么要检验货物以及如何检验等相关知识,全面建立合法合规意识,一切从用户利益出发,为用户提供合法合规的货物。

2. 营造"知"规、"守"规、"行"规的营商环境。通过对本项目的学习,可以了解到货物检验的重要性,引导生产企业和物流企业合规经营,提高货物本身的质量和服务质量,确保流通中的货物完整无缺,营造良好的社会营商环境。

思维导图

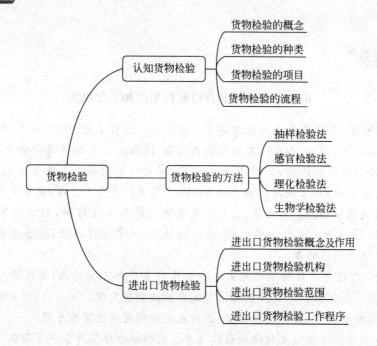

学习单元一 认知货物检验

一、货物检验的概念

货物检验(commodity inspection)是指货物的供货方、购货方、第三方在一定条件下,借助于某种手段和方法,按照合同、标准或国内外有关法律、法规、惯例,对货物质量、规格、重量、数量、包装、安全及卫生等方面进行检查,并做出合格与否或通过验收与否的判定;或为维护买卖双方合法权益,避免或解决各种风险损失和责任划分的争议,便于货物接结算而出具各种有关证书的业务活动。

二、货物检验的种类

(一)按检验主体,可分为生产检验、验收检验和公正检验

1. 生产检验

生产检验又称第一方检验、卖方检验,是由生产企业或其主管部门自行设立的检验机

构,对所属企业进行原材料、半成品和成品产品的自检活动。这类检验的目的是及时发现不合格产品,保证质量,维护企业信誉。经检验合格的商品应有"检验合格证"标志。

2. 验收检验

验收检验又称第二方检验、买方检验,是由商品的买方为了维护自身及其顾客利益,保证所购商品符合标准或合同要求所进行的检验活动。这类检验的目的是及时发现问题,反馈质量信息,促使卖方纠正或改进商品质量。在实践中,一些外贸企业还常派"驻厂员",对商品质量形成的全过程进行监控,一旦发现问题,及时要求卖方解决。

3. 公正检验

公正检验又称第三方检验、法定检验,是由处于买卖利益之外的第三方(如专职监督检验机构),以公正、权威的非当事人身份,根据有关法律、标准或合同进行商品检验活动,如公证鉴定、仲裁检验、国家质量监督检验等。第三方检验的目的是维护各方面合法权益和国家权益,协调矛盾,促使商品交换活动的正常进行。

(二) 按接受检验的货物数量,可分为全数检验和抽样检验

1. 全数检验

全数检验又称全额检验、百分之百检验,是对整批商品逐个(件)地进行的检验。其特点是能提供较多的质量信息,给人一种心理上的安全感。缺点是检验量大、费用高,易因检验人员疲劳而导致漏检或错检。

2. 抽样检验

抽样检验是按照已确定的抽样方案,从整批商品中随机抽取少量具有代表性的商品用作逐一测试的样品,并依据测试结果去推断整批商品质量合格与否的检验。它具有占用人力、物力和时间少的优点,具有一定的科学性和准确性,是比较经济的检验方式。但检验结果相对于整批商品实际质量水平,会存在一定误差。

抽样检验的对象是一批产品,根据抽样结果应用统计原理去推断产品批的接收与否。由于抽样检验是用样本的质量特征去推断整体的质量特征,所以可能存在误判——可能把实际的不合格评判为合格,也可能把实际的合格评判为不合格。

抽样检验适用于批量较大、价值较低、质量特性多且质量较稳定或具有破坏性的货物检验。

(三) 按照检验有无破坏性,可以分为破坏性检验和非破坏性检验

1. 破坏性检验

破坏性检验是指为取得必要的质量信息,经测定、试验后的货物遭受破坏的检验。

2. 非破坏性检验

非破坏性检验又称为无损检验,是指经测定、试验后的货物仍能使用的检验。

三、货物检验的项目

(一) 货物质量检验

货物质量检验是根据合同和有关检验标准规定或申请人的要求,运用人的感官或化学、物理的等各种手段,对商品的使用价值所表现出来的各种特性进行测试、鉴别。其目的就是判别、确定货物的质量是否符合合同中规定的质量条件。货物质量检验包括外观

质量和内在质量的检验。

（二）货物数量和重量检验

货物数量和重量是买卖双方成交货物的基本计量和计价单位，直接关系着双方的经济利益，也是对外贸易中最敏感而且容易引起争议的因素之一。它们包括商品个数、件数、双数、打数、令数、长度、面积、体积、容积和重量等。

（三）货物包装检验

货物在流通过程中，由于受到多种因素的影响，会发生货损与货差。为了保证货物的质量和数量，也就是保证货物的完好无缺，在出运之前和到达目的地之后都需要对货物包装进行检验。

微课：货物包装的检验

货物包装检验主要依据当事人双方签订的运输合同或者贸易合同中的运输条款、运输包装的有关标准进行。如果是进出口货物，还要依据国际法律法规、国际惯例，以及进出口国家检验检疫机构对运输包装的要求，对货物包装标志、包装材料、包装方法，以及货物的完好性和坚固性进行测评。货物包装本身的质量和完好程度，不仅直接关系着商品的质量，还关系着商品数量和重量。

（四）货物安全卫生检验

货物安全检验是指对电子电器类商品进行的漏电检验、绝缘性能检验和 X 光辐射等。商品的卫生检验是指对商品中的有毒、有害物质及微生物进行的检验。如食品添加剂中砷、铅、镉的检验，茶叶中的农药残留量检验等。

对于进出口商品的检验内容除上述内容外，还包括海损鉴定、集装箱检验、进出口商品的残损检验、出口商品的装运技术条件检验、货载衡量、产地证明、价值证明及其他业务的检验。

四、货物检验的流程

货物检验工作流程通常包括定标→抽样→检验→判定→处理 5 个环节，其具体步骤如下。

（1）定标。定标是指检验前根据合同或标准规定，明确技术要求，掌握检验手段、方法以及货物合格判定原则，拟订货物检验计划。

（2）抽样。抽样是指按合同或标准规定的抽样方案，随机抽取样品，使样品对货物批总体具有充分的代表性，同时要对样品进行合理保护。

（3）检验。检验是指在规定的环境条件下，用规定的试验设备和试验方法检测样品的质量特性。

（4）判定。判定是指通过将检测的结果与合同及标准所规定的技术指标进行比照，根据合格判定原则对被检货物合格与否做出判定。

（5）处理。处理是指对检验结果出示检验报告，反馈质量信息，对不合格的货物做出处理。

学习单元二　货物检验的方法

货物质量检验的方法很多,常用的方法主要有抽样检验法、感官检验法、理化检验法、生物学检验法等。

一、抽样检验法

(一) 抽样的概念

抽样又称取样,即从将要检验的全部样品中抽取一部分样品单位。其基本要求是要保证所抽取的样品单位对全部样品具有充分的代表性。抽样的目的是从被抽取样品单位的分析、研究结果来估计和推断全部样品特性,是质量检验时经常采用的一种经济有效的工作和研究方法。

(二) 抽样的方法

1. 简单随机抽样

简单随机抽样是指从批量为 N 的被检批中抽取 n 个单位商品组成样本,共有 C_N^n 种组合,对于每种组合被抽取的概率都相同的抽样方法。总体中每个个体被抽到的机会是相同的。被检商品批量较小时,用编号、抽签或查随机数表、计数器、掷骰子等选号。例如,要从100件产品中抽取10件组成样本进行检验,可以把100件产品用同样大小的纸签代表从1号一直编到100号,然后用抽签或抓阄的办法,任意抽出10张,如得到68、5、9、11、22、34、48、75、56、90号,就把这10个编号的产品取出来组成样本检验。简单随机抽样的优点是误差小,缺点是抽样手续比较烦琐。

2. 分层随机抽样

分层随机抽样,又叫类型抽样法,是把批量为 N 的被检批分成各为 N_1 个、N_2 个直至 N_i 个商品组成 i 层,使每层内商品质量尽可能均匀整齐,$N=N_1+N_2+\cdots+N_i$,然后在每层分别按简单随机抽样法取样,合在一起组成1个样本。这样抽取的样本代表性好,但是要注意分层的合理性。有些层次是自然形成的,如甲、乙、丙3个工人在同一台设备上倒班生产同一种零件,产品分别放在3个地方,生产数量相同。现在要抽取12个零件组成样本,则可采用分层抽样法,从3个地方各抽取4个零件,组成12个零件的样本。

3. 系统随机抽样

系统随机抽样,又叫等距抽样法或机械抽样法,是按一定的规律从整批商品中抽取样品的方法。例如,要从100件产品中抽取10件组成样本,首先将100件产品按1,2,3,…,100顺序编号;然后用抽签或查随机数表的方法,确定1~10号中的哪一件产品入选样本。假如查随机数表得5号,依次确定入选样本的产品编号是05、15、25、35、45、55、65、75、85、95,这样就得到了10件产品组成的样本。由于系统抽样法操作简单,实施起来不易出差错,在生产现场的使用率很高。如在某道工序上定时去抽一件产品进行检验,就属系统随机抽样。但是,当商品总体的某质量特性发生周期性变化时,采用系统随机抽样法则容易出现判断错误。

(三) 抽样检验方法

抽样检验中,涉及的基本术语有单位产品、检验批、批量、不合格(品)、批质量、过程平均、接收质量限（AQL）等。

单位产品是为实施抽样检验而划分的基本产品单位，如一件商品或一定数量的商品。

检验批是用于检验的一批产品，或作为检验对象而汇集起来的一批产品，通常检验批应该由同型号、同等级和同种类，且生产条件和生产时间基本相同的单位产品组成。

批量是被检批中单位产品的数量，常用 N 来表示。在抽样检验中，不合格是指单位产品中任何一个质量特性不满足规范要求，有时根据需要将不合格划分为 A 类不合格、B 类不合格、C 类不合格等。

批质量是指单个提交检验批产品的质量，通常用 P 表示。在计数抽样检验中常用来衡量批质量的指标有批不合格品率、批不合格品百分数等，在计量抽样检验中衡量批质量的指标有质量特性平均值、质量特性标准差或变异系数等。

过程平均是在规定的时段或生产量内平均的过程质量水平，即一系列交检批的平均质量。

接收质量限（AQL）是当一个连续系列批被提交验收抽样时，可允许的最差过程平均质量水平，是对生产方的过程质量提出的要求，是允许的生产方过程平均（不合格品率）的最大值。

在抽样检验中，有时使用固定百分比抽样，在批量相同或相似的时候，固定百分比抽样操作相对简单；但是在批量大小差异很大时，如采用固定百分比抽样则会造成小批松、大批严的结果。

部分商品抽样检验国家标准如表 3-1 所示。

表 3-1　部分商品抽样检验国家标准

标准代号	标准名称	质量特性指标	计数/计量	是否调整	抽样次数与程序
GB 2828	逐批抽样检查计数抽样程序及抽样表（适用于连续批的检验）	每百单位产品不合格品数、每百单位产品不合格数	计数	调整	一次、二次和五次
GB 2829	周期检查计数抽样程序及抽样表（适用于生产过程稳定的检验）	每百单位产品不合格品数、每百单位产品不合格数	计数	非调整	一次、二次和五次
GB 6378	不合格品率的计量抽样检查程序及图表（适用于连续批的检查）	批不合格品率	计量	调整	一次
GB 8053	不合格品率的计量标准型一次抽样检查程序及表	批不合格品率	计量	非调整	一次
GB 8054	平均值的计量标准型一次抽样检查程序及表	批平均值	计量	非调整	一次
GB 8051	计数序贯抽样检查程序	每百单位不合格品数、每百单位平均缺陷数	计数	非调整	序贯
GB 8052	单水平和多水平计数连续抽样检查程序及表		计数	调整	

抽样检验的对象是一批产品，一批产品是否合格、被接收，是通过抽样检验来判断的。具体步骤是先按一定方法抽取样本，用全数检验样本得到的质量参数来推断总体质量参数。抽样检验涉及确定抽样方案、如何抽样、检验判定程序和检验后处理等问题。

二、感官检验法

（一）感官检验法的概念

感官检验法是借助人的感觉器官的功能和实践经验来检测评价商品质量的一种方法。它是将人的眼、鼻、舌、耳、手等感觉器官作为检验器具，结合平时积累的实践经验，对商品外形结构、外观疵点、色泽、声音、气味、滋味、弹性、硬度、光滑度、包装和装潢等的质量情况，以及商品的种类品种、规格、性能等进行识别。

微课：感官检验法

（二）感官检验法的具体方法

1. 视觉检验

视觉检验是用人的视觉器官来检验商品的外形、结构、颜色、光泽以及表面状态、疵点等质量特性。凡是直接能够用眼睛分辨的质量指标都适合采用视觉检验法。

在视觉检验中，有时要使用标准样品，如茶叶、烟叶、棉花、羊毛和生丝等均制定有标准样品。标准样品是实物标准，与文字标准合在一起构成完整的标准形态。自从 20 世纪初美国成功研制第一个冶金标准样品以来，经过约 100 年的发展，在国际上和我国均已经建立了完整的标准样品管理体系。这个体系包括一套行政管理、技术管理法规体系和相应层次的管理机构。我国的全国标准样品技术委员会还分别批准成立了冶金、有色金属、环保、农药、气体化学品、无损探伤、酒类 7 个分技术委员会以及多个专业技术工作组。

视觉检验鉴定者应该具有丰富的关于被鉴定商品外观形态方面的知识，并熟悉标准样品中各等级的条件、特征和界限；而且，在视觉鉴定过程中还要注意对光线强弱的要求。

 链接

茶叶样本的检验方法

茶叶质量的检验包括感官检验法和理化检验法。目前无论是在毛茶收购中，还是在商品茶检验中，均以对茶叶的色、香、味、形等方面的感官检验为主，理化检验只起辅助作用。

（1）外形：茶叶的外形一般用条索的状态来描述，条索指外形呈条，似绳索。各种茶叶的条索并不相同。一般审评条索时可以从条索的松紧、弯直、壮瘦、圆扁、轻重、匀齐等方面来观察评定。

（2）嫩度：审评时应注意符合该茶叶规定的条索嫩度。因为茶类不同，外形要求不同，嫩度要求不同，采摘标准也不同。嫩度好的，芽与嫩叶比例大，一般芽与嫩叶身骨重，叶质厚实。

（3）色泽：干茶色泽主要从色度和光泽两方面评定。色度即颜色及其深浅程度，光泽是指亮暗程度。不同茶类的色度各不相同，但均以有光为好。干茶的色泽一般是先看其色是否纯正，是否符合记忆类茶应有的色泽；其次看其色的深浅、枯润、明暗、有无光泽、是否调和、有无杂色等。如茶叶色泽调和一致，光泽明亮，油润光滑，通常为原料细嫩或做工精良的产品，品质优良。如茶叶色调混杂，光泽枯暗，通常为陈茶或为原料粗老、制造粗糙的劣质产品。

(4) 净度：茶叶中的杂质多少。茶叶中的杂质有两类，即茶类杂质和非茶类杂质。茶类杂质主要指茶梗、片、末、籽等；非茶类杂质主要指采制、储运中混杂在茶叶中的杂草、树叶、泥沙、石块、竹片、棕毛等。正品茶叶中一般不允许含有任何杂质，副品茶叶中不能含有非茶类杂质。

2. 听觉检验

听觉检验是凭借人的听觉器官来检验商品质量的方法。如检查玻璃、陶瓷、金属制品有无裂纹，评价家用电器、乐器的音质等。

3. 触觉检验

触觉检验是利用人的触觉感受器对被检商品轻轻作用的反应，以触觉来评价商品质量。如利用触摸、按压、拉伸、拍敲、抓摸等方法施加于商品，得到商品的光滑细致程度、软硬程度、干湿程度、弹性拉力大小的感觉，对商品的某些特性进行判断。

4. 嗅觉检验

嗅觉检验通过人的嗅觉器官检查商品的气味，进而评价商品质量。嗅觉检验适用于对食品、药品、化妆品、洗涤用品、香料等商品的气味检验和评价；也适用于一些通过燃烧气味进行品质成分鉴定的检验。

当食品或工业品的质量发生变化时，气味也会发生相应的变化；某些具有吸附性的商品，吸收了其他异味后会影响商品的品质；某些商品具有本品独特的芳香气味，当质量产生变化或进行不适当的加工时，会改变这种独特的香气，这些变化都可以通过嗅觉检验来进行鉴定。嗅觉鉴定者要具备一定要求的生理条件和丰富的实践经验，嗅觉鉴定场所也要符合鉴定标准要求。

5. 味觉检验

味觉检验是利用人的味觉器官，检查有一定滋味要求的商品（如食品、药品等），并做出一定判断的检验方法。

比如，酒类的品评主要使用味觉检验法。商务部制定了《酒类商品批发经营管理规范》和《酒类商品零售经营管理规范》，并对品酒员、品酒师、高级品酒师进行三级管理。中国酿酒协会设有白酒品酒员培训班，学员通过考核合格后，可以获得中国酿酒协会颁发的全国统一专业资格证书。味觉检验依靠检验者味觉的敏感度，它决定了检验结果的准确性。为此，国家制定了《感官分析——味觉敏感度的测定》标准（GB/T 12312—2012），以评判味觉的敏感度。

感官检验法在商品检验中有着广泛的应用，并且任何商品对消费者来说总是先用感觉器官来进行评价质量的，所以感官检验十分重要。食物原料的感官检验如表3-2所示。

表3-2 食物原料的感官检验

检验方法	检验内容	判断原料的品鉴质	实例
视觉检验	原料的形态、色泽、清洁程度	判断原料的新鲜程度、成熟度及是否有不良改变	新鲜的蔬菜茎叶挺直、脆嫩、饱满、表皮光滑、形状整齐，不新鲜的蔬菜干缩萎蔫、脱水变老
嗅觉检验	鉴别原料的气味	判断原料的腐败变质	核桃仁变质后产生哈喇味，西瓜变质后带有馊味

续表

检验方法	检验内容	判断原料的品鉴质	实　　例
味觉检验	检验原料的滋味	判断原料品质的好坏，尤其是对调味品和水果	新鲜柑橘柔嫩多汁，滋味酸甜可口；受冻变质的柑橘绵软浮水，口味苦涩
听觉检验	鉴别原料的振动声音	判断原料内部结构的改变及品质	根据手摇鸡蛋的声音，确定鸡蛋的品质好坏；检验西瓜的成熟度
触觉检验	检验原料的重量、弹性、硬度	判断原料的质量	根据鱼体肌肉的硬度和弹性，可以判断鱼是否新鲜

（三）感官检验法的优点及局限性

1. 感官检验的优点

感官检验方法简单，快速易行，不需要复杂、特殊的仪器设备和试剂或特定场所，不受条件限制，一般不易损坏商品，成本较低。

2. 感官检验的局限性

感官检验仅能检验商品的内在质量，如成分、结构、性质等；检验的结果不精确，不能用准确的数字来表示，是一种定性的方法，结果只能用专业术语或记分法表示商品质量的高低；检验结果常受检验人员知识、技术水平、工作经验、感官的敏锐程度等因素的影响，再加上审美观不同以及检验时的心理状态，有时会影响检验结果的准确性和科学性。

三、理化检验法

（一）理化检验法的定义

理化检验法是指在实验室的一定环境条件下，借助各种仪器、设备和试剂，运用物理、化学的方法来检测评价商品质量的一种方法。它主要用于检验商品的成分、结构、物理性质、化学性质、安全性、卫生性以及对环境的污染和破坏性等。

（二）理化检验法的具体方法

1. 物理检验法

物理检验法因其检验货物的性质和要求不同，采用的仪器设备不同，可分为一般物理检验法、力学检验法、热学检验法、光学检验法、电学检验法、其他检验法等。

2. 化学检验法

化学检验法是使用化学仪器和化学试剂，对货物的化学成分及其含量进行测定，进而判断货物是否符合规定的质量要求的方法。化学检验法可分为化学分析法和仪器分析法。

（1）化学分析法是根据检验过程中试样和试剂所发生的化学反应，以及在化学反应中试样和试剂的用量，来测定货物的化学组成成分及各成分所占比例的相对含量，以物质的化学反应为基础的化学分析法。这是一种传统的化学分析方法，是其他化学分析方法的基础，也称为常规分析法。

（2）仪器分析法是采用光学、电学方面较为复杂的仪器，通过测量货物的光学性质、电化学性质，来确定货物的化学成分的种类、含量以及化学结构，进而对货物品质进行判断的检验方法。

(三) 理化检验法的优点及局限性

1. 理化检验法的优点

(1) 检验结果精确,可用数字定量表示(如成分的种类和含量、某些物理化学、机械性能等)。

(2) 检验的结果客观,它不受检验人员的主观意志的影响,对商品质量的评价具有客观而科学的依据。

(3) 能深入地分析商品成分的内部结构和性质,能反映商品的内在质量。

2. 理化检验法的局限性

(1) 需要一定的仪器设备和场所,成本较高,要求条件严格。

(2) 需要破坏一定数量的商品,消耗一定数量的试剂,费用较大。

(3) 检验需要的时间较长。

(4) 要求检验人员具备扎实的基础理论知识和熟练的操作技术。因此,理化检验法在商业企业较少直接采用,多作为感官检验之后、必要时进行补充检验的方法,或委托商检机构作理化检验。

护发素的检验方法

pH 法:将其按 1∶10 的比例溶于未曾在空气里暴露 10min 以上的温开水中,然后取一片化验室常用的精度为 0.5 的 pH 试纸(医药化工部门有售)。如果溶液使 pH 试纸与封底标准比较时显色范围不在 2.5～7.0,则为劣质品。

高温法:如果在 39～41℃环境里 24h 后恢复室温,出现分离、沉淀、变色现象(注明含有不溶性粉粒者可允许出现沉淀),则为劣质品。

低温法:在 -5～-15℃ 环境里 24h 后恢复室温后,样品出现异常现象则为劣质品。

四、生物学检验法

(一) 生物学检验法的定义

生物学检验法是指使用微生物学检验法、生理学检验法等手段检验商品的成分、结构等技术指标的方法。大量运用于食品、药品、化妆品和冷冻品等商品的检验与鉴定。

(二) 生物学检验法的具体方法

1. 微生物学检验法

微生物学检验法是利用显微镜观察法、培养法、分离法和形态观察法等检验食品、动植物及其制品和包装容器中所存在的微生物的种类和数量,并判定其是否超过允许限度。食品微生物污染主要有细菌与细菌毒素、霉菌与霉菌毒素,它们直接危害人体健康或危及货物的安全储存。

2. 生理学检验法

生理学检验法用于检验食品的可消化率、发热量、维生素和矿物质对机体的作用以及食品和其他货物中某些成分的毒性等。该法一般用活体动物进行试验。

奶制品中三聚氰胺的检测

将奶粉用热水冲泡,充分搅拌至不见固块的程度,然后放入冰箱,待牛奶静置降温。

准备一块黑布和一个空杯。把黑布蒙在空杯口上作为过滤器。

将冷却的牛奶倒在黑布上过滤。

如果有白色固体滤出,则用清水冲洗几次,排除其他可溶物。

如果冲洗后发现有白色晶体,可以将晶体放入清水中。如果该晶体沉入水底,则很可能是三聚氰胺。但是,这种方法可能无法发现微量的三聚氰胺。

学习单元三　进出口货物检验

一、进出口货物检验的概念

进出口货物检验是指在国际货物买卖过程中,对卖方交付或者拟交付的合同货物进行质量、数量和包装方面的检验和鉴定,以确定其是否符合合同规定,有时还对装载技术条件、运输途中发生的残损、缺损以及安全等方面进行检验和鉴定,对于某些货物,还包括进行卫生检验和动植物病虫害检疫。

二、进出口货物检验的作用

进出口商品检验简称商检,其作用主要表现在下列几个方面。

(1) 作为报关验放的有效证件。

(2) 买卖双方结算货款的依据。

(3) 计算运输、仓储等费用的依据。

(4) 办理索赔的依据。

(5) 计算关税的依据。

(6) 作为证明情况、明确责任的证件。

(7) 作为仲裁、诉讼举证的有效文件。

三、进出口货物检验机构

(一) 我国进出口货物检验机构

中华人民共和国国家进出口商品检验局,简称国家商检局,是国务院设立的主管全国进出口商品检验工作的政府机构。国家商检局在省、自治区、直辖市以及进出口商品的口岸、集散地设立的进出口商品检验局(统称商检机构)管辖所负责地区的进出口商品检验工作。国家质检总局在全国31个省(自治区、直辖市)设有35个直属出入境检验检疫局,海陆空口岸和出入境货物集散地设有近300个分支局和200多个办事处,国家质检总局对全国出入境检验检疫机构实施垂直管理。我国还设立了其他商检机构和组织,包括中国国家认证认可监督管理委员会、中国国家标准化管理委员会、专业检查机构、商检公司。

(二) 国外重要的进出口货物检验机构

瑞士通用公证行(SGS)是世界上最大的专业从事国际商品检验、测试和认证的集团公司。SGS是一个综合性检验机构,提供与国际贸易有关的诸如商品技术、运输、仓储等方面的服务。

美国保险人实验室(UL)是美国最有权威,也是世界上从事安全试验和鉴定业务的较大的民间机构。该机构从事产品质量安全认证和经营安全证明业务,如确定各种材料、设备、产品、装置、建筑对生命、财产有无危害及危害程度等。

其他检验机构还有:美国粮谷检验署(FGES)、美国食品药物管理局(FDA)、法国国家实验室检测中心、日本海事鉴定协会 NKKK、英国劳合氏公证行 Lloy's Surveyor、中国香港天祥公证化验行等。

(三) 进出口货物检验机构的职能

(1) 商品检验。
(2) 卫生检疫。
(3) 动植物检疫(包括进出境动植物装载食品的运输工具和集装箱)。
(4) 保护公民、动植物安全(包括卫生、健康、环境保护等)。
(5) 检验质量、数量、包装等符合规定和合同要求,对货物装载和残损的鉴定可作为争议解决的证明。
(6) 检验合格是货物通关的前提条件。
(7) 检验证书有时可作为买卖双方结算货款的依据。

四、进出口货物检验范围

(一) 法定检验

法定检验是指商检机构依据国家法律、法规对重要的进出口商品和检验项目实施的强制性检验,体现了国家的意志。法定检验的范围包括:列入我国检验检疫商品目录中的商品;我国《食品卫生法》和《进出境动植物检疫法》规定的商品;对出口危险货物包装容器、危险货物运输设备和工具的安全技术的性能鉴定和使用鉴定;对装运易腐烂变质食品、冷冻品的船舱和集装箱等运输工具实施的适载检验;对外贸易合同规定由商检机构实施检验的进出口商品;凡其他法律、行政法规规定的须经商检机构实施检验的进出口商品和检验项目。

(二) 监督管理

监督管理是指检验机构通过行政管理手段,对进出口货物的质量、规格、数量、重量、包装以及生产经营、仓储、运输、安全和卫生要求等进行检验、鉴定。

(三) 鉴定业务

鉴定业务不具有强制性,即商检机构接受对外贸易关系人的申请、国外检验机构的委托或国内外有关单位的委托,对进出口商品进行鉴定,签发鉴定证书,供申请人作为办理进出口商品交接、结算、通关计税、计费理算、索赔、仲裁等的有效依据。

鉴定业务的范围包括鉴定各种进出口商品的质量、重量、数量、包装、标记、海损、商品残损、装载技术条件、货载衡量、产地证明，对船舶、车辆、飞机、集装箱运载工具的适载鉴定，抽取并签封各类样品，签发价值证书等。

五、进出口货物检验工作程序

为了维护社会公共利益和国家进出口贸易的合法权益，履行所缔结或加入的国际公约中所涉的义务，防止各种病虫害在全球范围内传播，我国实行进出口货物检验和检疫制度。

微课：进出口货物检验检疫工作流程

根据我国进出境商品检验的有关法律、法规，在《法检目录》中的进出口货物，需要向出入境检验检疫机构申请办理检验检疫手续，经过检验合格的货物才能出境或入境。

进出口货物的检验工作可以分为受理报检、抽样制样、检验鉴定和签证放行4个环节。

（一）受理报检

报检是进出口贸易关系人对进出口货物向相关的检验检疫机构提出检验申请。报检单位第一次报检时，需要先办理备案手续，取得报检单位代码。

报检时需要办理以下手续。

（1）填写报检单。出境报检时填写出境报检单，入境报检时填写入境报检单。

（2）提供相应的单证。所提供的单证包括：外贸合同、商业发票、运输提单、装箱单、磅码单、许可证、输出国家或地区政府出具的检疫证书、熏蒸证书等。

（3）缴纳检验费用。报检单位在报检时，应该按照规定缴纳检验检疫费用。

检验检疫机构在审查上述单证符合要求后，受理该批商品的报验。如发现有不符合要求者，可要求申请人补充或修改有关条款。

（二）抽样制样

检验检疫接受报检后，要派检验检疫人员到现场抽取样品。根据不同的货物形态，采取随机取样方式进行样品抽取。抽取样品后，必须及时封志送检，以免发生意外，并及时填写现场记录。

对于必须经过加工才能检验的样品，需要制样，然后对制样进行检验。制样就是对样品进行加工，制样一般在检验检疫机构的实验室里进行，没有条件的可以在社会认可的实验室进行制样。样品和制样经过检验检疫后重新封志。

（三）检验鉴定

检验、检疫机构对报检单位的样品（或者制样），通过感官检验、物理检验、化学检验、生物检验等方法进行检验检疫，以判定所检货物是否符合合同以及进出口方所在国官方机构的有关规定。

检验、检疫机构还可以根据进出口贸易关系人、国外机构的委托，对进出口货物及其包装、运输工具和装运技术条件等方面进行鉴定，并发放鉴定证书。

（四）鉴定放行

对于出口货物，检验检疫机构对检验合格的货物签发检验证书，或在"出口货物报关单"

上加盖放行章。出口企业在取得检验证书或放行通知单后,在规定的有效期内报运出口。

对于进口货物,检验检疫机构对检验合格的货物分别签发"检验情况通知单"或"检验证书",供对外结算或索赔用。

进出口货物检验工作程序详细流程如图 3-1 所示。

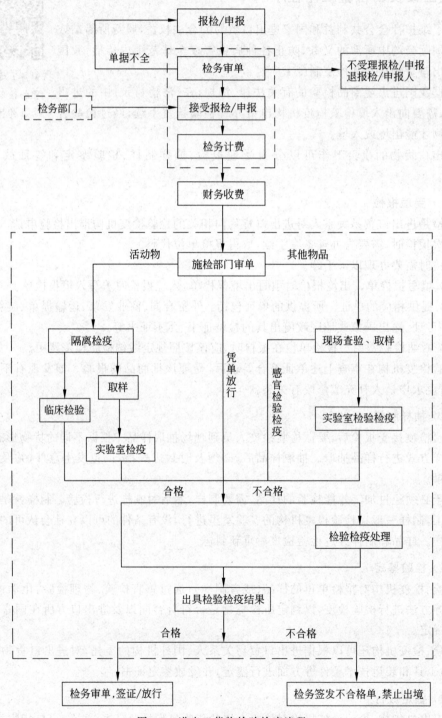

图 3-1　进出口货物检验检疫流程

拓展阅读

进出口贸易自理报检

自理报检单位主要包括以下机构。

(1) 有进出口经营权的国内企业。
(2) 进口货物的收货人或其代理人。
(3) 出口货物的生产企业。
(4) 出口货物运输包装及出口危险货物运输包装生产企业。
(5) 中外合资、中外合作、外商独资企业。
(6) 国外(境外)企业、商社常驻中国代表机构。
(7) 进出境动物隔离饲养和植物繁殖生产单位。
(8) 进出境动植物产品的生产、加工、存储、运输单位。
(9) 对进出境动植物、动植物产品、装载容器、包装物、交通运输工具等进行药剂熏蒸和消毒服务的单位。
(10) 有进出境交换业务的科研单位。
(11) 其他需报检的单位。

报检单位申请注册登记必须符合下列条件。

(1) 申请单位应取得工商行政管理部门颁发的企业法人营业执照或营业执照。
(2) 申请单位注册资金应在人民币 150 万元以上。
(3) 申请单位应具备固定经营场所以及符合开展代理报检业务所需的条件和设施。
(4) 申请单位应有健全的代理报检管理制度。
(5) 申请单位应拥有不少于 10 名经检验检疫机构考试合格并取得报检员资格证的人员,并与每个报检员签有合法的劳动合同,为每个报检员缴纳社会保险。
(6) 申请单位应提交声明符合《出入境检验检疫代理报检管理规定》的有关条款。
(7) 申请单位还须符合国家质检总局规定的其他条件。

资料来源:季琼.报关与报检实务[M].北京:高等教育出版社,2014.

前沿视角

推进出口货物无纸化报检,实现检验检疫全过程电子化

除申请检验、检疫证书外,无纸化报检可以使企业足不出户完成检验检疫的报检和放行手续。全面实现检验、检疫全过程电子化,大大降低了企业的报检成本,加快了通关速度,也提升了检验、检疫的工作效能。无纸化报检是贸易便利化的重要内容,是简化报检手续、为企业节省通关时间和费用的有效途径。以往出口企业报检需提供出境货物报检单、报检委托书、合同、发票、装箱单、厂检单等近十份报检资料。在实施无纸化报检后,这些报检随附单证将简化成电子数据通过无纸化报检平台企业端上传到无纸化报检平台局端,其纸质报检随附单证由企业自行留存备查。检验检疫人员审核平台局端的报检电子数据后,凭电子数据办理货物的结果登记和签证放行手续。

职业指导

企业需求

货物检验是确认货物质量的重要手段。为了确认货物的运输质量,物流企业需要员工掌握货物检验的基本知识和基本技能。对于进出口货物质量检验,进出口企业以及国际货运企业的从业者需要掌握进出口货物检验检疫的基本知识以及在实践中的应用。

实际应用

货物检验贯穿于商品生产和流通的各个环节,是判断原材料、在产品和产成品质量是否合格的重要手段。

本项目所涉及的货物检验的项目、步骤和方法具有广泛的实际应用。质量检验机构(包括生产和流通企业以及第三方检验机构)根据不同类别的货物,按照一定的工作流程,采取不同的检验方法对规定的检验项目进行检验,用相关的标准判断质量情况。进出口货物检验是国际贸易中的一项重要工作,进出口货物检验机构按照国际通用方法和程序对国际流通货物进行检验,其判断标准是国际贸易合同检验条款。

职业技能

学生通过本学习项目的学习,能够具备以下技能,以满足企业(职业)岗位需求。

- 能够按照货物检验工作流程进行操作;
- 能够根据货物的特性采用不同的检验方法进行检验;
- 能够对所使用的检验设备和工具进行维护保养;
- 能够运用 Word、Excel 等办公软件编制质量检验报告。

同步测试

一、选择题

1. 适用于食品、药品、化妆品、洗涤用品、香料等商品的检验方法是( )。
   A. 视觉检验　　　B. 听觉检验　　　C. 嗅觉检验　　　D. 触觉检验
2. 抽样检验的分类方法不包括( )。
   A. 计量抽样检验　B. 计数抽样检验　C. 一次抽样检验　D. 简单随机抽样
3. 通过仪器、试剂和动物来测定食品、药品和一些日用工业品以及包装是否危害人体健康安全等方法是( )检验法。
   A. 感官　　　　　B. 理化　　　　　C. 生物学　　　　D. 微生物学
4. 对一切进出口货物的质量、规格、数量、重量、包装以及生产经营、仓储、运输、安全和卫生要求等进行检验、鉴定,是进出口检验( )范围。
   A. 法定检验　　　B. 鉴定业务　　　C. 监督管理
5. 在进出口合同的商品检验条款中,关于检验时间和地点的规定最为重要。在实际业务中使用最多的是( )。
   A. 在出口国检验　B. 在进口国检验　C. 在出口国检验、在进口国复验

6. 法定检验的进口商品到货后,应当向( )的商检机构报检。
   A. 入境口岸　　　B. 卸货口岸　　　C. 报关地　　　D. 使用地
7. 经检验检疫不合格并已签发不合格通知单的出口货物,以下说法正确的是( )。
   A. 可以撤销报检,无须缴纳检验检疫费
   B. 可以撤销报检,须缴纳全额检验检疫费
   C. 不可以撤销报检,无须缴纳检验检疫费
   D. 不可以撤销报检,须缴纳全额检验检疫费
8. 以下所列单据,办理出境货物报检手续时无须提交的是( )。
   A. 合同　　　B. 发票　　　C. 装箱单　　　D. 提单
9. 下列属于法定检验商品的是( )。
   A. 列入《商品机构实施检验的进出口商品种类表》中的商品
   B. 有关法律和行政法规定须经商检机构检验的进出口商品
   C. 各地商检机构自行规定的进出口商品
   D. 所有进出口货物
10. 委托检验是指( )。
    A. 商检机构根据工作需要,委托有关出口生产厂家对法定检验的进出口商品实施检验
    B. 接受外国有关机构的委托进行进出口商品的质量认证
    C. 接受国内有关机构的委托进行进出口商品的质量认证
    D. 商检机构根据工作需要,委托有关进口厂商对法定检验的进出口货物实施检验

二、简答题
1. 什么是货物检验?货物检验的种类有哪些?
2. 感官检验有哪些种类?举例说明。
3. 货物检验项目有哪些?
4. 抽样检验采取什么方法?
5. 简述出境货物报检的分类。

三、案例分析题
案例1　某塑胶制品有限公司经深圳皇岗口岸从我国台湾地区进口塑胶粒共5批次,货物总量90t,总值158 220美元。该5批货物进境时,皇岗检验检疫局依法签发了5份《入境货物调离通知单》,并明确告知"上述货物需调往指定检验检疫机构实施检验检疫,请及时与当地检验检疫机构联系。上述货物未经检验检疫,不准销售、使用。"然而该公司在货物通关进境后,不但没有与报检申报的目的地检验检疫机构联系,而且无视该局执法人员的多次催报,将货物全部予以使用。该公司仅办理了进境流向报检手续而没有办理异地施检的报检手续,即擅自将货物予以使用,造成了逃避进口商品法定检验的事实。根据我国进出口商品检验法及其实施条例的相关规定,检验检疫局对该企业做出了"以进口商品货值金额5%罚款"的行政处罚。
问题:
(1)出入境货物报检范围如何规定?

(2) 出入境货物检验检疫工作程序主要有哪些环节？

(3) 办理特殊入境货物的报检有哪些具体规定？

案例 2 我国某省进出口公司于 2020 年 11 月 9 日与澳大利亚某公司在我国签订了一份由中方公司出口化工产品的合同。合同规定的品质价格是，TiO_2 含量最低为 98%，重量 17.5 公吨，价格为 CIF 悉尼每公吨 1 130 美元，总价款 19 775 美元，信用证方式付款，装运期为 2020 年 12 月 31 日之前，商检条款规定，"商品的品质、数量、重量以中国进出口商品检验局检验证书或卖方所出具的证明书为最后依据。"中方公司在收到信用证后按要求将货物运出并提交有关单据，其中商检证由我国湖北进出口商品检验局发出，检验结果为 TiO_2 含量 98.55%，其他各项也符合合同规定。2021 年 3 月，澳方公司来电反映该进出口公司所交货物质量有问题，并提出索赔，5 月 2 日再次提起索赔，并将由澳大利亚商检部门 SGS 出具的抽样与化验报告副本传真给中方公司。报告中称：据抽样检查，货物颜色有点发黄，内有可见的杂质，TiO_2 的含量是 92.95%。2021 年 6 月中方公司对澳方公司的索赔作了答复，指出货物是完全符合合同规定，但澳方公司坚持认为中方公司出口的货物未能达到合同规定的标准，理由是：①经用户和 SGS 的化验；证明中方公司所交货物与合同规定"完全不符"。②出口商出具的商检证书不是合同规定的商检机构出具的，并且该机构检验结果与实际所交货物不符。

问题：中方公司应该向澳方公司赔偿吗？理由是什么？

制订货物入库检验方案

1. 实训目的

通过训练，使学生掌握货物入库检验的基本方法，制订入库检验方案。

2. 实训内容

(1) 背景资料：北京长风物流有限公司有面积约 1 000 m^2 的普通仓库，主要是为大型超市储存普通货物。物流公司根据超市的进货要求，将货物运到超市。

长风物流有限公司为北京地区的物美超市主要储存以下货物。

- 不锈钢刀具；
- 玻璃酒具和茶具；
- 橡胶手套、橡胶管、暖水袋；
- 茶叶；
- 葡萄酒；
- 白糖、红糖和各种糖果；
- 毛巾、浴巾、床单、被褥。

(2) 针对长风物流有限公司为物美超市储存的货物，分析入库时需要检查的项目和检查方法，制订该批货物的入库检验方案。

3. 实训要求

(1) 根据货物的基本性质和质量要求，分析货物入库时的检验项目和检验方法。

(2) 制订货物入库检验的方案。
(3) 每组提交一份货物入库检验方案。
(4) 每组选派一名代表讲解和展示本组的工作成果。

4. 实训考核

(1) 评价方式：采取小组自评、小组互评、教师评价三维评价方式，以教师评价为主，小组自评和小组互评为辅，其中教师评分比例占总分数的 60%，小组自评占 20%，小组互评占 20%。

(2) 评价指标：从专业能力、方法能力、社会能力、工作成果展现 4 个方面进行评价，总评成绩＝小组自评×20%＋小组互评×20%＋教师评价×60%。

学习项目三任务工作单　　学习项目三任务实施单　　学习项目三任务检查单　　学习项目三任务评价单

学习项目四

货物包装与标志

引导案例

包装选材不当引起货物运输途中的变质

辉捷物流公司承运了装有某客户的一批出口小五金的4个20英尺集装箱,经过海上漫长的航行,当集装箱交到收货人时,收货人发现仅有1个集装箱的货物完好无损,其他3个集装箱中的货物表面都有不同程度的霉点和锈蚀。收货人当即与发货人交涉,将两个集装箱中受损较轻的货物作半价处理,将1个货物受损最严重的集装箱退还,致使供货人直接损失40多万元人民币。货主当即向辉捷物流公司提出索赔。辉捷公司曾为该客户运输过多批同类货物,从未发生过这类事故。当退运集装箱在港口由国家检验机构进行公证检验时,检验机构在现场调查取证中未发现该集装箱上有洞,没有箱外水分侵入箱内的证据,可以排除外水入侵。但是箱内确有大量水汽,因为在箱门打开时发现箱顶水珠密布,箱子地板上也是水渍严重,而且地板四周比中间水印深,摆放在四周的货物也比摆放在中间的货物受损得严重一些,可见这些水分正是致使箱内货物受损的"元凶"。

装箱时货物都是好好的,密封的集装箱内的大量水分是从哪里来的呢?为什么同一工厂生产的同类货物,同一批发运货物中有的完好无损,有的却严重受损呢?仔细分析这4个集装箱的装箱单后发现,由于这批小五金货物品种、批号和规格都不同,轻重不一,因而采用了不同的包装,一些较轻的五金件用纸箱包装,较重的则用木箱包装。其中一个集装箱中的货物全是纸箱包装,货物完好无损;两个受损较轻的集装箱中的货物则是部分纸箱包装,部分木箱包装;而被退还的集装箱中的货物几乎全部采用木箱包装,受损也最为严重。因此,货物包装很可能是造成货损的原因。

案例分析:本案例中的集装箱是从上海运往波兰港口的,在漫长的航程中,由于外界气候变化,特别是气温和光照的昼夜周期变化,集装箱内部的温度和湿度也在不断发生变化。白天日光的照射使集装箱内表面的温度大大高于箱外的温度,当包装木材中的水分超过自然干燥的含水量时,水分就会不断地蒸发出来。夜间集装箱外表面的散热作用又使货物或箱壁内表面降温到露点①以下,就会出现水汽冷凝现象,由此造成货物锈蚀或霉变。

案例涉及的知识点:包装材料。

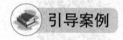

【知识目标】

1. 熟悉各种包装的分类方法;
2. 掌握包装的基本定义及各项功能;

---

① 在空气中水汽含量不变,保持气压一定的情况下,使空气冷却达到饱和时的温度称露点温度,简称露点。

3. 掌握常用包装材料及包装容器的种类；
4. 熟悉各类包装材料的性能；
5. 熟悉各类货物包装方法及应用范围；
6. 掌握运输标志、指示性标志、警示性标志的区别；
7. 掌握货物积载因数、亏舱率的计算方法。

【能力目标】
1. 能够判别常见包装形式的类别；
2. 能够识别各类常见包装的材料种类及容器类型，并根据货物特性及包装要求选择适当的包装材料及包装容器；
3. 能够根据货物特性选用恰当的包装方法；
4. 能够识别运输标志、指示性标志、警示性标志。

【思政目标】
1. 本学习项目是以货物的包装为主线展开。通过本项目学习，使学生了解包装材料，了解包装行业的发展，树立绿色环保的意识，建立全社会绿色生态环境思想，从我做起，从小事着手，为人类的可持续发展出一份力。
2. 通过本项目的学习，使学生了解利用包装材料种类和工艺的改进来解决包装污染的问题，培养学生锐意进取、不断改革创新、奋发有为的精神，弘扬终身学习的思想。

▶ 思维导图

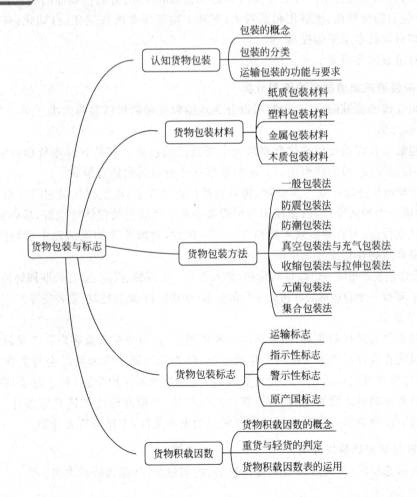

学习单元一　认知货物包装

一、包装的概念

随着人类社会的进步和生产的发展,包装从无到有,从简到繁,如今包装已成为人类生产与活动中不可分割的一项物流活动。

根据国家标准《包装术语:基础》(GB 4122—1996)的定义,包装是指为了在流通过程中保护商品,方便储运,促进销售,按一定的技术方法而采用的容器、材料及辅助等的总体名称;也指为了达到上述目的而在采用容器材料和辅助物的过程中施加一定技术方法的操作活动。

这个定义包含两层含义:一是指盛装商品的容器或其他包装物料,通常称为包装物;二是指盛装或包扎商品的技术操作活动。

二、包装的分类

在生产、流通和消费过程中,由于包装所起的作用不同,包装的类别也不相同。对包装的科学分类,有利于充分发挥包装在流通和消费领域的作用;有利于商品的物流和商流的发展;有利于包装的标准化、规格化和系列化;有利于物流作业的机械化、自动化;有利于科学管理水平和科学技术水平的提高。

我国对包装的分类有下列几种方法。

(一)按包装在流通领域的作用分类

按包装在流通领域的作用,包装可以分为运输包装和销售包装两大类。

1. 运输包装

运输包装是指以满足运输储存要求为主要目的的包装。它具有保障货物的安全,方便储存装卸,加速交接、检验的作用。运输包装包括托盘包装和集合包装。

(1) 托盘包装是以托盘为承载物,将货物堆码在托盘上,通过捆扎裹包或胶粘等方法加以固定,形成一个搬运单位,以便使用机械设备搬运。托盘包装整体性能好,堆码稳定性高,适合于机械化作业,可将物流效率提高 3~8 倍,同时,也减少了物流活动中货物的碰撞、跌落、倾倒,提高货物在物流过程中的安全性。

(2) 集合包装是指将一定数量的货物,装入具有一定规格、强度、适宜长期周转使用的重大包装容器内,形成一个合适的装卸搬运单位的包装,如集装箱、集装托盘、集装袋等。

2. 销售包装

销售包装是直接接触商品,随商品进入零售网点,并与消费者或客户直接见面的包装。

销售包装在设计时重点考虑的是包装造型、结构和装潢。因为商品会与消费者直接接触,因此在包装材料的性质、形态、样式等因素上,都要考虑保护商品、利于流通;图案、文字色调和装潢要能吸引消费者,能刺激消费者的购买欲,为商品流通创造良好条件。另外,包装单位要适宜消费者的购买需求量和零售网点的设施条件,方便消费者选购。

(二)按包装形态层次分类

按包装形态层次,包装可以分为逐个包装、内部包装、外部包装三大类。

1. 逐个包装

逐个包装是指直接盛装和保护商品的最基本包装形式。逐个包装上的标识和图案、文字起到指导消费、便于流通的作用。

2. 内部包装

内部包装是指逐个包装的组合形式,在流通过程中起到保护商品、简化计量和利于销售的作用。

3. 外部包装

外部包装是货物的外层包装,在运输过程中起到保护商品、简化物流环节等作用。

(三) 按包装的适用范围分类

按包装的使用范围,包装可以分为专业包装和通用包装两大类。

1. 专业包装

专业包装是针对被包装物品的特点而专门设计、专门制造的、只适用于某一专门物品的包装。

2. 通用包装

通用包装是根据包装标准系列规定的尺寸而制造的包装容器,用于无特殊要求的或符合标准尺寸的物品包装。

(四) 按包装容器分类

(1) 按照包装容器的变形能力,包装可以分为软包装和硬包装。

(2) 按照包装容器的形状,包装可以分为包装袋、包装箱、包装盒、包装瓶、包装罐等。

(3) 按照包装容器的结构形式,包装可以分为固定式包装、折叠式包装、拆解式包装。

(4) 按照包装容器使用的次数,包装可以分为一次性使用包装、多次性使用包装、固定周转使用包装。

三、运输包装的功能与要求

(一) 运输包装的功能

运输包装分为单件包装和集合包装,前者是货物在物流过程中作为一个计件单位的包装,如箱、包、桶、袋等;后者是将若干件单件包装组合成一件大包装,以适应运输、装卸工作现代化的要求,如集装箱、集装袋、集装包和托盘。运输包装具有以下主要功能。

1. 保护货物的功能

保护货物不受外界影响和损伤是首要功能,主要体现在以下几个方面。

(1) 防止货物破损变形。货物在物流过程中要承受各种冲击、振动、颠簸、压缩、摩擦等外力的作用,所以包装必须具备一定的强度,形成对商品的保护。

(2) 通过包装实施阻隔水分、霉菌、溶液、潮气、光线及空气中有害气体等,达到防霉、防腐、防变质、防生锈、防老化等化学变化的目的。

(3) 防止有害生物对货物的影响。包装具有阻隔鼠、虫、细菌、白蚁等有害生物对货物的破坏及侵蚀的作用。

(4) 防止异物混入、污染及失散。

2. 单元化功能

通过包装为货物赋予某种单元集中的功能,包装单位的大小要视消费需求及货物种类、特征、物流方式而定。包装单元化有两个目的：一是方便物流，二是方便商流。包装单元集中适应于装卸、搬运、保管、运输及交易批量和消费者的一次性购买能力。

3. 标识功能

在包装上利用图形、文字、数字制定记号和说明事项，以方便运输、装卸搬运、仓储、检验和交接等工作的进行，保证货物安全、迅速地运交收货人。物流包装的标识分为运输标识（图形文字说明、产地、目的地、件号、体积、重量、收货人、件号等）、指示性标识（又称安全标识）、警告标识（易燃、易爆、有毒、易腐蚀、易氧化、易放射等危险物品的标识；以示警告，注意安全）。

4. 便利功能

货物可以通过包装方便流通及消费，便于物流各环节的作业，便于货物陈列，便于包装物的生产及再生利用。包装的大小、形态、包装材料、包装重量、包装标识等为货物的物流和商流创造方便条件，同时也为包装拆装作业的简便快速创造条件。

5. 效率功能

包装可以使物流便于作业，提高物流效率。运输包装使货物便于清点，便于作业，提高作业效率。包装的标准化有利于提高集合包装容器及运输、搬运车辆的装卸效率，有利于实现多式联运，减少物流环节，进而提高物流效率和降低作业费用。

6. 传递信息功能

包装上条码是货物及其他标志，便与电子仪器识别，跟踪货物及信息采集、处理和交换，减少货物在物流过程中的货损、货差，提高跟踪管理水平和效率。

(二) 运输包装的要求

(1) 必须适应货物的特性。

(2) 必须适应各种不同的运输方式的要求。

(3) 必须考虑有关国家的法律规定和客户的要求。

(4) 要便于各环节有关人员进行操作。

(5) 在保证包装牢固的前提下节省费用。

学习单元二 货物包装材料

一、纸质包装材料

(一) 纸与纸板

纸张的主要成分是植物纤维。植物纤维经过压榨、烘干而制成薄膜物质——纸。大部分纸张在制作过程中要加入一定的填料、胶料和色料等，以改善纸张的物理或化学特性。

纸板是具有较高挺度的某些纸的通称。通常纸和纸张是按定量（指单位面积的重量，以每平方米的克数来表示）或厚度来区分的。一般而言，定量小于 $200g/m^2$ 或厚度在 0.1mm 以下的统称为纸；定量大于 $200g/m^2$ 或厚度在 0.1mm 以上的称为纸板或卡纸。区分纸与纸板主要是根据其特性，有时还根据其用途。有些产品定量虽然已经达到 $200\sim250g/m^2$，但习惯上仍称为纸，如白卡纸、绘图纸等；而一些定量小于 $200g/m^2$ 的产品，如折叠纸板等通常也称为纸板。

在包装上,纸主要用于包装商品、制作纸带和印刷装潢商标等,纸板则主要用于生产纸箱、纸盒、纸桶等包装容器。

1. 主要包装用纸

主要包装用纸有纸袋纸、牛皮纸、中性包装纸、普通食品包装纸、鸡皮纸、羊皮纸、半透明玻璃纸和玻璃纸、有光纸与胶版纸、防潮纸、防锈纸、瓦楞原纸共11种。

(1)纸袋纸。纸袋纸一般用本色硫酸盐针叶木浆为原料,常称为水泥袋纸,供水泥、化肥、农药等包装之用,图4-1为化工原料纸袋。

(2)牛皮纸。牛皮纸由硫酸盐针叶木浆纤维或掺一定比例其他纸浆制成,多用于包裹纺织品、用具及各种小商品。牛皮纸可以分为单面牛皮纸、双面牛皮纸及条纹牛皮纸三种,双面牛皮纸又分为压光和不压光两种。牛皮纸表面涂有树脂,强度(耐硬度、撕裂度等)特别高,具有打光的表面,纸面可以透明花纹、条纹或磨光,表面适于印刷,未漂浆牛皮纸为浅棕色即纸浆本色,如图4-2所示。

图4-1 化工原料纸袋

图4-2 牛皮纸袋

(3)中性包装纸。中性包装纸用未漂100%硫酸盐木浆或100%硫酸盐竹浆制造。这种纸张不腐蚀金属,主要用于军工产品和其他专用产品的包装。中性包装纸分为包装纸与纸板两种。

(4)普通食品包装纸。普通食品包装纸是一种不经涂蜡加工可以直接入口食品的包装纸。它是以漂白化学木浆和漂白化学草浆为主要原料,加入适量填料,采用圆网单(多)缸造纸机制造而成的。食品包装纸应符合《食品包装纸》(QB 1014—1991)规定的卫生指标:不得采用回收废纸作为原料;不得使用荧光增白剂等有害助剂;纸张纤维组织应均匀;纸面应平整,不许有褶子、皱纹、破损裂口等纸病。

(5)鸡皮纸。鸡皮纸又称白牛皮纸,是一种单面光泽度很高和强度较好的包装用纸,主要供工业品和食品包装用。以漂白硫酸盐木浆为主要原料,掺用部分漂白草浆或白边纸。其施胶度和耐折度较好,纸面光泽良好并有油腻感,如图4-3所示。

(6)羊皮纸。羊皮纸又称植物羊皮纸或硫酸纸,是一种半透明的高级包装纸,其工艺较为复杂,价格也稍微偏高。羊皮纸具有高度的抗水性和不透水、不透气、不透油等特性,而且经过硫酸处理,无细菌,适用于长期保存的油脂、茶叶及药品的包装。防潮性能好,适用于包装精密仪器和机器零件,如图4-4所示。

图4-3 鸡皮纸

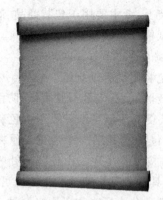
图4-4 羊皮纸

(7) 半透明玻璃纸和玻璃纸。半透明玻璃纸质薄而柔软,双面光亮呈半透明状,具有防油、抗水性和较高的施胶度,但在水湿后会失去强度。主要用于包装不需久藏的油脂、乳类食品和糖果、卷烟、药品等。玻璃纸又称透明纸,是一种透明度最高的高级包装用纸。用它包装产品,包装物清晰可见,常用于包装化妆品、药品、糖果、糕点以及针棉织品或需要开窗包装的物品等。玻璃纸的质地柔软,厚薄均匀,有伸缩性、阻隔性(不透气、不透油),还具有耐热、不易带静电等优良性能。但是吸湿性大,防潮性差,遇潮后易起皱和粘连。撕裂强度也较小,干燥后易脆,无热封性。

(8) 有光纸与胶版纸。有光纸用漂白的苇浆、草浆、蔗渣浆、竹浆和废纸等原料制成,主要用于商品里层包装或衬垫,也可以作糊裱纸盒之用,如图4-5所示。胶版纸是专供印刷、包装装潢、商标、标签和糊裱盒面的双面印刷纸。胶版纸纤维紧密、均匀、洁白、施胶度高、不脱粉、伸缩率小、抗张力好、耐折度好,适宜于多色套印。

(9) 防潮纸。它主要用于食品内包装材料、武器弹药包装、卷烟包装、水果包装等。

(10) 防锈纸。为了使包装金属制品不生锈,可以利用各种防锈剂对包装纸进行处理,一般是将防锈剂溶液涂布或浸涂在包装纸上,干燥后即成为防锈纸。防锈剂一般有挥发性,为延长其防锈时间,包装时将涂有防锈剂的一面直接对包装物,而反面涂石蜡、硬脂酸铝或再用石蜡纸包装。

(11) 瓦楞原纸。瓦楞原纸是一种低重量的薄纸板。瓦楞原纸与箱纸板贴合制造瓦楞纸板,再制成各类纸箱,可制作瓦楞纸箱、盒、衬垫和格架。图4-6为高强度瓦楞原纸。

图4-5 有光纸

图4-6 高强度瓦楞原纸

2. 主要包装用纸板

包装用纸板主要有箱纸板、牛皮箱纸板、灰纸板、瓦楞纸板、蜂窝纸板等。

(1) 箱纸板。箱纸板专门用于和瓦楞原纸裱合后制成瓦楞纸盒或瓦楞纸箱,供日用百货等商品外包装和个别配套的小包装使用。箱纸板的颜色为原料本色,表面平整,适于印刷上油。

(2) 牛皮箱纸板。牛皮箱纸板适用于制造外贸包装纸箱、内销高档商品包装纸箱以及军需物品包装纸箱。在国外,牛皮纸箱几乎全部用 100% 的硫酸盐木浆制造,国内使用 40%～50% 的硫酸盐木浆和 50%～60% 的废纸浆、废麻浆、半化学木浆抄制。图 4-7 为牛皮箱纸板。

(3) 灰纸板。灰纸板又称青灰纸板,如图 4-8 所示。灰纸板的质量低于白纸板,主要用于各种商品的中小包装,即用于制纸板盒。

图 4-7　牛皮箱纸板

图 4-8　灰纸板

(4) 瓦楞纸板。瓦楞纸板能够承受一定的平面压力,而且富有弹性、缓冲性能好,能起到防震和保护商品的作用。瓦楞纸板如图 4-9 所示。

按结构分,常用的瓦楞纸板分为以下 5 种类型。

① 二层瓦楞纸板。一层箱纸板与瓦楞芯纸黏合而成,做包装衬垫用,又称单面瓦楞纸板。

② 三层瓦楞纸板。两层箱纸板与一层瓦楞芯纸黏合而成,用于中包装或外包装用小型纸箱,又称双面瓦楞纸板或单瓦楞纸板。

③ 五层瓦楞纸板。用面、里及芯三张纸板和两层瓦楞芯纸黏合而成,用于一般纸箱,又称为复双面瓦楞纸板或双瓦楞纸板。

④ 七层瓦楞纸板。用面、里及芯、芯四张纸板和三层瓦楞芯纸黏合而成,用于大型或负载特重的纸箱,又称为双面三瓦楞纸板。

⑤ X-PLY 型瓦楞纸板。其瓦楞方向交错排列,又称为高强瓦楞纸板。

(5) 蜂窝纸板。蜂窝材料是人类效仿自然界蜜蜂筑建六角形蜂巢的原理研发出来的,最早应用于军事和航空业的铝蜂窝板材,第二次世界大战以后转向民用,生产出纸蜂窝结构复合材料。普通蜂窝纸板是一种由上下两层面纸、中间夹六边形的纸蜂窝芯粘接而成的轻质复合纸板。蜂窝纸板如图 4-10 所示。

图 4-9 瓦楞纸板

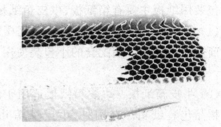
图 4-10 蜂窝纸板

(二)纸质包装制品

纸质包装制品又称包装制品,大体包括纸盒、纸箱、纸罐、纸袋等。

1. 纸盒

(1)折叠纸盒。按折叠方式不同,折叠纸盒又可分为管式、盘式、管盘式、非管盘式几种,灯泡、牙膏等包装属于管式折叠纸盒。各类食品、日用品、小型家电产品中经常使用盘式包装纸盒。

折叠纸盒生产成本低,流通费用低,生产效率高,结构变化多,适于中、大批量及机械化生产,在生产中应用广泛。但其强度较低,一般只适于包装 1~2.5kg 以下的商品,外观及质地不够高雅,成为制约其发展的因素。目前,在折叠纸盒领域关于纸盒结构创新和强度分析等方面的研究是一个热点问题。管式折叠纸盒及平面展示图如图 4-11 所示,折叠及展开的盘式纸盒如图 4-12 所示。

图 4-11 管式折叠纸盒及平面展示图　　图 4-12 折叠及展开的盘式纸盒

(2)粘贴纸盒。粘贴纸盒又称为固定纸盒、手工纸盒,是用贴面材料将基材纸板粘贴、裱合而成的纸盒。

粘贴纸盒可以选择多种贴面材料。粘贴纸盒的优点是:用途广泛;刚性较好,抗冲击能力强;堆码强度高;小批量生产时,设备投资少,经济性好;具有良好的展示、促销功能。它的缺点是不适宜机械化生产和大批量生产;不能折叠堆码,因而物流成本高(运输空间大)。

2. 纸箱

（1）瓦楞纸箱。瓦楞纸箱是运输包装中最重要、应用最广泛的包装容器，其主要箱型已形成标准。现行的是由欧洲瓦楞纸箱制造商联合会和瑞士纸板协会（FEFCO/ASSCO）制定、国际瓦楞纸箱协会（LCCA）推荐的国际箱型。其箱型代号由两部分组成，前两位表示纸箱类型；后两位是箱型序号，表示同一类箱型中的不同结构型式。如0201型纸箱表示是02类纸箱中的第一种结构型式。

① 02型-开槽型纸箱。这种箱型最为常用，特点是：一页成型；无独立分离的上下摇盖，接头由生产厂家通过订合、黏合或胶纸黏合，运输时呈平板状，如图4-13所示。

② 03型-套盒型纸箱。这种纸箱是罩盖型纸箱，由箱体、箱盖两个独立的部分组成。正放时箱盖或箱体可以全部或部分盖住箱体，如图4-14所示。

图4-13 开槽型纸箱

图4-14 套盒型纸箱

③ 04型-折叠型纸箱（类似折叠性纸盒结构）。折叠型纸箱一般由一页纸板组成，无须订合或黏合，部分箱型还不需要黏合，只要折叠即可成型，还可以设计锁口、提手、展示牌等，如图4-15所示。

④ 05型-滑盖型纸箱。这种纸箱由数个内装箱或框架及外箱组成，内箱与外箱以相对方向运动套入（类似抽屉），其部分箱型还可以作为其他类型纸箱的外箱，如图4-16所示。

图4-15 折叠型纸箱

图4-16 滑盖型纸箱

⑤ 06型-固定型纸箱。这种纸箱由两个分离的端面和联结这两个端面的箱体组成，使用前订合、黏合或胶带纸黏合将端面和箱体连接起来，如图4-17所示。

(2) 蜂窝纸箱。利用蜂窝纸箱板厚度易于控制、平压强度高、抗弯强度高等特点,可以制作蜂窝纸箱,在某些领域,它可以用来代替木箱、重型瓦楞纸箱等。例如,用于自行车、摩托车、电冰箱、大屏幕电视机及大型空调器等包装。蜂窝纸箱如图 4-18 所示。

图 4-17 固定型纸箱

图 4-18 蜂窝纸箱

3. 纸罐、纸桶、纸杯

以纸板为主要材料制成圆筒容器,并配有纸盖或其他材料制成的底盖,这种制品通称为纸罐,如图 4-19 所示。较大的纸罐也称纸桶。纸罐主要用于印染、纺织、造纸、塑料、化工、音箱、包装等行业,作为带状材料的卷轴等。由于纸罐(桶)重量轻、不生锈、价格便宜,常被用来代替马口铁罐作为粉状、晶粒状物体和糕点、干果等的销售包装;在纸罐(桶)内壁涂覆防水材料后也可用作液体油料的包装。

纸杯一般为盛装冷饮的小型纸质容器。通常它的口大底小,可以一只只套叠起来,便于取用、储存、运送。纸杯用纸板通常是用石蜡涂布过的或浸醋处理过的纸板,如图 4-20 所示。

图 4-19 纸罐

图 4-20 纸杯

4. 纸袋

纸袋是纸质包装容器中使用量仅次于瓦楞纸箱的一大类纸质包装容器,用途广泛,种类繁多。

根据纸袋形状可以将其分为信封式、方底式、携带式、M 形折式、筒式、阀式等几种。

(1) 信封式纸袋。信封式纸袋袋口和折盖均具有较大尺寸的侧面,底部可形成平面,常用于纸质商品、文件资料或粉状商品的包装。

(2) 方底式纸袋。方底式纸袋沿长度方向有接缝,底部折成平的菱形,打开后成方形截面可以直立放置,如图 4-21 所示。分为开口和闭口两种,常用于日用品包装。

(3)携带式纸袋。携带式纸袋常以纸塑结合制成双层带,在袋口处有加强边,并配有提手,可以多次使用,常用于日用品的包装,如图4-22所示。

图4-21 方底式纸袋

图4-22 携带式纸袋

二、塑料包装材料

塑料可以分为热塑性塑料和热固性塑料两大类。

(1)热塑性塑料加热时可以塑制成型,冷却后固化保持其形状。这种过程能反复进行,即可反复塑制。热塑性塑料的主要品种有聚乙烯、聚丙烯、聚苯乙烯、聚氯乙烯、聚酰胺、聚酯等。

(2)热固性塑料加热时可以塑制成一定形状,一旦定型后即为最终产品,再次加热时也不会软化,温度升高则会引起它的分解破坏,即不能反复塑制。热固性塑料的主要品种有酚醛塑料、脲醛塑料、密胺塑料等。

(一)常见包装用热塑性塑料

1. 聚乙烯(PE)

聚乙烯是乙烯高分子聚合物的总称,它是产量最大、用量最大的塑料包装材料。

一些水果的包裹物就是用乙烯材料制成的;还有大部分瓶装化妆品的包装均采用聚乙烯材料;也可以做成塑料气泡膜(或气珠膜),如图4-23所示,然后再加工成各种规格的成型包装袋、包装片。气泡膜适合于各种电子仪器、计算机、玻璃制品、家电、卫生洁具、灭火器、电信器材、各种机器、汽车、摩托车配件等的包装,也可用于各种易碎物品的保护、防震。

图4-23 塑料气泡膜

2. 聚丙烯(PP)

聚丙烯是通用塑料中最轻的一种。它具有较好的防潮性、抗水性、防止异味透过性,以及较好的耐弯曲疲劳强度,常用于各种容器盖子上的铰链,如图4-24所示。

聚丙烯广泛用于制作食品、化工产品、化妆品等的包装容器,如周转箱、瓶子、编织袋,以及包装用薄膜、打包带和泡沫缓冲材料等。聚丙烯的用途广泛,如图4-25所示的PP捆扎带即为聚丙烯产品。双向拉伸聚丙烯薄膜(BOPP)是广泛应用的包装薄膜,用于食品、日用品和香烟的包装。

图 4-24　PP 铰链盖

图 4-25　PP 捆扎带

3. 聚苯乙烯(PS)

聚苯乙烯膜的透气性能良好,广泛用于制作食品、医药品以及日用品等小型包装容器,如盒、杯等和食品包装用薄膜。目前市场上的一次性快餐盒,大多是由聚苯乙烯原料加上发泡剂加热发泡而成。此外,聚苯乙烯也是制作泡沫塑料缓冲材料的主要原料。聚苯乙烯包装材料如图 4-26 所示。

4. 聚对苯二甲酸乙二醇酯(PET)

聚对苯二甲酸乙二醇酯又称聚酯,其主要用于制作包装容器和薄膜,用于冷冻食品和蒸煮食品的包装。聚酯瓶则大量用于含气饮料的包装(如可乐、矿泉水等)。近年来,PET 打包带已经成为包装捆扎材料的新宠,它以外观漂亮、强度高、不易老化等优点已经部分取代了钢制打包带。聚酯包装如图 4-27 所示。

图 4-26　聚苯乙烯包装材料

图 4-27　聚酯包装

(二)常见的包装用热固性塑料

1. 酚醛塑料(PF)

酚醛塑料是以酚醛树脂为主要成分的热固性塑料,俗称电木。

酚醛塑料的价格低廉,其在包装上主要用来制作瓶盖、盒箱以及化工产品的耐酸容器。用酚醛塑料制作的瓶盖,能够承受装盖机的压力,并能长期保持密封。酚醛塑料如图 4-28 所示。

2. 脲(甲)醛塑料(UF)

脲(甲)醛塑料是以脲醛树脂为主要成分的热固性塑料,俗称电玉,如图 4-29 所示。

图 4-28　酚醛塑料　　　　　　　图 4-29　脲(甲)醛塑料

脲醛塑料在包装上主要用于制作精致的包装盒、化妆品容器和瓶盖等。因在醋酸或 100℃ 沸水中浸泡时有游离的有毒物质甲醛析出,故不适于包装食品。

3. 密胺塑料(MF)

密胺塑料是以三聚氰胺(密胺)—甲醛树脂为主要成分制得的具有体型结构的热固性塑料,如图 4-30 所示。

密胺塑料的价格较低,多用于制作食品容器,也可以用于制作精美的食品包装容器及家用器皿等。

(三)常用塑料包装制品

1. 塑料薄膜

塑料薄膜是使用最早、用量最大的塑料包装制品。目前塑料包装薄膜的消耗量约占塑料包装制品总消耗量的 40% 以上。

塑料薄膜主要用于制造各种手提塑料袋、外包装、食品包装、工业品包装及垃圾袋等,如图 4-31 所示。

图 4-30　密胺塑料　　　　　　　图 4-31　塑料薄膜片材制品

2. 泡沫塑料

泡沫塑料是内部含有大量微孔结构的塑料制品,又称多孔型塑料。泡沫塑料是目前产品缓冲包装中使用的主要缓冲材料,如图 4-32 所示。

3. 塑料编织袋与塑料无纺布

(1)塑料编织袋。塑料编织袋具有重量轻、强度高、耐腐蚀等特点。加入塑料薄膜内衬后能防潮、防湿,适用于化工原料、农药、化肥、谷物等重型货物包装,特别适于外贸出口包装。图 4-33 为常见的 PP 扁丝塑料编织袋。

图 4-32　EPS 泡沫塑料

图 4-33　PP 扁丝塑料编织袋

(2) 塑料无纺布。塑料无纺布又叫非织造布,或叫不织布。其产品可用于医疗、卫生、家庭装饰、服装等行业,图 4-34 为塑料无纺布袋。

4. 塑料网

塑料网主要是挤出网,挤出网又分为普通挤出网和挤出发泡网。

(1) 普通挤出网经加工制成网袋,广泛用于包装食品、蔬菜、机械零件以及玩具等。

(2) 挤出发泡网在玻璃瓶装化学药品、小型精密仪器、电子产品以及水果等物品的包装中得到了广泛的应用。图 4-35 为 PS 挤出发泡网制品。

图 4-34　塑料无纺布袋

图 4-35　PS 挤出发泡网制品

三、金属包装材料

(一) 常用金属包装材料的种类及特点

常用的金属包装材料主要有钢材和铝材两大类。

1. 钢材

钢材资源丰富,生产成本较低,在金属包装材料中用量居首位。对包装材料用钢材的要求是钢材具有良好的综合机械性能和一定的耐腐蚀性。

包装用钢板主要采用低碳薄钢板,既可以用于制造集装箱、普通钢桶,也可以用作捆扎材料,广泛应用于运输包装。

2. 铝材

铝质包装材料的使用历史比较短,但是由于铝材具有独特的优点,所以在食品包装中得到了广泛的应用。我国铝箔、铝管及铝容器的用铝量约占铝产量的2%。

铝材在酸、碱、盐介质中容易腐蚀,因此几乎所有的铝容器均应在喷涂后使用。它的强度比钢低,生产成本比钢高,约为钢的五倍。所以,铝材主要用于销售包装,如铝罐主要用于有一定内压的含气材料等的包装,少量用于运输包装。

(二)金属包装容器

由于加工生产金属包装容器的工艺越来越先进,金属包装容器在包装行业的应用也越来越广泛。

1. 金属罐

金属罐按形状可分为圆罐、方罐、椭圆罐、扁罐和异形罐等;按材料可分为低碳薄钢板罐、镀锡钢板罐和铝罐等;按结构和加工工艺可分为三片罐、二片罐等;按开启方法可分为普通罐、易开罐等;按用途可分为食品罐、通用罐、18L罐和喷雾罐等。

常用的是三片罐(又称接缝罐、敞口罐),如图4-36所示,由罐身、罐盖和罐底三部分组成。罐身有接缝,根据接缝工艺不同又分为锡焊罐、缝焊罐和黏结罐,多用于食品和药品等的包装。

二片罐如图4-37所示,是由罐身连在一起的罐底加上罐盖两部分组成的,其罐身无接缝。二片罐多用于含汽饮料和啤酒等包装。

图4-36 三片罐

图4-37 二片罐

食品罐如图4-38所示,一般用于制作罐头,是完全密封的罐,完全密封是为了在填充内装物后,能够加热灭菌。我国食品罐头所用的材料几乎都是镀锡钢板,但近年来也开始使用无锡钢板和铝薄板,而且需求量有增长的趋势。

通用罐如图4-39所示,是指不包括罐头在内的包装点心、紫菜、茶叶等食品的金属罐以及包装药品与化妆品等的金属罐。这些罐也可以是密封的,但不需灭菌处理。通用罐的外表面一般都经过精美印刷,故也称"美术罐"。

图4-38 食品罐

图4-39 通用罐

18L罐如图4-40所示,是盛装油漆、食用油等产品的大型罐。日本通称为"一斗罐"("斗"是日本的容积单位,一斗等于18L)。这种罐大多使用镀锡铁皮制作。

2. 金属桶、盒

金属桶是常用的金属容器,分为敞口和闭口两种。常用的金属桶、盆有：图4-41所示的汽油桶、图4-42所示的方形金属盒、图4-43所示的金属桶等。

图4-40　18L罐

图4-41　汽油桶

图4-42　方形金属盒

图4-43　敞口金属桶

3. 金属软管

金属软管的特点是易加工、耐酸碱、防水、防潮、防污染、防紫外线、可以进行高温杀菌处理,适宜长期保存内装物。

金属软管携带方便,使用时挤出内装物而无回吸现象,内装物不易受污染,特别适合重复使用的药膏、颜料、油彩、黏结剂等,如图4-44所示。

四、木质包装材料

(一) 木材的种类及特点

木材的种类主要有天然木材和人造板材两种。

1. 天然木材

天然木材具有很多优点：分布广,可以就地取材;制作简单,仅使用简单的工具就能制作完成;质轻且强度高,有一定的弹性,能承受冲击和振动,适宜重体商品的包装盒储运;具

图4-44　金属软管

有很高的耐久性；与金属材料相比，不会生锈，不易被腐蚀，可以用来盛装化学药剂；木制包装材料可以回收再利用，有的也可以反复使用，所以价格低廉。

天然木材也有一些缺点，如组织结构不匀，容易受环境温度、湿度的影响而变形、开裂、翘曲和强度降低，易于腐蚀、易燃、易被白蚁蛀蚀等。不过，这些缺点经过适当的处理都可以消除或减轻。另外，对于小包装件或大批量的包装容器，若使用木材则不适宜高速操作或自动化装配。

2. 人造板材

人造板材是一条有效利用木材的重要途径。人造板材除胶合板外，所使用的原料均来自木材采伐过程中的剩余物或其他木制纤维，如树枝、截头、板皮、碎片、刨花、锯木等，使废料都得到了利用，十分符合目前提倡的环保材料的要求。如今，常用的人造板材原料又扩大到灌木、农作物秸秆等。尤其是在压缩植物纤维托盘和发泡植物纤维缓冲材料的研究与应用方面，已经成为代木包装的重要发展方向之一。

（1）胶合板。包装轻工、化工类商品的胶合板，多用酚醛树脂作为黏结剂，具有耐久性、耐热性和抗菌性能。包装食品的胶合板，多用谷胶和血胶作为黏结剂，具有无臭、无味等特性，如图4-45所示。

图4-45 胶合板

（2）纤维板。纤维板的原料有木制和非木制之分，前者是指木材加工的下脚料与森林采伐的剩余物等，后者是指蔗渣、竹、稻草、麦秆等农业废弃物。这些原料经过制浆、成型、热压等工序制成的人造板，就叫纤维板，如图4-46所示。

（3）刨花板。刨花板又称碎木板或木屑板，是利用碎木、刨花经过切碎加工后与胶黏剂（各种胶料、人工树脂等）拌和，再经加热压制而成的，如图4-47所示。刨花板的板面宽、花纹美丽，没有木材的天然缺陷，但容易吸潮、洗水后膨胀率较大，而且强度不高，一般可以作为小型包装容器，也可以作为大型包装容器的非受力壁板。

图4-46 纤维板

图4-47 刨花板

（二）木制包装制品

形形色色的木制容器及其他制品是最古老的包装之一。木制包装制品的形式有以下几种。

1. 木桶

木桶是一种古老的包装容器,主要用来包装化工类、酒类商品,如图4-48所示。

2. 普通木箱

普通木箱通常在载重200kg以下时使用。它载重量小,通常采用板式结构,其装卸、搬运操作多为人工方式,因而常需设置手柄、手孔等操作构件,不必考虑滑木、绳口及叉车插口等结构,如图4-49所示。

图4-48 木桶

图4-49 普通木箱

3. 滑木箱

滑木箱通常载重量小于1 500kg时使用,由于必须靠机械起吊,或沿地面拖动,因而必须设置滑木箱,如图4-50所示。滑木箱的承重靠底座、侧壁组成刚性联结来共同完成。

4. 框架木箱

框架木箱通常在载重量大于1 500kg时使用。这种木箱也必须设置滑木,供机械装卸、起吊操作使用。框架木箱的承重主要靠构件组成的、刚度很好的框架来完成,壁板在多数情况下仅起密封保护作用,如图4-51所示。

图4-50 滑木箱

图4-51 框架木箱

5. 底盘

底盘通常是木制的坚固构件,直接和具有足够的强度和刚度的产品固结在一起,适用于塔、罐、机械等大型产品的包装。用底盘作为包装处理，主要是为了运输、装卸的方便。底盘载重通常在500～6 000kg。

6．托盘

托盘是一种"集合装卸"（集约包装）工具，有的地区也称为栈板，如图4-52所示。托盘包装的产品本身不太重，尺寸也不太大。集约包装就是把若干数量的单件货物归并成一个整体，使用托盘进行装卸运输。托盘的主要优点是简化了包装，能有效降低包装成本，方便运输和装卸。

图4-52　托盘

7．胶合板箱

胶合板箱也称为框挡胶合板箱，由胶合板和框挡组合而成，是一种自重很小、外观整洁精致的小型包装箱，适用于空运，如图4-53(a)所示。其主要优点是构件标准化，适合工业化成批生产。近年来，还发展起来一种可拆式胶合板箱，其优点是组合方便，可重复使用，运输时拆开叠成平板状，可以大大节约运输空间，如图4-53(b)所示。

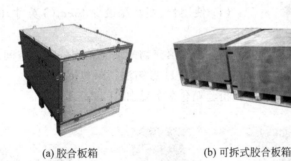

(a)胶合板箱　　　　　(b)可拆式胶合板箱

图4-53　胶合板箱

学习单元三　货物包装方法

货物种类繁多，性能与包装要求各异，因此必须根据货物的类别、性能及形态选择相适应的包装技术和方法，从而保障货物在物流各环节作业中的安全，以最低消耗，完好地把货物送到用户手中。货物在运输包装作业时常用的方法有以下7种：一般包装法、防震包装法、防潮包装法、真空包装法与充气包装法、收缩包装法与拉伸包装法、无菌包装法、集合包装。

一、一般包装法

除了可采用散装和裸装的货物外，大多数货物都要经过包装方可运输。运输包装的特点是容积大，结构坚固，标志清晰，搬运方便。合理的运输包装方法应做到：在不影响质量的前提下，压缩轻泡货物体积，大型货物拆装，形状相似的货物套装，并加衬垫缓冲材料等。

常用的一般包装法主要有以下几种。

（一）单盒包装法

单盒包装法是指使用坚固的外包装箱运送软性货物等非易碎物品。使用填充物如弄皱的报纸、松散填充颗粒或多气孔填充物来填充箱内的剩余空间,避免货物在运送途中在箱内移动。

使用单盒包装时,需特别注意以下几点。

(1) 容易受灰尘、水浸或潮湿环境影响而变质的货物要放进塑料袋。

(2) 颗粒状易散的小件货物必须整理并放在粗麻或塑料袋等完好封闭的容器中,再放进坚固的外包装箱。

(3) 使用 H 形封箱法密封包裹,如图 4-54 所示。

(二) 箱套箱包装方法

(1) 在瓦楞包装箱内填进至少 5cm(2 英寸)厚的多气孔填充物或用泡沫塑料包好每件货物。

(2) 在箱内放置弄皱的报纸、松散填充颗粒或其他填充物,以限制货物移动。

(3) 使用 H 形封箱法用胶纸密封内箱,以防箱子意外打开。

(4) 使用长、宽及深最少 15cm(6 英寸)的盒子为第二层包装箱。

(5) 使用填充物来填充箱内的剩余空间。

(6) 使用 H 形箱法密封包裹。

箱套箱包装方法如图 4-55 所示。

图 4-54　H 形封箱法

图 4-55　箱套箱包装方法

(三) 独特物品的包装方法

(1) 艺术品。在玻璃表面用皱纹胶纸做十字形固定,以避免玻璃破碎。

(2) 相片及海报板。将扁平物品用胶纸贴在坚固的材料上,如夹板、塑料或多层纤维板中间;或者将印刷品放置于瓦楞板中间,用胶纸在层板的接缝处封装。

(3) 印刷品。包扎好印刷品,以防移位。在放进双层瓦楞外包装箱前,要放置足够的填充物。

(4) 卷迭物品。使用多层胶卷或牛皮纸紧包卷迭物品,并贴上塑料包装胶纸。在物品外围包上地址卷标或使用透明袋面,如图 4-56 所示。

图 4-56　卷迭物品

二、防震包装法

防震包装又称缓冲包装,其主要目的是保护被包装物在运输、装卸、搬运和仓储等环节中,不致因冲击和震动而损坏,从而造成货物在经济或功能上的损失。目前防震包装法主要分为以下 3 种。

(一) 全面缓冲包装

全面缓冲包装是指在产品与外包装容器之间全部用缓冲材料填满的包装方法。根据工艺方法的不同,又可分为填充式包装法、裹包式包装法、模盒式包装法(见图 4-57)等。

图 4-57　模盒式包装法

(二) 部分缓冲包装

部分缓冲包装是将产品表面的一部分用缓冲材料制成和包围的包装方法(见图 4-58),主要适用于产品整体性较好或有内包装容器的防护包装,如家电产品或工业品的包装。采用这种方法时,要根据产品结构、质量、尺寸以及是否规则等特点,选择产品的适当部位放置衬垫。这样,一方面可获得好的包装防震效果,另一方面可节省缓冲材料、降低包装成本。

(三) 悬吊式缓冲包装

悬吊式缓冲包装是通过柔性或弹性的绳带、弹簧以及支架等,将产品与兼顾的外包装箱连接起来,产品被吊挂在外包装箱内,不与四壁接触,如图 4-59 所示。悬吊式缓冲包装通常用于运输包装中,例如贵重文物或对震动及冲击特别敏感的精密仪器等的运输。

图 4-58　部分缓冲包装

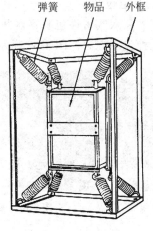

图 4-59　悬吊式缓冲包装

视频:防震包装操作

三、防潮包装法

很多包装产品都易遭受水蒸气的影响而引发产品的变质,降低产品的性能,有时甚至对产品造成破坏性的损害,使其失去使用价值。防潮包装就是采用防潮材料对产品进行包封,隔离外界湿气对产品的影响,同时使包装容器内的空气保持一定的相对湿度,从而实现防潮的目的。

目前,常用的防潮包装方法主要分为两大类。一类方法是通过除去包装内的潮气并保持干燥而实现防潮的目的,通常是在包装容器内装入一定量的干燥剂(见图4-60),通过吸收包装内的水分以及从包装外渗透进来的水蒸气,从而减缓包装内相对湿度上升的速度,延长产品的储存期。这种方法一般适合于小型包装盒有限期的防潮包装。对于大型包装和长期储存的包装,一般是借助降湿机械,将干燥除湿的空气输入包装容器内,置换其中原有的潮湿空气。另一类方法是通过控制包装容器内外的水分渗透来达到防潮的目的。这种方法主要依赖于低透湿率的防潮包装材料,对材料和容器的防渗透型要求极高,有时也需要与干燥剂配合使用。

图 4-60 干燥剂

四、真空包装法与充气包装法

真空包装与充气包装多用于食品的包装。真空包装是将产品装入气密性的包装容器,抽去容器内部的空气,让密封后的容器达到预定真空度,然后将包装密封的一种包装方法。图4-61所示为香肠的真空包装。

充气包装是将产品装入气密性包装容器并抽真空(或不抽真空)后,再冲入保护性气体,然后将容器密封的一种包装方法。图4-62所示为药品的充气包装。

 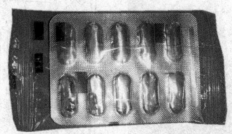

图 4-61 香肠的真空包装　　图 4-62 药品的充气包装　　视频:气泡袋包装操作

五、收缩包装法与拉伸包装法

（一）收缩包装法

收缩包装法是用收缩薄膜将欲包装物品包裹，然后，对收缩薄膜进行有关处理（如适当加热处理，使薄膜收紧且紧贴于物品）的包装技术方法。其作用主要有两个方面：一是有利于销售，使内装物品形体突出，形象鲜明，质感好；二是有利于提高装卸搬运效率。如使用收缩包装技术把物品固定于托盘上，不仅有利于提高物流过程效率，而且方便保管与使用。

（二）拉伸包装法

拉伸包装法是用机械装置在常温下将弹性薄膜拉伸后，将待包装件紧裹的一种包装技术方法。该包装方法可提高物流效率，方便仓储。

六、无菌包装法

无菌包装法是在包装物、被包装物、包装辅助器材均无菌的条件下，在无菌的环境中进行充填和缝合的一种包装技术。使用无菌包装技术具有生产成本低、产品保质期长、不需冷藏、节省能源等优点。如图4-63所示为牛奶类食品的无菌包装，已被广泛应用并深受消费者的欢迎。

图4-63 牛奶类食品的无菌包装

视频：活鱼罐头

无菌包装法使用的包装容器有杯、盘、袋、桶、缸、盒等各种类型，容积变化范围较大；包装材料主要采用复合材料。与传统的金属、玻璃容器相比，新型复合材料的包装容器加工方便，生产成本低，而且容器自身的重量大大减小，降低了运输、装卸等流通环节的成本。复合材料的包装容器现已广泛应用于饮料类食品的包装。

实际上，对食品的无菌包装只是一个相对无菌的加工过程，也称为商业无菌。经过这样的无菌处理后，产品和媒介物中可能仍然有微生物存活；但是它们是无害菌或者不会使产品发生微生物个体的繁衍而腐败。完全无菌的包装一般用于对医药产品的包装，其技术要求很高。

七、集合包装法

集合包装具有提高港口装卸效率，减轻劳动强度，节省装运费用，保护货物，减少损耗和促进货物包装标准化等优点。集合包装主要有集装袋、集装箱、托盘组合包装3种类型。

(一) 集装袋

集装袋是指用塑料重叠丝编织成的包装。其优点是重量轻,柔软,可折叠,体积小,装载量大。每袋可载 1~4t 的货物,并能重复使用。

(二) 集装箱

集装箱是用钢材、铝合金板、纤维板等材料制作的几种装载大量货物的大型包装容器。其优点是安全、简便、迅速、节约,便于机械和自动化装卸。每个集装箱可载 5~40t 货物,常用于铁路、公路和海上远程运输。

(三) 托盘组合包装

托盘组合包装是使用木材、塑料、金属材料或玻璃纤维等制成的垫板,有平面式托盘、箱式托盘、立柱式托盘、滑片托盘等几种形式。有的托盘可重复使用。其优点是耐蚀,卫生性好,节省费用,减少商品损耗。托盘载重量为 0.5~2t。

学习单元四 货物包装标志

一、货物包装标记

包装标记是指根据货物本身的特征用文字和阿拉伯数字等在包装上标明规定的记号。

(一) 一般包装标记

一般包装标记也称为包装基本标记,即在包装上写明货物的名称、规格、型号、计量单位、数量(毛重、净重、皮重)、长、宽、高、尺寸、出厂时间等说明。对于时效性较强的货物,还要注明其储存期或保质期,如胶卷、食品等。

(二) 表示收发货地点和单位的标记

表示收发货地点和单位的标记是注明货物起运、到达地点和收发货单位的文字记号,反映的内容是收、发货具体地点(收货人地点,发货人地点,收货到站、到港,发货站、港等)以及收、发货单位的全称。

(三) 标牌标记

标牌标记是在货物包装上钉打说明商品性质特征、规格、质量、产品批号、生产厂家等内容的标识牌。标识牌一般用金属制成。

二、货物包装标志类型

为了便于货物的流通、销售、选购和使用,在货物的包装上通常都印有某种特定的文字或图形,用以表示货物的性能、储运注意事项、质量水平等含义,这些具有特定含义的图形和文字称为货物包装标志。它的主要作用是便于识别货物,便于准确迅速地运输货物,避免差错,加速流转等。

(一) 运输标志

运输标志又称唛头(shipping mark),是一种识别标志。按国际标准化组织(ISO)的建议,包括 4 项内容:①收货人名称的英文缩写或简称;②参考号,如订单、发票或运单号码;

③目的地；④件号。例如：ABCCO,收货人名称；SC9750,合同号码；LONDON,目的港；No.4-20,件号(顺序号和总件数)。

在国际商品流转中，只需要将主标志记载在合同、发票、提单、保险单、报关单、检验证书及其他与贸易运输有关的单据上，收货人、发货人、承运人、保险人及海关、检验等部门，根据文件的记载，即可在包装外形相似的众多货物中识别区分出相应的货物，顺利地进行交接或检查工作。

有的运输标志还包括原产地、合同号、许可证号和体积与重量等内容。运输标志的内容繁简不一，由买卖双方根据商品特点和具体要求商定。

(二) 指示性标志

指示性标志是提示人们在装卸、运输和保管过程中需要注意的事项，以保证物品的安全。主要标明物品的性质物品堆放、开启、吊运等的方法，示例见表4-1，一般都是以简单、醒目的图形和文字在包装上标出，故有人称其为注意标志。

表4-1 指示性标志

续表

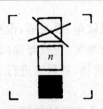 堆码层数极限 （相同包装的最大堆码层数，n 表示层数极限）	 堆码重量极限 （表明该运输包装件所能承受的最大重量极限）	 禁止堆码 （该包装件不能堆码并且其上也不能放置其他负载）

（三）警示性标志

警示性标志又称危险货物包装标志。凡在运输包装内装有爆炸品、易燃物品、有毒物品、腐蚀物品、氧化剂和放射性物质等危险货物时，都必须在运输包装上标明用于各种危险品的警告标志，便于装卸、运输和保管人员按货物特性采取相应的防护措施，以保护物资和人身的安全。警示性标志的具体内容如表 4-2 所示。

表 4-2 警示性标志

标志名称	标志图形	对应的危险货物类项号
爆炸品	![爆炸品] （符号：黑色；底色：橙红色）	1.1 1.2 1.3
爆炸品	1.4 爆炸品 （符号：黑色；底色：橙红色）	1.4
爆炸品	1.5 爆炸品 （符号：黑色；底色：橙红色）	1.5

续表

标志名称	标志图形	对应的危险货物类项号
易燃气体	(符号：黑色或白色；底色：正红色)	2.1
不燃气体	(符号：黑色或白色；底色：绿色)	2.2
有毒气体	(符号：黑色；底色：白色)	2.3
易燃液体	(符号：黑色或白色；底色：正红色)	3
易燃固体	(符号：黑色；底色：白色红条)	4.1
自燃物品	(符号：黑色；底色：上白下红)	4.2

续表

标志名称	标志图形	对应的危险货物类项号
剧毒品	(符号:黑色;底色:白色)	6.1
有毒品	(符号:黑色;底色:白色)	6.1
感染性物品	(符号:黑色;底色:白色)	6.2
腐蚀品	(符号:上黑下白;底色:上白黑下)	8
杂类	(符号:黑色;底色:白色)	9

(四) 原产国标志

1. 原产国标志的概念

原产国标志在一定程度上代表货物的质量和信誉,是货物来源的重要证据之一,也是货物的"经济国籍",有效地限制了某一国的货物进口以及仿冒,同时具有促销、识别、广告的功能。

原产国标志将制造国的名称标注在货物包装上,必要时还同时提供原产地证明书。我国出口的货物一般在包装上注明"中华人民共和国制造"或"中国制造"(见图 4-64 新西兰奶粉原产国标志),也有的加注企业名称,如"中国粮油进出口公司"或"中国五金矿产进出口公司"等。

图 4-64　新西兰奶粉原产国标志

2. 使用原产国标志的原因

(1) 许多国家根据互惠原则或实行贸易歧视政策,对来自不同国家的进口货物规定不同的关税税率。为了保护税收,要对货物的原产国实行严格的检查和控制。

(2) 有些国家限制部分国家的商品进口,为了防止被禁止进口国家的商品冒充其他国家商品进口,所以也需要货物明确表示原产国,以便进行严格检查。

(3) 某些国家为了维护其本国利益,促进国内产业的发展,防止进口货物与本国货物混淆,也要求进口货物表示原产国。

(五) 运输包装标记与标志的注意事项

(1) 物流包装标记、标志中使用的文字、符号、图形等,必须按国家有关规定表示,不能随意改动。

(2) 必须简明清晰,易于辨认。

(3) 涂刷、拴挂、粘贴的标志与标记的部位要适当。

(4) 要选用适合的色彩制作标识和标志。

(5) 拴挂的标志要选择合适的规格。

(6) 中国出口危险品,除了应刷制中国规定的危险品标志外,还应刷制联合国海事协商组织规定的《国际海运危险品标志》中的符号,以免到达国港口不准靠岸。

学习单元五　货物积载因数

一、货物积载因数的相关概念

货物积载因数(stowage factor,S. F.)是指某种货物每一吨重量所具有的体积或在船舶货舱中正常装载时所占有的容积。

(一) 货物积载因数的含义

1. 不包括亏舱的货物积载因数——理论积载因数

$$S.F. = \frac{V}{Q}$$

式中，V 为货物的量尺体积（m^3 或 ft^3）；Q 为货物的重量（t）。

2. 包括亏舱的货物积载因数

$$S.F.' = \frac{W}{Q}$$

式中，W 为货物占用货舱的体积（m^3 或 ft^3）；Q 为货物的重量（t）。

（二）亏舱和亏舱率

1. 亏舱

亏舱是指船舶容积未被所装货物充分利用的那部分容积。产生亏舱的原因如下。

（1）货物与货物之间的不正常空隙。

（2）货物须留出通风道或膨胀余位的空间。

（3）货物衬隔材料所占用的空间。

（4）货物与货舱舷侧和围壁间无法利用的空间等。

2. 亏舱率

亏舱的多少通常用亏舱率（rate of broken stowage），又称亏舱系数，来表示。

所谓亏舱率，是指货舱容积未被货物充分利用的空间占整个货舱容积的百分数。

$$\beta = \frac{W-V}{W} \times 100\%$$

式中，β 为亏舱率（%）；W 为货物占用货舱的容积（m^3 或 ft^3）；V 为货物的量尺体积（m^3 或 ft^3）。

3. S.F.′和 S.F. 的关系

因为

$$S.F.' = \frac{W}{Q}$$

$$S.F. = \frac{V}{Q}$$

$$\beta = \frac{W-V}{W} \times 100\%$$

$$1 - \beta = 1 - \frac{W-V}{W} = \frac{V}{W}$$

$$\frac{S.F.}{S.F.'} = \frac{V}{W} = 1 - \beta$$

所以

$$S.F. = S.F.'(1-\beta)$$

【例 4-1】 某船装运 100t 袋装大米，实际占用舱容 163.25m^3，袋装大米的理论积载因数为 1.55m^3/t，问该批袋装大米的亏舱率是多少？（保留两位小数）

解： 大米的量尺体积 = $100 \times 1.55 = 155(m^3)$

亏舱率 $\beta = \dfrac{163.25 - 155}{163.55} \times 100\% \approx 5.04\%$

【例 4-2】 某轮装运出口箱装压力机，每箱尺寸 115cm × 100cm × 280cm，重量为 3 000kg，装舱时亏舱率为 15%，问装舱后该货物积载因数是多少？（保留两位小数）

解：货物体积 $V = 1.15 \times 1 \times 2.8 = 3.22(\text{m}^3)$

$$\text{S.F.}' = \frac{\text{S.F.}}{1-\beta} = \frac{V}{Q} \times \frac{1}{1-\beta} = \frac{3.22}{3} \times \frac{1}{1-15\%} \approx 1.26(\text{m}^3/\text{t})$$

二、重货与轻货

（一）概念

在国际航运计费业务中，为了使承运人和托运人之间合理地结算运费，货物的计费吨分为重量吨（W）和体积吨，或尺码吨和容积吨（M）。重量吨为货物的毛重，公制以 1t 为 1 重量吨；体积吨为货物"满尺丈量"的体积，以 1m³ 为 1 体积吨。凡货物理论积载因数小于 1.132 8m³/t 或 40ft³/t 的货物，称为重货。凡货物理论积载因数大于 1.132 8m³/t 或 40ft³/t 的货物，称为轻货。如在托运棉花时，货物体积折算的重量大于其实际重量的，计算运费时采用轻货单价；而在托运钢材时，货物体积折算的重量小于实际重量的，计算运费时采用重货单价。

重货和轻货的确定对于计算运费、船舶积载是非常重要的。

（二）重货与轻货的区别

1. 从船舶配积载角度考虑

凡货物积载因数小于船舶载货容积系数的货物，称为重货；凡货物积载因数大于船舶载货容积系数的货物，称为轻泡货，又称轻货。

2. 从计算货物运费角度考虑

凡是货物理论积载因数小于 1.132 8m³/t 或 40ft³/t 的货物，即重货，运费按重量吨计算。凡是货物理论积载因数大于 1.132 8m³/t 或 40ft³/t 的货物，即轻货，运费按体积吨计算。

计费单位为 W/M 的货物，则取重量吨和体积吨中较大的计算。

（三）船舶舱容系数

船舶舱容系数是指船舶货舱总容积与船舶净载重量的比值，即船舶每一净载重吨所占的货舱容积。

（1）重货：货物积载因数小于船舶舱容系数，即满载不满舱。

（2）轻货：货物积载因数大于船舶舱容系数，即满舱不满载。

（3）普通货：货物积载因数与船舶舱容系数接近，即满舱满载。

（四）重货和轻货在积配载中的意义

通过轻重货搭配，可使货物的平均积载因数与船舶的舱容系数接近，使货物重量等于船舶的净载重吨，全部货物的装舱容积等于船舶货舱总容积，从而实现满舱满载。

三、货物积载因数表的运用

表 4-3 为常见货物积载因数中英文名称对照表，以及各货物的积载因数和包装类型。

例如，笔记本对应的积载因数是 2，说明笔记本每 1t 重量所具有的体积或在船舶货舱中正常装载时所占有的容积是 2m³。

表 4-3　常见货物积载因素中英文名称对照表

货物英文名称	货物中文名称	积载因数	包装类型
PUMPKIN SEEDS	白瓜子	2.4	BAG
GELATINUM	白明胶	2	CASE
CERUSSITE	白铅矿	0.45	BULK
WHITE SUGAR	白砂糖	1.53	CASE
SCHEELITE	白钨矿	0.74	BULK
WHITE OIL	白油	1.63	DRUM
DOLOMITE	白云石	0.61	BULK
BORNITE	斑铜矿	0.45	BULK
TIMBER	板材	2.55	BUNDLE
PHENOL	苯酚	1.46	DRUM
PYRIDINE	吡啶	1.47	DRUM
NOTE BOOKS	笔记本	2	CASE

常见货物积载
因数对照表

【例 4-3】　某船计划配装出口箱装红茶 50t,已知箱装红茶的积载因数为 2.5(m^3/t),问配载时需要安排多少舱容？（保留两位小数）

解：查货物积载因数表得，箱装红茶积载因数为 2.492~2.520m^3/t,依据情况取 2.50m^3/t,则

$$W = S.F.' \times Q = 2.50 \times 50 = 125(m^3)$$

【例 4-4】　某轮装运出口箱装猪鬃 120t,已知货物积载因数 S.F.=1.6m^3/t,其亏舱率为 8%,问该货物装舱时需占多少容积？其装舱后的实际积载因数是多少？（保留两位小数）

解：实际积载因数为

$$S.F.' = \frac{S.F.}{1-\beta} = \frac{1.6}{1-8\%} = 1.74(m^3/t)$$

实际舱容

$$W = S.F.' \times Q = 1.74 \times 120 = 208.8(m^3)$$

该货物装舱时需要占的体积是 208.70m^3,实际积载因数是每吨 1.74m^3。

满舱不一定满载

当货物的积载因数小于舱容系数时，货物为重货，最大的载货量为该航次的净载重量，此时满载不满舱。船公司 C 与物流公司 J 签订了一份航次租船合同，由 C 公司所属 WH 轮装运 4 300t 焦炭（船舶满载时所运的货物数量）自连云港到南通或张家港永泰，货物积载因数 1.75m^3/t,每吨货物运价为人民币 82 元，运费计算方式为"按装港交接数计收运费，若备货不足 4 300t 按 4 300t 计收运费，超过按实计（船方原因除外）"。之后船舶到达装港装货时,J 公司实际提供积载因数为 2m^3/t 的中焦。虽 J 公司依照约定备货 4 500t,但 WH 轮装至满舱实际装运货物 3 754.20t。所装货物与约定的 4 300t 相差 545.80t,由此造成 C 公司运费损失人民币 44 755.60 元。

包装合理化

所谓包装合理化,是指在包装过程中使用适当的材料和适当的技术,制成与物品相适应的容器,既要满足包装保护商品、方便储运、有利销售的要求,又要提高包装的经济效益的包装综合管理活动。

包装合理化,首先,应防止包装不足,由于包装强度、包装材料不足等因素所造成商品在流通过程中发生的损耗不可低估。其次,应防止包装过剩,即由于包装物强度设计过高,包装材料选择不当而造成的包装过剩。这一点在发达国家表现尤为突出,据日本的调查结果显示,发达国家包装过剩在20%以上。

包装合理化是从物流总体角度出发,用科学方法确定最优包装。影响包装合理化的第一因素是装卸,不同装卸方法决定着不同的包装方法。

影响包装合理化的第二个因素是保管。在确定包装材料和包装方法时,应根据不同的保管条件和方式,采用与之相适合的包装强度。

影响包装合理化的第三个因素是运输。运送工具类型、输送距离长短、道路情况等对包装都有影响。我国现阶段存在多种不同类型的运输方式:航空的直航与中转,铁路快运集装箱、包裹快件、行包专列等,汽车的篷布车、密封箱车运输,这些不同的运送方式对包装都有着不同的要求和影响。

全自动包装生产线

目前,国内全自动包装生产线主要分为灌装和包装两种包装方式。这两种成套设备可以满足多个领域的包装需求,如液体等流体状物料可通过灌装完成,糖果、巧克力等固体状物料则通过包装来完成。有了大致的物料分类,就使得对产品的包装目的更加明确,从而让客户在选择时有更可靠的参考依据。

视频:果蔬的分级包装

所谓的全自动包装生产线是指自动化地完成一系列包装流程,同时保证包装质量和速度的有效统一。包装质量情况关乎着成品的销售情况,是考验一条全自动包装生产线是否符合市场需求的一个重要方面,也是积累客户的最好时机,在此,生产线的研发遵循创新、求异的理念,毕竟包装精致、高档的产品总能吸引消费者目光。这时,也同样离不开二次包装设备。在全自动包装生产线的后道流程中,可连接二次包装设备(如贴标机、喷码机等)来完成产品的二次包装,巩固包装效果。

当然,生产线不只将表面功夫做足,其包装速度也是取得成就的制胜法宝。客户选择全自动包装生产线是为了提高生产效率,降低劳动力,而不是只看机器外观和包装效果。因此,对全自动包装生产线的研发不能脱离客户的基本需求,首先在速度方面就要迎合客户心理,质量和速度的双效合一才能将产品推向市场。

全自动包装生产线的控制系统是完成机械自动化的重要推手。它控制着包装生产线的包装(灌装)方式、物料计量、瓶子位置调节、存储参数等,采用红外线感应器来控制容器位置,确保包装的精确,多个灌装头由多个微系统控制,适时的开启、闭合。国内全自动包装生产线将先进的控制和实施技术充分运用其中,符合相关行业的生产、包装需求。

职业指导

企业需求

包装是影响运输质量的一个重要因素,包装工作无论是由物流公司完成还是委托专业包装公司完成,都要求从业者具备货物包装的相关知识。合理地选择包装材料,运用正确的包装方法,可以保护货物在运输过程中不受损,同时提高装卸、运输、仓储等各个物流环节的工作效率。

实际应用

本学习项目所涉及的知识点在实践中具有广泛的应用。首先,生产企业和商贸企业要根据货物的造型、材料、体积、重量,确定合适的包装材料和包装方法。其次,物流企业根据货物特性和质量要求,以及运输费用、运输路途、运输损耗、运输自然条件等因素,合理选择包装材料和包装方式,制作运输标识,以保证正确运输,并运用货物积载因数进行合理积配载。

因此,货物包装的材料、形式、方法以及外形设计都对其他物流环节产生重要的影响。

职业技能

学生通过本学习项目的学习,能够具备以下技能,以满足企业(职业)岗位需求。

- 能够根据货物性质选择合适的包装材料和包装方法;
- 能够熟练地区分包装标记及正确运用包装标记;
- 能够计算货物积载因数,进行合理积配载。

同步测试

一、选择题

1. 下列能百分之百除掉容器内的氧气的包装技术是(   )。
   A. 真空包装　　　　B. 充气包装　　　　C. 脱氧剂包装　　　D. 干燥剂包装
2. 矿泉水瓶的包装,其包装技术形态一般采用(   )包装。
   A. PET　　　　　　B. PS　　　　　　　C. PP　　　　　　　D. PS
3. 下列商品与其包装方式联系正确的是(   )。
   A. 棉花——泡沫盒　　　　　　　　　B. 鲜花——瓦楞纸箱
   C. 陶瓷制品——布袋　　　　　　　　D. 润滑油——铁桶
4. 纸包装、木包装、塑料包装等是按包装的(   )进行分类的。
   A. 产品性质　　　　B. 商品内容　　　　C. 材料　　　　　　D. 形态
5. 一般而言,纸的定量为(   )。
   A. $<200g/m^2$　　B. $>200g/m^2$　　C. $<150g/m^2$　　D. $150\sim200g/m^2$
6. 下列塑料包装材料产量最大、用量最大的是(   )。
   A. PE　　　　　　 B. PET.　　　　　　C. PS　　　　　　　D. MF

7. 易拉罐与产品直接接触,应为( )。
    A. 外包装　　B. 内包装　　C. 中包装　　D. 原包装
8. 仿瓷塑料通常是指( )。
    A. UF　　B. PP　　C. MF　　D. PF
9. 运输包装的功能有( )。
    A. 保护商品　　B. 方便装卸　　C. 促销
    D. 提高效率　　E. 定量
10. 必须在运输包装上打印警告性标志的商品有( )。
    A. 易燃物品　　B. 易爆物品　　C. 氧化剂
    D. 易潮物品　　E. 易碎物品

二、简答题

1. 什么是包装？简述包装形成及发展过程。
2. 什么是亏舱？产生亏舱的原因有哪些？
3. 集合包装的主要作用是什么？
4. 包装在物流中的作用和地位是什么？
5. 试述原产地标识的重要性

三、计算题

1. 甲轮某货舱欲装货 400t,不包括亏舱的 SF 为 $2.55m^3/t$,亏舱率为 10%。试计算该票货物所需舱容。
2. 已知某船容积为 $2800m^3$,现计划全部配装袋装白砂糖,每袋净重 100kg,皮重 0.5kg,白砂糖的积载因数为 $1.558m^3/t$,亏舱率按 5% 计算。问该舱能装多少袋白砂糖？

四、案例分析题

案例 1　随着易拉罐使用量的增加,世界各国为了节省资源和减少包装成本,纷纷研发更轻、更薄的新型易拉罐。铝制易拉罐的重量从每 1 000 罐 25kg 降到 15kg,下降幅度达 40%。除了推出更轻、更薄的铝制易拉罐外,各国对易拉罐的回收利用率也不断增高。早在 20 世纪 80 年代美国铝制易拉罐的回收利用率就已经超过 50%,在 2000 年达到 62.1%。日本的易拉罐回收利用率更高,已超过 83%。

问题：
(1) 易拉罐采用的是什么包装材料,这种包装材料有什么优点？
(2) 易拉罐是属于运输包装还是销售包装？这种包装的目的是为了什么？

案例 2　某年重庆金渝进出口有限公司出口到加拿大一批货物,计值 80 万美元。合同规定用塑料袋包装,包装上的唛头要使用英、法两种文字。但该公司实际交货时改用其他包装代替塑料袋包装,而且包装上的唛头只使用英文一种文字。加拿大公司收货后,发现货物包装不符合合同的要求,向该公司提出索赔。

问题：
(1) 加拿大公司提出索赔是否合理？为什么？
(2) 重庆金渝进出口有限公司应如何应对？
(3) 从这个案例中,我们应该汲取什么教训？

设计货物运输包装方案

1. 实训目的

通过训练,使学生能够根据货物的基本性质,选用合适的包装材料,使用正确的包装方法与包装标志,确保货物的运输质量。

2. 实训内容

(1) 背景资料:国庆节前物美超市为了迎接销售高峰,需要对北京市亦庄地区的物美超市发送以下货物,具体货物的品类和数量如表4-4所示。

表4-4 货物品类和数量

序 号	商 品 名 称	规 格	数 量
1	不锈钢刀具	套	200
2	橡胶手套	只	1 000
3	玻璃酒具	套	500
4	茉莉花茶	套	500
5	祁门红茶	套	300
6	云南滇红	套	300
7	西湖龙井	套	500
8	黄山毛峰	套	300
9	普洱茶	套	100
10	进口葡萄酒	瓶	480
11	国产葡萄酒	瓶	480
12	毛巾	条	500
13	腈纶被	条	100
14	床单和枕套	套	100

注:茶叶均为礼盒装。

(2) 长风物流有限公司根据物美超市配货的品类和数量要求,依据货物的基本性质,制订该批货物的运输包装方案。

3. 实训要求

(1) 根据货物的基本性质,选用包装材料、包装方法。

(2) 制作运输包装标志。

(3) 制订该批货物运输包装方案。

(4) 每组提交一份货物运输包装方案(图文并茂)。

(5) 每组选派一名代表讲解和展示本组的工作成果。

4. 实训考核

(1) 评价方式:采取小组自评、小组互评、教师评价三维评价方式,以教师评价为主,小组自评和小组互评为辅,其中教师评分比例占总分数的60%,小组自评占20%,小组互评占20%。

（2）评价指标：从专业能力、方法能力、社会能力、工作成果展现 4 个方面进行评价，总评成绩＝小组自评×20％＋小组互评×20％＋教师评价×60％。

学习项目四任务工作单　　学习项目四任务实施单　　学习项目四任务检查单　　学习项目四任务评价单

学习项目五

货物储存与养护

📖 引导案例

生活用品的储存与保养

生活中人们所接触的东西有的怕潮,有的怕热,有的怕冻。如我们熟悉的水果,如果储存的温度过低,会引起果实生理失调,缩短贮藏寿命。而像盐、白糖、洗衣粉等,如放置时间较长,会出现结块、潮解现象。再如一些皮革、香皂等,会出现干裂等现象。这些都说明,空气中的温湿度是影响储存货物质量变化的一个重要因素。储存环境的温度过高或过低,会导致货物变质;空气中水分含量过多或过少,会导致潮解或者干裂,从而使货物失去使用价值。

香蕉是许多人爱吃的水果,然而香蕉的保存却是一个让人头疼的问题。尤其是夏季,香蕉的储存时间更是急剧缩短。在高温下,香蕉表皮上会出现黑斑,持续下去就会导致香蕉内部腐烂,无法食用。那么,有什么办法可以让香蕉保鲜呢?

案例分析:在货物储运过程中,既要考虑货物本身的特性,还要考虑货物受环境影响可发生的变化,这些变化都会影响货物的质量,如不加以控制,就会由量变发展到质变。

案例所涉及的知识点:影响货物储存质量变化的因素。

📖 学习目标

【知识目标】

1. 掌握货物储存的基本含义和原则;
2. 理解货物储存的分类;
3. 熟悉引起货物质量变化的因素;
4. 了解货物储存条件;
5. 了解库房温湿度控制的方法;
6. 掌握货物养护的基本含义和目的;
7. 理解货物养护的基本措施和原则。

【能力目标】

1. 能够根据货物储存条件的要求进行合理储存；
2. 能够区别引起货物质量变化的因素；
3. 能够进行温湿度的各种换算；
4. 能够运用货物养护知识对货物进行简单的养护。

【思政目标】

1. 培养学生爱岗敬业的职业素养和一丝不苟的工作态度。货物储存是物流中的重要环节，仓库管理是学生入职最多的岗位之一。通过本学习项目的学习，使学生了解货物储存与保养在生产和流通环节中的重要作用，了解仓库管理岗位应该具备的货物储存与保养基本知识，熟悉岗位职责，养成立足基本工作岗位、脚踏实地、兢兢业业、一丝不苟的工作作风。

2. 培养学生的安全意识，树立7S管理的理念，全心全意地为客户提供优质服务。货物的储存和养护关系到货物的质量。通过本项目的学习，使学生掌握货物储存与保养的知识与技能，根据货主企业的需求和货物的基本性质，管理好仓库里的货物，确保货物的安全和完整无缺，为货主企业提供优质服务。

▶ 思维导图

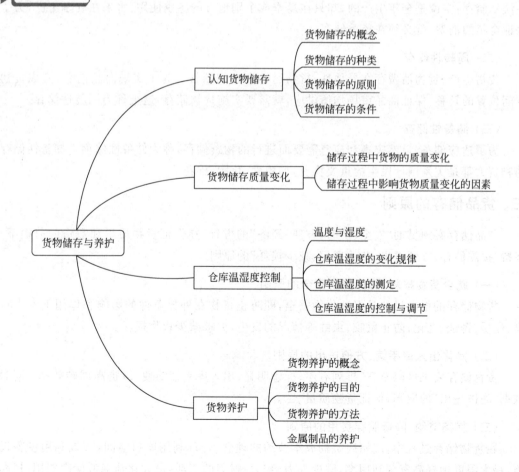

学习单元一　认知货物储存

一、货物储存的概念

货物储存是指货物在离开生产过程,但尚未进入销费过程的间隔时间内的停留,即货物在流通领域中暂时的存放。

货物储存是调节市场供求、保证市场供应、满足消费者需要的必要手段。货物在储存过程中,由于货物的成分、结构、性质存在差异,在受到外界因素影响时,会发生各种各样的变化,使货物的数量和质量受到损失。

二、货物储存的种类

按照货物储存的目的和作用,货物储存可分为季节性储存、周转性储存和储备性储存。

(一) 季节性储存

根据货物季节性生产、消费的时间差异,为实现货物的常年供应而实行的货物储存,称为季节性储存。例如,夏装和冬装均属于季节性消费货物,为了保证旺季消费的供应,必须在淡季储存;空调是全年生产的,却只在夏季或个别地方的冬季使用;水果在旺季生产,为了保证全年的消费,就必须在淡季储存。

(二) 周转性储存

货物生产、货物消费存在异地性,货物运输存在间断性。为了实现商品消费,完成货物空间位置的转移,保证商品市场均衡供应,就需要实施货物储存,这被称为周转性储存。

(三) 储备性储存

为了适应储备、自然灾害和应急需要而进行的物资储存,称为储备性储存。储备性储存的物资大都是关系国计民生的重要物资,如粮食、化肥、棉花等。

三、货品储存的原则

货品储存必须贯彻"安全、及时、方便、经济"的方针,在保证货物质量和数量的前提下,坚持"按需储存、方便进出、节约费用、减少损耗"的原则。

(一) 减少货物损耗,确保货物安全的原则

货物储存的根本目的是保证货物安全,即防止货物在外界条件的影响和作用下发生霉腐、变质、锈蚀、老化;防止鼠咬、虫蛀等情况的发生,力求减少货物损耗。

(二) 简化出入库手续、方便进出的原则

货物储存要求堆码整齐、排列有序、标志明显、出入库手续简便,以提高周转效率;同时依据"先进先出"的原则,保证货物质量。

(三) 贯彻节约、降低储存费用的原则

在货物储存过程中,应始终贯彻成本节约的理念,合理利用库房空间,有效利用设备设施,最大限度地提高资源利用率,减少人力、物力、财力的消耗,最大化地降低储存费用,提高

储存的经济效益。

四、货物储存的条件

（一）货物储存的场所——仓库

1. 仓库的概念

仓库是指保管、储存货物的建筑物和场所，如库房、货棚、货场等。现代仓库的设计，不仅仅为了储存，还更多地考虑经营上的收益。因此，现代仓库从运输周转、储存方式和建筑设试上都重视通道的合理布置，物品的分布方式和堆积的最大高度，并配置经济有效的机械化、自动化存取设施，同时借助信息化管理系统平台，以提高储存能力和工作效率。

2. 仓库的分类

（1）按照仓库的用途划分，分为自营仓库、营业仓库、公共仓库、保税仓库和储备仓库。自营仓库是指生产或流通企业为经营需要而建设的附属仓库，完全用于存储本企业的货物（原料、半成品和产成品）。营业仓库是指按照仓库业管理条例取得营业许可证，为经营储运业务而修建的仓库，它是以提供货物仓储服务和提供仓储场地服务为经营手段，以收取仓储费为盈利目的。公共仓库是国家或公共团体为了公共利益而建设的仓库，即与公共事业配套服务的仓库，如机场、港口、铁路货场等。保税仓库是指根据有关法律和进出口贸易的规定取得许可证，专门保管国外进口而暂未纳税的进出口货物的仓库，它适用于存放供来料加工、进料加工复出口的料、件；经过海关批准，可以在保税仓库内对货物进行加工、存储等作业。储备仓库是由国家设置，以保管国家的应急物资和战备物资。物资在这类仓库中储存时间一般比较长，并且储存的物资会定期更新，以保证物资的质量。

（2）按照仓库的保管条件划分，分为通用仓库和专用仓库。通用仓库是指具有常温保管、自然通风、无特殊功能的仓库，用以储存没有特殊要求的货物。专用仓库是专门用于储存某一类货物的仓库，这些物资或是某类物品数量较多，或是由于货物本身的特殊性质，或对共同储存的货物产生不良影响，如冷藏仓库、恒温仓库、危险品仓库。

（3）按照仓库的构造划分，分为单层仓库、多层仓库和立体仓库。单层仓库是指仓库建筑物是平房，结构简单，有效高度一般不超过 6m 的仓库。多层仓库是指仓库占地面积小，具有多层结构的仓库。立体仓库是指利用高层货架来储存货物的仓库。在立体仓库中，由于货架一般比较高，货物的存取需要采用与之配套的机械化、自动化设备。一般在存取设备自动化程度较高时，这类仓库即为自动化仓库。自动化立体仓库就是采用高层货架存放货物，以巷道堆垛起重机为主，结合入库与出库周边设备来进行自动化仓储作业的仓库。

（二）货物储存的区域

货物的储存区域一般包括仓库作业区、辅助作业区、行政办公区，还包括铁路专用线和库内道路。

仓库作业区是货物的主要储存区域，主要有入库区域、高位货架区、就地堆存区、分拣理货区、拣选区、出库区域。在每个区域内配备一定数量的仓库设备与设施。在该区域里，主要进行货物的入库、检验、保管、包装、分类、整理等仓库作业活动。随着物流信息化和智能化的发展，仓库的设备设施向自动化、智能化、一体化的方向发展。辅助作业主要是为仓储主营业务提供各类服务。在辅助作业区里，主要进行设备设施的维修和检查，各种物料和机械的存放等。行政办公区主要是为仓储主营业务提供管理和行政支持。行政办公区域包括各个职能部门的办公场所,以及企业人员召开会议、举办活动、对外接待的场所,是与作业区分离的。

(三) 货物储存的条件

货物储存的条件是指仓库里的设备设施条件、温湿度条件、卫生条件和安全条件等。

对于一个自动化立体仓库来说,设备设施是由自动化立体仓库系统组成的,该系统主要是由货架、传输设备、存储设备、堆垛机、控制系统、通信系统、计算机管理监控系统等部分构成。自动化立体仓库系统能够按照指令自动完成货物的存取,并能对库存货物进行自动管理,完全实现自动化作业。仓库的储存区域应该保证通风、干燥,温度和湿度要符合存储货物特性的要求,卫生整洁、无虫害,仓库的安防措施严密,库内的操作制度完备,以保证储存货物的质量。

视频:食品存储操作规范

学习单元二 货物储存质量变化

一、储存过程中货物的质量变化

货物在储存期间,由于货物本身的成分、结构和理化性质及受到日光、温度、湿度、空气、微生物等客观外界条件的影响,会发生质量变化。货物质量变化的形式很多,归纳起来主要有物理变化、化学变化、生理生化变化和生物学变化。同时,由于受储存时间和储存占用资金的影响,货物还会发生价值变化。

(一) 货物的物理变化

货物的物理变化是指货物仅改变其本身的外部形态(如气体、液体、固体"三态"之间发生的变化),在变化过程中没有新物质生成,而且可以反复进行变化的现象。货物的物理变化主要有挥发、串味、渗漏、干裂、沾污等形式。

挥发是某些液体货物和经液化的气体货物在常温下气化、蒸发的现象。气体挥发到空气中便无法回收,因此,挥发使货物的数量减少。串味是指吸附性较强的货物吸附其他气体、异味,使本来气味发生改变的现象。串味会使货物失去使用价值。渗漏是指液体货物由于包装容器密封不严、包装材料质量不合格、内装液体受热或结冰发生膨胀等原因而使包装破裂所发生的外漏现象。渗漏不仅会造成货物数量的直接损失,还会造成其他货物或储存环境被污染,使货物质量下降。干裂是在货物储存过程中,由于环境干燥引起货物失水,使货物出现干缩、开裂的现象。干裂会引起货物质量下降。沾污是指货物外表沾有其他脏物或染有其他污秽的现象。货物被沾污后,会影响其品质。沾污主要是由于生产、储运中卫生条件差及包装不严所致。总之,货物发生的这些物理变化都会造成货物的货损与货差,影响货物的储存质量。

(二) 货物的化学变化

货物的化学变化是指构成货物的物质发生变化后,不仅改变了货物的外表形态和货物的本质,并且有新物质生成,又不能恢复原状的变化现象。货物的化学变化过程即货物劣变过程,严重时会使货物失去使用价值。货物的化学变化主要有氧化、分解、锈蚀、老化等形式。

氧化是指货物与空气中的氧或其他能放出氧的物质所发生的与氧相结合的变化。货物发生氧化，不仅会降低货物的质量，有的还会在氧化过程中产生热量，发生自燃，甚至发生爆炸事故。分解是指某些性质不稳定的货物，在光、电、热、酸、碱及潮湿空气的作用下，由一种物质生成两种或两种以上物质的变化现象。货物发生分解反应后，不仅数量减少、质量降低，有的还会在反应过程中产生一定的热量和可燃气体而引起事故。锈蚀是指以金属为材料的货物与空气等发生化学反应或电化学反应而引起的货物破坏现象，又称金属腐蚀，是金属货物的主要破坏形式。老化是指某些以高分子化合物为主要成分的货物（如橡胶、塑料制品以及合成纤维织品等）在日光、高温、氧气等环境因素作用下，逐渐失去原有优良性能，以致最后丧失使用价值的化学变化。总之，货物发生的这些化学变化都会造成货物的货损与货差，影响货物的储存质量。

（三）货物的生物变化

有机体货物（有生命力商品）在生长发育过程中，为了维持其生命活动，其自身会发生一系列特有的变化。如呼吸作用、后熟作用、发芽与抽苔、胚胎发育等现象，都属于自身的生物变化。这些变化使有机物品消耗了大量的营养物质，使货物发热增湿，造成微生物的繁殖，最终导致货物霉腐变质。货物在外界有害生物的作用下还会受到破坏，如虫蛀、霉变、发酵、鼠咬等。

二、储存过程中影响货物质量变化的因素

（一）影响货物质量变化的内在因素

货物在储存过程中发生质量变化，起决定作用的是货物本身的内在因素。它不仅影响着货物的质量变化形势，也影响着质量变化速度。这些内因主要包括货物的基本性质、货物的结构。货物的物理性质、机械性质、化学性质、生物性质会引起货物发生物理变化、机械变化、化学变化和生物变化；货物的结构可以表现为外观形态和内部分子结构，在储存过程中货物的结构发生改变，会造成货物质量变化。

1．货物的基本性质

货物的物理性质、机械性质、化学性质、生物性质会引起货物发生物理变化、机械变化、化学变化和生物变化，这些变化又会引起货物质量变化。货物本身的组成成分、分子结构及其所具有的性质学性质等，决定了其在储存期发生损耗的可能程度。

2．货物的结构

货物的结构表现为外观形态和内部分子结构。货物的结构形态主要分为固态、液态和气态，结构形态的不同会引发不同形式和程度的变化。在储存过程中，如果货物的结构发生改变，则会造成货物质量变化。

（二）影响货物质量变化的外在因素

货物质量的变化，不仅是货物内部因素作用的结果，还与外部因素的影响有关。影响货物变化的外因主要包括环境因素、人为因素和储存时间。

1．环境因素

在储存过程中，货物质量会受到外部环境的影响而发生变化。外部的影响主要来自氧气、日光、温度、湿度、有害气体、仓库虫害、仓库卫生条件等。

(1) 氧气。空气中约含有21%的氧气。氧气非常活泼,能和许多货物发生反应并对货物质量变化产生很大影响。如氧气可以加速金属货物锈蚀;氧气是好气性微生物活动的必备条件,易使有机体货物发生霉腐;氧气是害虫赖以生存的基础,是仓库害虫发育的必要条件;氧气是助燃剂。

(2) 日光。日光中含有紫外线、红外线等,对货物起着正反两方面的作用。一方面,日光能够加速受潮货物的水分蒸发,杀死杀伤微生物和货物害虫,在一定程度上有利于对货物的保护;另一方面,某些货物在日光的直接照射下,又会发生质量变化。

(3) 温度。温度是影响货物质量变化的重要因素。一般来说,货物在常温下比较稳定,过低或过高的温度会促使货物发生各种物理、化学、生物变化,影响货物的质量。温度忽高忽低,会影响货物质量的稳定性。

(4) 湿度。环境湿度的改变能引起货物的含水量、化学成分、外形结构发生变化。湿度下降,将使货物因放出水分而降低含水量,减轻重量;湿度增高,货物含水量和重量会相应增加;湿度适宜,则可保持货物的正常含水量、外形或体态结构和重量。

(5) 有害气体。大气中的有害气体有二氧化碳、二氧化硫、硫化氢等,这些都会对货物造成不良影响。货物储存在有害气体浓度大的空气中,其质量变化明显。如二氧化硫气体,溶于水能生成亚硫酸,当该气体遇到含水量较大的货物时,能强烈地腐蚀货物的有机物。在金属电化学腐蚀中,二氧化硫是构成腐蚀的重要介质之一,因此,金属货物必须远离二氧化硫发源地。

(6) 仓库害虫。害虫不仅蛀食动植物性的货物和包装,有些害虫还能危害塑料、化纤等化工合成货物。害虫在危害货物过程中,不仅破坏货物的组织结构,使货物发生破碎和孔洞,外观形态受损,影响货物的质量和外观。

(7) 仓库卫生条件。仓库卫生条件不良,不仅使灰尘、油垢、垃圾、腥臭气味等污染货物,不仅会造成外观疵点和沾染异味,而且还为微生物、仓库害虫等创造了活动场所。

2. 人为因素

人为因素是指作业人员未按有关规定和货物要求进行合理作业,而使货物受到损失的情况。这些情况主要有货物保管场所选择不合理、货物包装不合理、货物装卸搬运不合理、货物堆码苫垫不合理、违章作业等。

3. 储存时间

货物在仓库滞留时间越长,受各种因素影响而发生质量变化的可能性就越大,造成货损货差的程度越深。

学习单元三 仓库温湿度控制

货物在储存期间的质量变化与货物储存环境密切相关。在货物储存环境的诸因素中,仓库的温、湿度最为重要。因此,保持稳定的温度和适宜的湿度是维护货物质量的重要措施之一。

一、温度与湿度

(一) 温度

1. 温度的概念

空气温度是指空气的冷热程度,简称气温。仓库温度也叫仓温,是指仓库空间的温度。

大气中的热量,以传导、对流和辐射形式通过库顶、墙壁、门、窗,影响着库内温度。

2. 温度的衡量

衡量温度高低的尺度称为温标,常用的温标有摄氏温标和华氏温标两种。

(1) 摄氏温标(℃)。摄氏温标是世界上普遍使用的温标。摄氏温标的规定:在标准大气压下,以水的冰点为0摄氏度,沸点为100摄氏度,摄氏温度用℃表示。

(2) 华氏温标(℉)。华氏温标的规定:在标准大气压下,以水的冰点为32华氏度,沸点为212华氏度,至今只有美国等少数国家仍在使用,华氏温度用℉表示。

(3) 摄氏温度、华氏温度之间的换算关系。摄氏温度与华氏温度的换算关系如下。

$$摄氏温度 = \frac{(华氏温度 - 32) \times 5}{9}$$

$$华氏温度 = \frac{摄氏温度 \times 9}{5} + 32$$

(二) 湿度

1. 湿度的概念

空气湿度是指空气中水汽量的多少或空气中的干湿程度。空气中水汽含量的变化主要是受空气温度变化的影响。

2. 湿度的衡量

空气湿度主要用绝对湿度、饱和湿度、相对湿度和露点来衡量。

(1) 绝对湿度。绝对湿度是指一定温度下,单位体积空气中所能容纳的水汽的实际含量,通常以$1m^3$空气内所含有的水蒸气的克数来表示。温度对绝对湿度有直接影响,在通常情况下,温度越高,水分蒸发越快,绝对湿度越大,反之,温度越低,绝对湿度越低。

(2) 饱和湿度。饱和湿度是指在某一温度下,单位体积空气中所能容纳的水汽量的最大限度。如果超过这个限度,多余的水蒸气就会凝结,变成水滴。饱和湿度随温度的变化而变化,温度越高,单位体积空气中能容纳的水蒸气量就越多,饱和湿度也就越大,反之,温度越低,饱和湿度也就越小。

(3) 相对湿度。相对湿度是指在一定温度下,空气的绝对湿度与饱和湿度的百分比。其公式为

$$相对湿度 = \frac{绝对湿度}{饱和湿度} \times 100\%$$

相对湿度表示了空气中实际含水量距离达到饱和状态的程度,说明大气或仓间空气干湿度的大小。相对湿度与温度的高低密切相关。在绝对湿度不变的情况下,温度越高,饱和湿度越大,则相对湿度越小;反之,温度越低,饱和湿度越小,则相对湿度越大。相对湿度的大小对货物质量的影响很大。库中温湿度管理,主要是指相对湿度的控制与调节。

(4) 露点。露点是指含有一定水汽量的空气,在压力和水汽量不变的情况下,冷却到饱和湿度时的温度。如果温度继续下降到露点以下,空气中超过饱和的水蒸气,就会在货物或其包装物表面凝结成水滴,此现象称为"水淞"。

二、仓库温湿度的变化规律

(一) 仓库温度的变化规律

仓库温度受到大气温度的影响,但也表现出特殊性。

气温的变化规律：大气热量主要来源于太阳辐射，由于地球的自转和公转，对于同一地区太阳照射的高度角随昼夜和季节不同而变化，使气温有日变化和年变化的规律性。气温的日变化在一个昼夜中，由一个最高值和一个最低值交替出现。

仓库温度一般随大气温度的变化而变化，在总体上表现出"滞后性"和"复杂性"。一般，夜间库温高于气温，白天库温低于气温，库温变化比气温滞后一到两个小时。

仓库温度的变化还与仓库的结构材料、结构厚度、外表色泽、外表面积、方向、层数、密封程度等因素有关，表现出复杂性。此外，库房的内部结构、货物堆放与存储方式等，也在不同程度上影响着仓库的温度变化。

（二）仓库湿度的变化规律

空气湿度与空气温度有关，空气湿度变化是随着空气温度的变化而变化的。空气相对湿度的日变化与空气温度的日变化相反。通常情况下，在一天当中，气温最低时，相对湿度最高；气温最高时，相对湿度最低。

库内相对湿度变化是随着大气温度的变化而变化的，相对湿度的日变化时间大于库外，幅度也较小，库内相对湿度还因库房的密封条件、方向、结构、管理方式的不同而不同。库房或货垛的高低不同，相对湿度也不同。一般地，上部温度高，则相对湿度低；底部温度低，则相对湿度大；此外，向阳面的温度稍高，相对湿度稍低，背阴面则相反；空气不流通的墙角、垛下，其相对湿度较大。

三、仓库温湿度的测定

测定空气温湿度时，通常使用干湿球温度表。在库外设置干湿表时，为了避免阳光、雨水、灰尘的侵袭，应将干湿表放在百叶箱内。百叶箱中温度表的球部离地面高度为2m，百叶箱的门应朝北安放，以防观察时受阳光直接照射。箱内应保持清洁，不放杂物，以免造成空气不流通。在库内，干湿表应安置在空气流通、不受阳光照射的仓库墙上，挂置的高度与人眼齐平，约1.5m。每日必须定时对库房内的温湿度进行观测记录，一般在上午8点至10点，下午2点至4点各观测一次。记录资料要妥善保存，定期分析，寻找规律。

四、仓库温湿度的控制与调节

各种货物按其内在特性，有其对应的温湿度范围要求。在这个温湿度范围内贮存货物，就可以使货物质量不发生或少发生变化，达到安全保管的目的。如果仓库的温湿度经常或长期超过这个范围，就会引起或加速货物的质量变化，从而降低货物的使用价值，甚至导致货物完全失去使用价值。例如，库内湿度过大，就会引起纺织品、服装、鞋帽等霉变，金属制品生锈，硅酸盐制品风化等现象；库内湿度过小，又会使肥皂干缩、皮革与竹制品干裂等，从而影响到货物质量。

为了创造适宜货物贮存的环境，应采取各种措施来控制仓库内温湿度的变化，对不适宜的温湿度及时进行调节。并防止库外气候对库内的不利影响。控制和调节仓库温湿度的方法很多，最常用的方法有密封、通风、吸潮等。

（一）密封

密封是指将货物严密封闭，减少外界因素对货物的不良影响，切断感染途径，以达到安全储存的目的。

密封是温湿度管理的基础,它是利用一些不透气、能隔热、隔潮的材料,把货物严密地封闭起来,以隔绝空气,降低或减少空气温湿度变化对货物的影响。它要求封前要检查货物的含水量、温度、湿度,选择绝热防潮材料(沥青纸、塑料薄膜、芦席等),确定密封时间,封后加强管理。密封的形式很多,主要有整库密封、整垛密封、整柜密封、整件密封。密封是进行通风、吸湿等方法的有效保证。

为了确保密封的效果,选择合适的密封材料是关键。通常,密封材料的选择标准:导热系数小;气密性好;吸湿性小;具有一定结构和良好的抗压强度,足以支撑自身重量;体积小;无毒无味,不产生污染;不易燃烧或燃烧后不产生有害气体;价格低廉。

(二) 通风

通风是指利用库内外空气对流,达到调节库内温湿度的目的。通风既能起到降温、降潮和升温的作用,又可排除库内的污浊空气,使库内空气适宜于储存货物的要求。

通风有自然通风和机械通风。自然通风是指打开库房门窗和通风口,让库内外空气自然交换,既可以降温、驱潮,也可以升温、增潮,还可以排除库内污浊空气。库内温度较高时,可在天晴的凌晨或夜晚通风;库内湿度较高时,可用通风散潮,一般在上午通风,但要注意此时库外湿度要低于库内湿度。机械通风是用鼓风机、电扇等送风或排风,加速空气交换,以达到降温散潮的目的。另外,为了提高工作效率,也可将自然通风和机械通风配合使用。

(三) 吸潮

吸潮是指利用吸湿剂减少库房的水分,以降低库内湿度的一种方法。尤其在梅雨季或阴雨天时,当库内湿度过大,不宜通风散潮,但为保持库内干燥,则可以放置吸湿剂吸湿。常用的吸湿剂有生石灰、氯化钙、氯化锂、硅胶、木灰、炉灰等。生石灰、氯化钙,吸湿性较强,价格便宜,使用时用木箱盛装,放于库房墙根四周;对一些怕潮货物,还要将生石灰放在堆垛边。木炭和炉灰也有一定的吸湿性,木炭使用时参照生石灰的使用方法,炉灰铺在墙根或堆垛下,可在炉灰上面盖一层薄席,与货物隔离开来。氯化钙和硅胶,吸湿能力强,但价格较高,一般只用于较贵重货物的吸湿。

此外,还可以采用去湿机排潮。空气去湿机是目前常用的去湿机械,适用于仓库湿度相对过高而采用的紧急措施。其去湿原理,是通过去湿机使库内湿空气降到露点以下,使空气中过饱和水汽凝结成水,集中排出库外,以达到去湿的目的。

学习单元四 货 物 养 护

一、货物养护的概念

货物养护是指在储存过程中对货物所进行的保养和维护。从广义上说,货物从离开生产领域而未进入消费领域这段时间里的保养与维护工作,都称为货物养护。

货物养护的基本任务是面向库存货物,根据库存数量、发生质量变化速度、危害程度、季节变化,按轻重缓急分别研究制定相应的技术措施,使货物质量不变,以求最大限度地避免和减少货物损失,降低保管损耗。

二、货物养护的目的

货物养护的目的,在于维护货物的质量,保护货物的使用价值。随着我国物流业的蓬勃发展,仓库储存货物的数量将不断增加,品种将向多样化发展;而且,随着科学技术的发展和科技水平的提高,又使新工艺、新材料不断涌现,这对货物养护工作提出了新的要求。因此,要搞好货物养护工作,就要不断地学习、了解各种新产品、新材料的性质,并采取新的养护技术与方法,推动货物养护科学化的进程,保证货物安全储存。

三、货物养护的方法

货物在储存过程中可能会发生各种质量变化,其根本原因在于货物本身的组成成分和性质。但货物质量的变化是通过仓库内外一定的环境因素作用而发生的。所以,在货物的养护和管理工作中,必须贯彻"预防为主"的养护方针,采取有效的管理措施,把能够影响货物质量的外界因素,尽可能地排除或控制在影响最小的程度。对已经出现质量劣变的货物,要尽早发现,及时采取补救措施。

为了保护货物的质量,避免在货物储存过程中造成货物损失和损耗,应采取有效的技术和方法对货物进行积极的养护。

(一) 防霉腐的方法

由于货物本身的成分和组织结构特点,决定了有些货物在适宜的外界条件下,易因受霉腐微生物的污染而出现霉腐现象。一般来说,含糖、蛋白质、脂肪等营养物质的货物,如养护不当最易霉腐。防霉腐常用以下三种方法。

1. 药剂防霉腐

药剂防霉腐是利用化学药剂,使霉腐微生物的细胞和新陈代谢活动受到破坏或抑制,进而达到杀菌或抑菌、防止货物霉腐的目的。低浓度的防霉剂能抑制霉腐微生物,高浓度的防霉剂会使其死亡。

2. 低温防霉腐

微生物的生长繁殖有一定的温度范围,超过这个范围其生长会停止或死亡。霉腐微生物大多是中温性微生物,其最适宜的生长温度为 20~30℃,在 10℃ 以下不易生长,在 45℃ 以上停止生长。低温对霉腐微生物生命活动有抑制作用,能使其休眠或死亡。故用低温控制霉腐微生物生长是一种很有效的方法。按照低温程度的不同,防霉腐方法可分为冷藏法和冷冻法两种。冷藏法是使储藏温度控制在 0~10℃ 的低温防霉腐方法。在此低温下,大多数霉腐微生物难以繁殖。冷藏法适宜储存不耐结冰的货物,如含水量高的生鲜食品,但此法储存不宜过长。冷冻法是使储存温度控制在 -18℃ 的低温防霉腐方法。

3. 干燥防霉腐

干燥防霉腐是通过各种干燥措施,降低货物的含水量,使其水分含量在安全储存之下,抑制霉腐微生物的生命活动。多数霉菌生长的最低相对湿度为 80%~90%。在相对湿度低于 75% 的条件下,多数霉菌不能正常发育。因而,通常把 75% 这个相对湿度称为货物霉变的临界湿度。按脱水手段不同,又分为自然干燥法和人工干燥法。自然干燥法是利用阳光、风等自然因素,对货物进行日晒、风吹、阴凉脱水的干燥方法;人工干燥法是利用热风、远红外线、微波、真空等手段使货物干燥的方法。

（二）防治害虫的方法

对于货物储存过程中的害虫防治工作,要立足预防,采取严格货物入库和在库检查,以杜绝虫源,同时保持库内和库周围的清洁卫生,认真消毒,在易遭虫蛀货物的包装或货垛内投放驱虫剂,以防害虫的滋生。此外,要加强防治结合,采取积极的治理技术和方法,消灭仓库害虫,以防止害虫的繁殖发展。在防治害虫的过程中,常采用化学、物理、生物等方法,直接杀灭害虫或使其不育。

（三）防锈蚀的方法

为了防止金属与周围介质发生化学作用或电化学作用,使金属免遭破坏,一般采用改善仓储条件,涂油防锈、可剥性塑料封存及干燥空气等方法来防锈。

（四）防老化的方法

诸如塑料、橡胶、纤维等高分子材料的货物,在储存和使用中其性能逐渐被破坏,直至最后丧失使用价值,这种现象称为"老化"。老化是一种不可逆的变化,它的特征是货物外观、物理性能、力学性能、电性能等方面发生变化。引起货物老化的原因既有内在因素,也有外部因素,故而防老化方法要结合这两方面因素考虑;一方面从引起货物老化的内在因素着手,在生产中采用改进聚合和成型加工工艺或改性的方法,提高货物本身的稳定性;另一方面从引起货物老化的外部因素着手,控制储存过程中引起老化的原因。

四、金属制品的养护

（一）金属锈蚀的概念

金属或合金由于和周围所接触气体或液体进行化学反应而发生损耗的过程,称为金属锈蚀。

根据锈蚀过程的不同,金属锈蚀可分为化学锈蚀和电化学锈蚀两大类。其中,化学锈蚀是金属与环境介质直接发生化学作用而产生的损坏,在锈蚀过程中没有电流的生成。电化学锈蚀是金属在介质中由于发生电化学作用而引起的损坏,在锈蚀过程中有电流的产生。

按破坏的形态不同,金属锈蚀可分为全面锈蚀和局部锈蚀。全面锈蚀分布在整个金属表面上,它可以是各处锈蚀程度相同的均匀锈蚀,也可以是锈蚀程度不同的非均匀锈蚀;局部锈蚀主要集中在金属表面的某一个区域。金属发生局部锈蚀时,局部快速破坏,使设备报废或爆炸,因此局部锈蚀比全面锈蚀造成的危害更大。局部锈蚀有孔蚀、缝隙锈蚀、晶间锈蚀、应力锈蚀破坏等多种形态。

另外,按锈蚀的环境不同,金属锈蚀还可分为大气锈蚀、土壤锈蚀、海水锈蚀、酸碱盐锈蚀等。

（二）金属制品锈蚀的原因

影响金属制品锈蚀的因素有很多,除了金属的性质、结构外,还有许多外部因素。正确掌握导致金属制品锈蚀的因素,对做好防锈工作具有重要的意义。

1. 造成金属制品锈蚀的内因

造成金属制品锈蚀的内在因素主要是:金属的成分、结构、表面状态、应力的存在以及分布情况等。因此,金属制品的养护工作,需要深入了解其生产情况、工艺流程等,针对不同制品,采取相应的养护措施,这样才能真正地维护金属制品的质量。

2. 影响金属制品锈蚀的外因

金属制品的锈蚀,还与空气的相对湿度、温度、腐蚀性气体、尘埃及货物包装等因素有关。

空气的相对湿度通常被认为是造成金属制品锈蚀的最重要因素,它直接关系到金属表面水膜的形成和保持时间的长短。空气相对湿度越高,金属表面越容易形成电解液膜,金属就越容易出现锈蚀;反之,空气的相对湿度越低,金属就难以形成水膜,而不易出现锈蚀。储存金属制品的库房,如果能控制在某一相对湿度水平,就能抑制和减缓金属锈蚀,这一相对湿度界限通常被称为金属的临界相对湿度。在干燥的空气中,金属不易生锈,如果库内的相对湿度超过某种金属的临界相对湿度,那么金属制品容易发生锈蚀。在正常情况下,一般金属的临界相对湿度为 60%～80%。只要将库内相对湿度控制在金属制品锈蚀的临界相对湿度以下,即可有效地防止金属制品锈蚀的发生,即使金属制品表面已经出现轻微锈蚀,也能延缓其继续发展。

空气温度也是导致金属制品出现锈蚀的主要外部因素。它影响着大气中水汽在金属表面上形成的水膜以及水膜中有害气体和盐类物质的溶解度。气温的变化对金属锈蚀的影响很大。随着气温的升高,金属制品在大气中的锈蚀速度会加快。在大陆性气候地区,多是白天炎热,白天空气中的相对湿度虽然低,但绝对湿度却相当高。当晚间气温急剧下降时,空气中的相对湿度大大提高。这时,水汽便容易在金属表面凝聚,形成水膜,为金属的锈蚀提供必要的条件。因此,在金属制品储存养护中,应特别注意库温的变化。金属制品在储存、运输等过程中,往往会因温差而出现"水淞"现象。在气温日变化幅度较大的地区,晚上和清晨常会有露水出现,这对露天存放的金属制品是一种严重的威胁。因此,必须采取养护措施,以延缓或防止这些金属制品出现锈蚀。

在受工业污染的混杂成分中,二氧化硫对金属制品的锈蚀危害最大。清洁的空气和干净的金属表面接触时,其临界相对湿度接近于 100%。如果空气中有了万分之一的二氧化硫,其临界相对湿度就可能下降到 70%。除了二氧化硫,还有硫化氢、氨、氯气、氯化氢等腐蚀性气体存在,这些气体都会不同程度地使得金属制品快速锈蚀。

此外,包装条件对金属制品的锈蚀也有一定的影响。包装材料的不洁净或破损,如玷污了油渍及酸、碱、盐化学物质后,再用来包装金属制品,就容易造成污染,从而加速金属制品的锈蚀。

(三) 金属制品锈蚀的防护方法

金属制品因锈蚀而造成的损失远远超过所用材料的价值。为了减轻因金属锈蚀带来的损失,应选择良好的储存环境,这是金属制品养护的最基本措施。用于储存金属制品的仓库,应门窗严密,方便通风干燥,便于调节库内温湿度,防止出现较大温差,相对湿度应不超过 70%。在仓库内,金属制品严禁与化工商品或含水量较高的货物共同储存,以免相互影响,引起锈蚀。

除了要做到日常养护外,在仓储过程中还可以使用多种方法防止金属制品的锈蚀。

1. 涂油防锈

涂油防锈是金属制品在储存中常用的一种简便有效的防锈方法,即在金属表面涂刷一层油脂薄膜,使商品在一定程度上与外界环境隔离开来,从而防止或减弱金属制品生锈。涂油防锈法简便易行,效果较好,但随着时间的推移,也会产生由于防锈油逐渐消耗或变质而使金属制品生锈的现象。所以,用涂油法防护金属制品生锈的时候,要经常检查,发现问题时及时采取新的防护措施,以免造成损失。涂油防锈时,一般按垛、按包装或按件进行涂油密封。涂油前,必须清除金属表面的灰尘污垢,涂油后要及时包装封存。常用的防锈油脂有防锈油、凡士林、黄蜡油、机械油、仪器油等。为了提高防锈油的耐热性能、油脂强度及对金属制品表面的附着力,还可添加一些蜡、松香和缓蚀剂等。

2. 气相防锈

气相防锈是利用挥发性缓蚀剂在金属制品周围挥发出缓蚀气体,以阻隔腐蚀介质对金属制品的腐蚀,达到防锈的目的。这种方法具有使用方便、包装干净、封存期长、使用范围广的特点,适用于结构复杂且不易为其他防锈涂层所保护的金属制品防锈。常用的气相防锈剂有亚硝酸二环己胺、肉桂酸二环己胺、肉桂酸、福尔马林等;使用方法有气相防锈纸防锈、粉末法气相防锈、溶液法气相防锈三种。

3. 可剥性塑料封存防锈

用高分子合成树脂为基础原料,加入矿物油、增塑剂、缓蚀剂、稳定剂以及防腐剂等,加热溶解后,制成塑料液体。将这种塑料液体喷涂于金属制品表面后,形成一层特殊的可以剥脱的塑料薄膜,像给金属制品穿上一件密不透风的外衣,可以有效阻隔腐蚀性介质对金属制品的腐蚀,达到防锈的目的。按组成和性质的不同,可剥性塑料可分为热熔型和溶剂型两类。在可剥性塑料当中,常用的树脂有乙基纤维素、醋酸丁酸纤维素、聚氯乙烯树脂、过氧乙烯树脂和改性酚醛树脂等。

7S 管理内容及要求

7S 管理起源于日本,是指在生产现场对人员、机器、材料、方法、信息等生产要素进行有效管理,7S 管理是由整理(Seiri)、整顿(Seiton)、清扫(Seiso)、清洁(Seiketsu)、素养(Shitsuke)、安全(Safety)、节约(Saving)7 个要素构成。7S 的具体含义和实施重点如下。

(1) 整理:区分要用与不要用的物资,把不要的物资清理掉。

(2) 整顿:将要用的物资依规定定位、定量,摆放整齐,标明清楚,以便识别。

(3) 清扫:清除现场内的脏污、垃圾、杂物,并防止污染的发生。

(4) 清洁:使整理、整顿、清扫工作成为一种惯例和制度,是标准化的基础。

(5) 素养:人人依规定行事,养成好习惯。

(6) 安全:人人都为自身的一言一行负责的态度,杜绝一切不良隐患。

(7) 节约:对时间、空间、原料等合理利用,以企业主人的心态发挥它们的最大效能。

7S 管理的具体内容如下。

1. 整理

整理是将要与不要的东西彻底区分清楚,并将不要的东西加以处理,它是改善生产现场的第一步。

整理的目的是:改善和增加作业面积;现场无杂物,行道通畅,提高工作效率;消除管理上的混放、混料等差错事故,防止误用等。整理有利于减少库存、节约资金。

2. 整顿

整顿是把经过整理出来的需要的人、事、物加以定量、定位,简而言之,整顿就是人和物放置方法的标准化。整顿的关键是要做到定位、定品、定量。

整顿活动的目的是使工作场所整洁明了,一目了然,减少取放物品的时间,提高工作效率,保持井井有条的工作秩序区。

3. 清扫

清扫就是彻底地将自己的工作环境打扫干净,设备异常时马上维修,使之恢复正常。清扫活动的重点是必须按照决定的清扫对象、清扫人员、清扫方法,准备清扫器具,实施清扫。

实施清扫活动时应遵循下列原则:自己使用的物品,如设备、工具等,要自己清扫而不要依赖他人,不增加专门的清扫工;对设备的清扫,着眼于对设备的维护保养,设备清扫要同设备的点检和保养结合起来;清扫是为了改善,当清扫过程中发现有油水泄露等异常状况时,必须查明原因,并采取措施加以改进。

清扫的目的是使员工保持一个良好的工作情绪,并保证稳定产品的品质,最终达到企业生产零故障和零损耗的目标。

4. 清洁

清洁是指对整理、整顿、清扫之后的工作成果予以认真维护,使现场保持完美和最佳状态。清洁是对前3项活动的坚持和深入。

实施清洁活动时,需要秉持3个观念:只有在清洁的工作场所中,才能产生高效率,制造高品质的产品;清洁是一种用心的行为,千万不要只在表面下功夫;清洁是一种随时随地的工作,而不是上下班前后的工作。

清洁的要点原则是:坚持"3不要"的原则,即不要放置不用的东西,不要弄乱,不要弄脏;不仅物品需要清洁,现场工人同样需要清洁;工人不仅要做到形体上的清洁,而且要做到精神的清洁。

清洁活动的目的是:使整理、整顿和清扫工作成为一种惯例和制度。清洁活动是标准化的基础,也是一个企业形成企业文化的开始。

5. 素养

素养即教养,努力提高人员的素养,养成严格遵守规章制度的习惯和作风,这是7S活动的核心。没有人员素质的提高,各项活动就不可能顺利开展,即使开展了也不能长期坚持。所以,7S管理始终着眼于提高人的素质。

实施素养管理的目的是通过素养让员工成为一个遵守规章制度,并具有良好工作素养习惯的人。

6. 安全

安全就是要维护人身与财产不受侵害,以创造一个零故障、无意外事故发生的工作场所。

实施安全管理的要点是:不要因小失大,应建立健全各项安全管理制度;对操作人员的操作技能进行训练;勿以善小而不为,勿以恶小而为之,全员参与,排除隐患,重视预防。

实施安全管理的目的是保障员工的人身安全,保证生产的连续安全正常的进行,同时减少因安全事故而带来的经济损失。

7. 节约

节约就是对时间、空间、能源等方面合理利用,以发挥资源最大效能,从而创造一个高效率的、物尽其用的工作场所。

实施节约管理时,应该秉持3个观念:能用的东西尽可能利用;以自己就是主人的心态对待企业的资源;切勿随意丢弃,丢弃前要思考其剩余的使用价值。

节约是对整理工作的补充和指导,在企业中秉持勤俭节约的原则,对时间、空间、能源等方面进行合理利用,发挥它们的最大效能,从而创造一个高效率的、物尽其用的工作场所。

 前沿视角

无人仓技术

无人仓是一个包含多个子系统的复杂工程,需要各参与方密切配合、高效协同,实现物流系统的有机集成和逐步优化。随着机器人、自动化设备技术的提升,大数据技术、人工智能和运筹学相关算法的应用,在需求、技术、资本的多方促进下,我国无人仓技术发展迅速,应用逐步落地,未来市场前景广阔。

春秋时期的管仲曾提出"积于不涸之仓,藏于不竭之府",当时,老百姓的需求是吃饱,仓库的主要功能是存储。而到了电商迅速发展的今天,分拣、流通加工、包装等更多的仓库功能被挖掘出来,随着机器人、自动化、信息系统等技术全方位的创新与提升,更使仓储作业变得更流程化、专业化和精细化,使各类智能设备更便捷地投入到各作业环节中,仓库里需要的工作人员越来越少。

所谓无人仓,不是为了"无人"而不要人,而是上述需求功能被实现后,设备的作业效率大大超越了人所能达到的效率,不必再用人了。可以说,随着机器人、自动化设备的技术提升,大数据技术、人工智能和运筹学相关算法的应用,在需求、技术、资本的多方促进下,我国无人仓技术提升迅速,应用也在逐步落地。

1. 无人仓核心技术及主要实现形式

1)无人仓主要构成及核心技术

无人仓的目标是实现入库、存储、拣选、出库等仓库作业流程的无人化操作。这就需要具备自主识别货物、追踪货物流动、自主指挥设备执行生产任务、无须人工干预等条件;此外还要有一个"智慧大脑",针对无数传感器感知的海量数据进行分析,精准预测未来的情况,自主决策后协调智能设备的运转,根据任务执行反馈的信息及时调整策略,形成对作业的闭环控制,即具备智能感知、实时分析、精准预测、自主决策、自动控制、自主学习的特征。

无人仓的构成包括硬件与软件两大部分。

(1)硬件:对应存储、搬运、拣选、包装等环节有各类自动化物流设备。其中,存储设备的典型代表是自动化立体库;搬运设备的典型代表是输送线、AGV、穿梭车、类kiva机器人、无人叉车等;拣选设备的典型代表是机械臂、分拣机(不算自动化设备)等;包装设备的典型代表是自动称重复核机、自动包装机、自动贴标机等。

(2)软件:主要有仓库管理系统WMS和仓库控制系统WCS。

① WMS——时刻协调存储、调拨货物、拣选、包装等各个业务环节,根据不同仓库节点

的业务繁忙程度，动态调整业务的波次和业务执行顺序，并把需要做的动作指令发送给WCS，使得整个仓库高效运行；此外，WMS记录着货物出入库的所有信息流、数据流，知晓货物的位置和状态，确保库存准确。

② WCS——接收WMS的指令，调度仓库设备完成业务动作。WCS需要支持灵活对接仓库各种类型、各种厂家的设备，并能够计算出最优执行动作，例如，计算机器人的最短行驶路径、均衡设备动作流量等，以此来支持仓库设备的高效运行。WCS的另一个功能是时刻对现场设备的运行状态进行监控，出现问题时立即报警，提示维护人员。

此外，支撑WMS、WCS进行决策，让自动化设备有条不紊地运转，代替人进行各类操作（行走、抓放货物等）的是智慧大脑。智慧大脑运用人工智能、大数据、运筹学等相关算法和技术，实现作业流、数据流和控制流的协同。智慧大脑既是数据中心，也是监控中心、决策中心和控制中心，从整体上对全局进行调配和统筹安排，实现设备的运行效率最大化，充分发挥设备的集群效应。

总之，无人仓是在整合仓库业务、设备选型定制化、软件系统定制化的前提下，实现了仓库作业无人化的结果。从理论上来说，仓库内的每个业务动作都可以用机器替代人，关键是要把所有不同业务节点的设备予以连通，形成一套完整高效的无人仓解决方案。

2）无人仓的主要实现形式

无人仓虽然代表了物流技术的发展趋势，但要真正实现仓储作业全流程的无人化却并不容易。从仓储作业环节来看，当前无人仓的主要实现形式如下。

（1）自动化存储：卸货机械臂抓取货物后，将其投送到输送线，货物将被自动输送到机械臂码垛位置，待自动码垛后，系统再调度无人叉车将其送至立体库入口，由堆垛机储存到立体库中。需要补货到拣选区域时，系统调度堆垛机从立体库取出货物，送到出库口，再由无人叉车搬运货物到拣选区域。

（2）类Kiva机器人拣选：类Kiva机器人方案完全减去了补货、拣货过程中的员工行走动作，由机器人搬运货物到指定位置，作业人员只需要在补货、拣选工作站根据电子标签灯光显示屏的指示完成动作即可，省人力、效率高、出错少。类Kiva机器人方案分"订单到人"和"货到人"两种模式。图5-1所示为货到人拣选。

图5-1 货到人拣选

(3) 输送线自动拣选：货物在投箱口被自动贴条码标签后，对接输送线投放口，由输送线调度货物到拣选工作站，可通过机械臂完全无人化拣选，或者由人工根据电子标签灯光显示屏进行拣货。

(4) 自动复核包装分拨：拣选完成的订单箱子被输送到自动包装台，通过重量＋X光射线等方式进行复核。复核成功后，由自动封箱机、自动贴标机进行封箱、贴面单，然后将订单箱子输送到分拣机，自动分拨到相应道口。

2. 无人仓主要应用领域

随着各类自动化物流设备的快速普及，机器代人的成本越来越低，各行各业对于无人仓的需求越来越强烈。尤其是具备如下几个特征的行业，对无人仓的需求更加突出。

(1) 劳动密集型且生产波动比较明显的行业，如电商仓储物流。这类行业对物流的时效性要求不断提高，受限于企业用工成本的上升，尤其是临时用工的难度加大。如采用无人技术，则能够有效提高作业效率，降低企业整体成本。

(2) 劳动强度比较大或劳动环境恶劣的行业，如港口物流、化工企业，通过引入无人技术能够有效降低操作风险，提高作业安全性。

(3) 物流用地成本相对较高的企业，如城市中心地带的快消品批发中心。这类企业如采用密集型自动存储技术，能够有效提高土地利用率，降低仓储成本。

(4) 作业流程标准化程度较高的行业，如烟草、汽配行业。标准化的产品更易于衔接标准化的仓储作业流程，实现自动化作业。

(5) 对于管理精细化要求比较高的行业，如医药行业、精密仪器，可以通过软件＋硬件的严格管控，实现更加精准的库存管理。

职业指导

企业需求

随着现代物流业的发展，作为物流企业人员，要具有丰富的货物知识，熟悉所管理的货物，掌握其理化性质和保管要求，能根据货物的特点有针对性地采取管理措施；了解和掌握仓储管理的相关技术和知识，并能熟练运用现代信息技术；能合理和高效地安排和使用仓储设备，保证将货物安全地送达目的地。

实际应用

从企业管理的角度，本学习项目所涉及的"货物的储存和养护"具有较强的应用价值。不同货物具有不同的物理、机械、化学和生物性质，企业要根据货物的基本性质，分区分类地储存货物；根据货物质量变化的影响因素，合理控制温湿度，避免货物因外界因素的影响而出现货损；运用合理的养护技术，保证货物在储存和运输过程中安全无损。

职业技能

学生通过本学习项目学习，能够掌握以下技能，以满足企业（职业）岗位需求。
- 能够分析货物储存质量发生变化的原因；
- 能够正确使用温湿度计等设备，并通过措施控制库房温湿度；
- 能够合理地利用养护技术进行部分货物的养护。

同步测试

一、选择题

1. 商品的老化属于( )。
   A. 物理机械变化　　B. 化学变化　　C. 生理生化变化　　D. 生物学变化
2. 商品发生霉变的临界湿度为( )。
   A. 55%　　B. 65%　　C. 75%　　D. 85%
3. 气温为25℃,则华氏温度为( )。
   A. 32℉　　B. 50℉　　C. 77℉　　D. 86℉
4. ( )是指某些熔点较低的固体货物在温度较高时发软变形甚至熔融为液体的现象。
   A. 溶化　　B. 挥发　　C. 破碎　　D. 串味
5. ( )是通过药剂挥发出的气体渗透到货物中,杀死霉菌或抑制其生长繁殖的方法。
   A. 气相防霉腐法　　B. 干燥防霉腐法　　C. 辐射防霉腐法　　D. 涂油防锈
6. 空气的饱和湿度随气温的升高而( )。
   A. 降低　　B. 不变　　C. 增大　　D. 视情况而定
7. 空气的干湿程度一般用( )来表示。
   A. 绝对湿度　　B. 饱和湿度　　C. 相对湿度　　D. 湿度
8. ( )指流通企业为维持正常经营而进行的储存。
   A. 季节性储存　　B. 周转性储存　　C. 储备性储存　　D. 国家储存
9. 货物储存坚持"( )、方便进出、节约费用、减少损耗"的原则。
   A. 按堆码极限储存　　B. 按需储存
   C. 按生产总量储存　　D. 按库存大小储存
10. 实行( )保管主要目的是使不同性质的货物分别在不同保管条件下的仓库或货场,以便在储存过程中有针对性地进行保管和养护。
    A. 按客户需求　　B. 按货物重量
    C. 按货物入库时间　　D. 分区分类定位

二、简单题

1. 简述货物储存的种类。
2. 货物储运过程中常见的质量变化有哪些?
3. 影响货物质量变化的因素主要有哪些?
4. 简述绝对湿度、饱和湿度和相对湿度的区别和联系。
5. 简述仓库温湿度控制的主要方法。

三、案例分析题

1. 事故经过

   某年7月,湖北省某市工业区附近的一家化工原料仓库突然一声闷响,随后黑烟滚滚,瞬间火焰冲天。消防部门人员及时赶到现场,组织扑救,但由于不明着火原因,习惯性用水扑救后,反而使火势越来越大。抢救人员立即停止用水扑救,采取其他办法灭火,经过24h

备战,火势终于被控制扑灭。爆炸当天,该市全天降雨,中午后倾盆大雨下至傍晚。据发现火情的人员反映,燃烧起火是从原料仓库内堆放着复合脱氧剂(用作钢水脱氧)的地点开始的。此次事故造成50t脱氧剂被烧毁,一栋库房坍塌,经济损失严重。

2. 事故原因分析

(1) 事故的直接原因是易潮品脱氧剂(主要成分为电石,含量50%以上)在库房漏雨情况下,其电石成分和水发生反应,生成乙炔,并放出大量热量。这些生成的大量气体、热量积聚在堆放的脱氧剂中,不能及时散开。当热量大于乙炔的自燃点305℃后,脱氧剂开始燃烧,进而引燃库房。

(2) 事故的间接原因是施救不合理。抢救人员赶赴现场时,在不明着火原因的情况下,盲目用水扑救,犹似火上加油,扩大了火势。这是造成整栋库房被烧毁、经济损失加重的主要原因。

3. 事故暴露出的问题

(1) 存放脱氧剂的库房陈旧老化,局部漏雨,内部潮湿,系半露天仓库;而脱氧剂的包装上无产品名称、无防潮设施,且无产品保管、使用说明书,这给仓库保管工作带来很多不便;脱氧剂包装质量较差,有搬运破裂处,这些均留下了事故隐患。

(2) 缺乏安全救灾对策。仓库业务人员缺乏安全知识,保管人员没有掌握储备物料的物理和化学性质,不能按安全储存需要对仓库提出要求和采取应有的防范措施,不懂得救灾时的对策和安全注意事项。抢救人员(包括消防部门)试图向燃烧处冲水来进行救灾,反而扩大了火势。

4. 企业采取的防范措施

(1) 供货方在供货时,应按脱氧剂等产品性能向企业提供必要的储存要求,便于企业在储存过程中有章可循;包装质量应合格并设防潮设施,以消除其遇水燃烧的事故隐患。

(2) 企业在储存过程中,应向供货方索要脱氧剂等产品的使用与储存说明书,了解产品性能及储存时的注意事项,以保证产品功效。

(3) 企业应对脱氧剂的包装质量、产品质量和使用后的情况进行定期检测检验,提出要求,对不符合要求的产品予以拒收。企业在不断进行改造更新主体设备的同时,应加大原料仓库等附属设施的投入,完善其设施,严防漏雨。保管和消防部门要掌握相关原材料的性能,加强训练,以便有效地采取适宜的救灾应急措施,提高应急管理水平。

问题:

(1) 查找资料,分析脱氧剂的特性及储存要求。

(2) 分析本案例脱氧剂发生火灾的原因。

(3) 分析本案例中火灾暴露出的问题。

(4) 请根据案例提出类似脱氧剂等危险品的安全防范措施。

制订仓库温湿度调节与控制方案

1. 实训目的

通过训练,使学生了解仓库温湿度对货物质量的影响,进一步了解温湿度控制的工作流程和工作职责,学会使用温湿度计,为储存货物设计仓库温湿度调节与控制方案。

2. 实训内容

(1) 背景资料:北京长风物流有限公司有面积约 1 000 m² 的普通仓库,主要是为大型超市储存普通货物。物流公司根据超市的进货要求,将货物运到超市。

长风物流有限公司为北京地区的物美超市主要储存以下货物。

- 不锈钢刀具;
- 玻璃酒具和茶具;
- 橡胶手套、橡胶管、暖水袋;
- 茶叶;
- 葡萄酒;
- 白糖、红糖和各种糖果;
- 毛巾、浴巾、床单、被褥。

(2) 针对长风物流有限公司储存的货物,分析影响货物储存质量的因素。

(3) 用温度计和湿度计测量仓库温湿度。

(4) 读取温湿度计的数值,并将温湿度进行记录。

(5) 制订该批货物的温湿度调节和控制方案。

3. 实训要求

(1) 根据货物的基本性质,分析影响货物储存质量的因素。

(2) 用温度和湿度计测量仓库内的温度和湿度。

(3) 每天观测两次(上午 8 点至 10 点、下午 2 点至 4 点),填写仓库温湿度记录表。

(4) 制订该批货物的温湿度调节和控制方案。

(5) 每组提交一份货物温湿度调节和控制方案(包括温湿度记录表)。

(6) 每组选派一名代表讲解和展示本组的工作成果。

4. 实训考核

(1) 评价方式:采取小组自评、小组互评、教师评价三维评价方式,以教师评价为主,小组自评和小组互评为辅,其中教师评分比例占总分数的 60%,小组自评占 20%,小组互评占 20%。

(2) 评价指标:从专业能力、方法能力、社会能力、工作成果展现 4 个方面进行评价,总评成绩=小组自评×20%+小组互评×20%+教师评价×60%。

学习项目五任务工作单

学习项目五任务实施单

学习项目五任务检查单

学习项目五任务评价单

学习项目六

危险货物

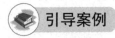
引导案例

天津"8·12"危险品爆炸事故

2015年8月12日23：30左右，天津滨海新区第五大街与跃进路交叉口的一处集装箱码头发生爆炸。引发爆炸的是集装箱内的易燃易爆物品。现场火光冲天，在强烈爆炸声之后，高数十米的灰白色蘑菇云瞬间腾起。随后，爆炸点上空被火光染红，现场附近火焰四溅。

第一次爆炸发生在2015年8月12日23：34：6，ML(近震级)约2.3级，相当于3t TNT(一种烈性炸药)；第二次爆炸发生在30秒钟后，ML(近震级)约2.9级，相当于21tTNT。

人们很快获悉，瑞海公司于2014年完成改建的这个危化品堆场，按照天津市环境保护科学研究院给出的环评报告和竣工后的环境保护验收拟批复公示，设计危险品年周转量5万吨左右、普通货物年周转量2万吨左右，其中氰化钠的最大暂存量为10t，甲苯二异氰酸酯(TDI)的最大暂存量5t，露天堆场的电石最大暂存量20t。但爆炸事故发生当晚，在这个占地46 226m²的堆场上，"凡是能够堆放物品的地方，全部放满了危化品"。

爆炸事故发生的第二天，公安部消防局官方微博发布消息称，该堆场存放有四大类、几十种易燃易爆危险化学品，有气体、液体、固体等化学物质，主要有硝酸铵、硝酸钾、电石等。了解化学知识的人都知道，硝酸铵和硝酸钾都是用来制造炸药的危险化学品。

根据现有公开信息对事故发生过程进行了推测，认为爆炸前经历了以下5个步骤。

(1) 先是硝化棉或者硫化钠自燃，并点燃了可燃液体、可燃固体。

(2) 随后，港口消防队接警赶到，但他们没有被告知现场存在与水不相容的危险化学品。

(3) 在灭火过程中，因为集装箱中的碱金属钾、钠和硅化钙(硅钙合金)遇水放出可燃气体，导致燃烧更猛烈，并发生爆炸。

(4) 可燃液体火势未被控制，液体瞬间沸腾，形成BLEVE(沸腾液体蒸汽爆炸)或者VCE(蒸汽云爆炸)。在可燃蒸汽爆炸过程中，不排除压缩气体罐爆炸。从爆炸火焰可观察到流星一样的大团抛射状物，疑为金属燃烧爆炸。

(5) 最后，硝酸铵和其他硝酸盐参与爆炸。

天津"8·12"危险品爆炸事故造成165人遇难，304幢建筑物、12 428辆商品汽车、7 533个集装箱受损，直接经济损失68.66亿元，被认定为特别重大生产安全责任事故。

案例分析：该案例中导致大量人员伤亡的原因之一是灭火人员不了解着火货物的特性，未能采取有效的灭火措施，导致在用水灭火时反而引燃了其他货物。所以，明确货物的化学特性，有针对性地进行施救，这是非常重要的。

案例所涉及的知识点：危险货物的特性，危险货物的储存。

学习目标

【知识目标】

1. 理解危险货物的分类及特性；
2. 掌握危险货物的包装标志；
3. 理解危险货物隔离和积载方式；
4. 掌握危险货物运输的基本要求；
5. 掌握危险货物储存的基本要求。

【能力目标】

1. 能够运用危险货物特性进行分类；
2. 能够区别不同危险货物的包装标志；
3. 能够运用所学知识进行危险货物的积载和隔离；
4. 能够运用危险货物运输的基本要求进行运输。

【思政目标】

1. 培养学生树立安全意识，维护社会的安全与稳定。本学习项目是以危险货物为主线展开的。通过本项目的学习，使学生掌握危险货物的基本特性，据此进行合理地储存和运输，避免因恶性事故发生而造成重大的人身和财产损失，进而维护社会的安全与稳定。

2. 培养学生树立环保意识，建立社会责任感。危险货物发生爆炸势必会造成环境污染。通过本项目的学习，使学生建立环保意识，管好、用好危险货物，避免危险货物流入公共环境中，造成环境污染，破坏生态平衡。同时，使学生建立维护公共环境，人人有责的社会责任感。

思维导图

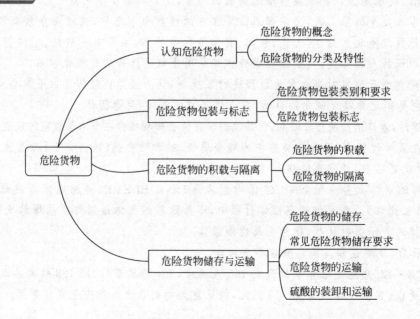

学习单元一 认知危险货物

视频：认知危险品

一、危险货物的概念

（一）危险品的定义

危险品，即由于其化学、物理或者毒性特性使其在生产、储存、装卸、运输过程中，容易导致火灾、爆炸或者中毒危险，可能造成人身伤亡、财产损害的物品。

（二）危险货物的定义

在货物运输中，凡具有燃烧、爆炸、腐蚀、毒害以及放射性的性质，在运输、装卸和保管过程中，如果处理不当可能会引起人身伤亡、财产损毁、环境污染而需要特别防护的货物，统称为危险货物。

二、危险货物的分类及特性

《国际海上危险货物运输规则》将危险货物分为9类，即爆炸品，气体，易燃液体，易燃固体、易自燃物质和遇水放出易燃气体的物质，氧化物质（剂）和有机过氧化物，有毒的（毒性的）物质和感染性物质，放射性物质，腐蚀性物质，杂类危险物质。

（一）爆炸品

爆炸品包括爆炸性物质、爆炸性物品以及为产生爆炸或烟火效果而制造的物质和物品。爆炸品指在外界作用下（如受热、受压、撞击等），能发生剧烈的化学反应，瞬时产生大量的气体和热量，使周围压力急骤上升，发生爆炸，对周围环境造成破坏的物品；也包括无整体爆炸危险，但具有燃烧、抛射及较小爆炸危险的物品；还包括仅产生热、光、音响或烟雾等一种或几种作用的烟火物品。如火药、炸药、烟花爆竹等，都属于爆炸品。

1. 爆炸品的分类

爆炸品按其危险性，又分为以下5类。

(1) 具有整体爆炸危险（即实际上同时影响全部货物的爆炸）的物质和物品。

(2) 具有喷射危险，但无整体爆炸危险的物质和物品。

(3) 具有燃烧危险和较小爆炸危险，或者两者兼有，但无整体爆炸危险的物质和物品。

(4) 无重大危险的物质和物品。

(5) 具有整体操作危险但极不敏感的物质。

2. 爆炸品的危险特性

爆炸性是一切爆炸品的主要特性，这类物品都具有化学不稳定性，在一定外界因素的作用下，会发生猛烈的化学反应，主要有以下特点。

(1) 化学反应速度极快。一般以万分之一的时间完成化学反应，因为爆炸能量在极短时间放出，因此具有巨大的破坏力。

(2) 爆炸时产生大量的热量。这是爆炸品的主要来源。

(3) 产生大量气体，造成高压。爆炸时形成的冲击波对周围建筑物有很大的破坏性。

(4) 对撞击、摩擦、温度等非常敏感，任何一种爆炸品的爆炸都需要外界供给它一定的能量——起爆能。某一爆炸品所需的最小起爆能，即为该爆炸品的敏感度。敏感度是确定爆炸品爆炸危险性的一个非常重要的标志,敏感度越高,则爆炸危险性越大。

(5) 有的爆炸品有一定的毒性,如 TNT、硝酸甘油、雷汞等。

(6) 与酸、碱、盐、金属发生反应。有些爆炸品与某些化学品如酸、碱、盐发生化学反应,反应的生成物是更容易爆炸的化学品。例如,苦味酸遇某些碳酸盐时,能反应生成更易爆炸的苦味酸盐;苦味酸受铜、铁等金属撞击,会立即发生爆炸。

由于爆炸品具有以上特性,因此,在储运过程中要避免摩擦、撞击、颠簸、震荡,严禁与氧化剂、酸、碱、盐类、金属粉末和钢材料器具等混储混运。

(二) 气体

本类危险货物包括永久性气体(指在环境温度下不能液化的气体)、液化气体(指在环境温度下经加压能成为液体的气体)、可溶气体及深度冷却的永久性气体(指在低温下加低压液化的气体)。

1. 气体的分类

气体按其危险性可分为以下几类。

(1) 易燃气体。这类气体自容器中溢出与空气混合,当其浓度达到极限爆炸时,如被点燃,便能引起爆炸及火灾。

(2) 非易燃气体。这类气体中有的本身不能燃烧,但能助燃,一旦和易燃物品接触,极易引起火灾;有的非易燃气体有窒息性,若处理不当,会引起人畜窒息。

(3) 有毒气体。这类气体的毒性很强,若吸入人体内,能引起中毒。有些有毒气体还有易燃、腐蚀、氧化等特性。

2. 气体的危险特性

气体的危险特性主要表现在以下两个方面。

(1) 易燃性和爆炸性。一些易燃气体容易燃烧,也易于和空气混合形成爆炸性混合气体。

(2) 窒息性、麻醉性和毒性。本类气体若大量溢出,还会因冲淡空气中氧气的含量而影响人畜正常的呼吸,严重时会因缺氧而窒息。

(三) 易燃液体

易燃液体包括在闭杯试验 61℃(相当于开杯试验 65.6℃)以下时放出易燃蒸汽的液体或液体混合物,或含有处于溶液中呈悬浮状态固体的液体(如油漆、清漆等)。

1. 易燃液体的分类

易燃液体按其闪点的大小分为以下 3 种类型。

(1) 闭杯闪点低于 −18℃ 的低闪点类液体。

(2) 闭杯闪点为 −18~23℃(不包括 23℃)的中闪点类液体。

(3) 闭杯闪点为 23~61℃(包括 61℃)的高闪点类液体。

2. 易燃液体的危险特性

(1) 挥发性和易燃性。易燃液体都是含有碳、氢等元素的有机化合物,具有较强的挥发性,在常温下就易挥发,形成较高的蒸汽压。易燃液体及其挥发出来的蒸汽,如遇明火,极易燃烧。易燃液体与强酸或氧化剂接触后,反应剧烈,能引起燃烧和爆炸。

(2) 爆炸性。当易燃液体挥发出的蒸汽与空气混合,达到爆炸极限时,遇明火会引起爆炸。

(3) 麻醉性和毒害性。易燃液体的蒸汽大都有麻醉作用,如人长时间吸入乙醚蒸汽,会被麻醉,失去知觉。深度麻醉或长时间麻醉可能导致死亡。

(4) 易积聚静电性。大部分易燃液体的绝缘性能都很高,而电阻率大的液体一定能呈现带电现象。

(四) 易燃固体、易自燃物质和遇湿危险物质

本类危险货物是指除了划为爆炸品以外的,在运输情况下易于燃烧或者可能引起火灾的物质。本类危险货物又可分为以下 3 类。

1. 易燃固体

易燃固体是指具有易被外部火源(如火星、火焰)点燃的固体和易于燃烧、助燃或通过摩擦引起燃烧的固体以及能自发反应的物质。本类物质包括浸湿的爆炸品。

易燃固体的危险特性:易燃固体燃点低,对热、摩擦、撞击及强氧化剂作用较为敏感,易于被外部火源所点燃,且燃烧迅速。

2. 易自燃物质

易自燃物质是指具有易于自行发热和燃烧的固体或液体。本类物质包括引火物质(与空气接触在 5min 内即可着火)和自然发热物质。

易自燃物质的危险特性:本类物质无论是固体还是液体都具有自燃点低、发热及着火的共同特征。这类物质的自燃点低,受外界热源的影响或本身发生化学变化后热量积聚、温度升高,由此引起燃烧。

3. 遇湿危险物质

遇湿危险物质是指遇水放出易燃气体的固体或液体,在某些情况下,这些气体易自燃。

遇湿危险物质的危险特性:本类物质遇水后,会发生剧烈的反应,放出易燃气体并产生一定热量。当热量使该气体的温度达到燃点时或遇到明火时,会立即燃烧甚至爆炸。

(五) 氧化物质(氧化剂)及有机过氧化物

1. 氧化物质

氧化物质(氧化剂)是一种化学性质比较活泼的、在无机化合物中含有高价态原子结构的物质,其本身未必燃烧,但因其放出氧气能引起或促使其他物质燃烧。

氧化物质的危险特性:①在一定的情况下,直接或间接放出氧气,增加与其接触的可燃物发生火灾的危险性和剧烈性。②氧化剂与可燃物质,诸如糖、面粉、食油、矿物油等混合后易于点燃,有时甚至因摩擦或碰撞而着火。混合物会剧烈燃烧并导致爆炸。③多数氧化剂和液体酸类会发生剧烈反应,散发有毒气体。④有些氧化剂具有毒性或腐蚀性,或被确定为海洋污染物。

2. 有机过氧化物

有机过氧化物是指其物质分子结构极不稳定、易于分解的物质。

有机过氧化物的危险特性:具有强氧化性,对摩擦、碰撞或热都极为不稳定,易于自行分解,并释放出易燃气体。受外界作用或反应时,会释放大量热量,迅速燃烧;燃烧过程中又产生更高的热量,形成爆炸性反应或分解。有机过氧化物还具有腐蚀性和一定的毒性(或能分解释放出有毒气体),会对人员身体造成危害。

(六) 有毒(毒性)物质和感染性物质

1. 有毒(毒性)物质

有毒(毒性)物质是指被吞咽、吸入或与皮肤接触易于造成死亡、重伤害或损害人体健康

的物质。

有毒物质的危险特性：几乎所有的有毒物质遇火或受热分解时，都会散发出毒性气体；有些有毒物质还具有易燃性；很多本类物质被认为是海洋污染物。

2. 感染性物质

感染性物质是指含有微生物或其毒气会引起或有可能引起人或动物疾病的物质。

感染性物质的危险特性：对人体或动物都有危害性的影响。

（七）放射性物质

放射性物质包括自发地放射出大量放射线，其放射性比活度（单位为 kBp/kg）大于 70kBp/kg 的物质。

放射性物质放出的射线有 α 射线、β 射线、γ 射线及中子流 4 种。所有放射性物质都因其放射出对人体造成伤害的看不见的射线而具有或大或小的危险性。

（八）腐蚀性物质

腐蚀性物质包括在其原态时都或多或少地具有能严重伤害生物组织，如从其包装中漏出也可损坏其他货物或运输工具的固体或液体。

腐蚀性物质的化学性质比较活泼，能与很多金属、有机物及动植物等发生化学反应，并使其遭到破坏。

腐蚀性物质的危险特性：具有很强的腐蚀性及刺激性，对人体有特别严重的伤害；对货物、金属、玻璃、陶器、容器、运输工具及其设备造成不同程度的腐蚀。腐蚀性物质中很多具有不同程度的毒性，有些能产生或挥发有毒气体而引起中毒。

（九）杂类危险物质

杂类危险物质和物品具有多种的危险特性，每一杂类危险物质和物品的特性都载于有关该物质或物品的各个明细表中。

学习单元二　危险货物包装与标志

一、危险货物包装类别和要求

（一）危险货物包装类别

危险货物包装根据其内装货物的危险程度划分为以下 3 种。

(1) Ⅰ类包装：盛装具有较大危险性的货物，包装强度要求高。

(2) Ⅱ类包装：盛装具有中等危险性的货物，包装强度要求较高。

(3) Ⅲ类包装：盛装具有较小危险性的货物，包装强度要求一般。

有特殊要求的危险货物包装件按国家有关规定办理。

（二）危险货物运输包装要求

危险货物的运输包装和内包装应按《危险货物品名表》及《危险货物包装标志》的规定来确定，同时还须符合下列要求。

(1) 包装材料材质、规格和包装结构应与所装危险货物的性质和重量相适应。包装材料不得与所装物质产生危险反应或削弱包装强度。

(2) 充装液态货物的包装容器内至少留有5%的余量。

(3) 液态危险货物要做到气密封口。对须装有通气孔的容器,其设计和安装应能防止货物流出和杂质、水分进入。其他危险货物的包装应做到严密不漏。

(4) 包装应坚固完好,能抗御运输、储存和装卸过程中正常的冲击振动和挤压,并便于装卸和搬运。

(5) 包装的衬垫物不得与所装货物发生反应而降低安全性,应能防止内装物移动,并起到减震及吸收作用。

(6) 包装表面应保持清洁,不得黏附所装物质和其他有害物质。

(7) 包装不得重复使用(特殊包装规定的除外,如钢瓶等)。

二、危险货物包装标志

(一) 爆炸品

爆炸品的包装标志如图6-1所示。

此类标志用于受到高热摩擦、冲击或与其他物质接触后,即发生剧烈反应,产生大量气体和热量,而引起爆炸的货物。

(二) 易燃气体

易燃气体的包装标志如图6-2所示。

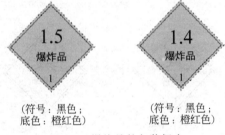

(符号：黑色；底色：橙红色)　(符号：黑色；底色：橙红色)

图6-1　爆炸品的包装标志

(符号：黑色或白色；底色：正红色)　(符号：黑色；底色：白色)

图6-2　易燃气体的包装标志

此类标志用于本身易燃烧并因冲击、受热而产生气体膨胀,有引起爆炸和燃烧危险的气体;用于因冲击受热而产生气体膨胀,有引起爆炸危险的压缩气体;用于因冲击、受热而产生气体膨胀,有引起爆炸、中毒危险的气体。

(三) 易燃液体

易燃液体的包装标志如图6-3所示。

此类标志用于燃烧点较低,即使不与明火接触,经受热、冲击或与氧化剂接触时,也能引起急剧的、连续性的燃烧或爆炸的液体。

(符号：黑色或白色；底色：正红色)

图6-3　易燃液体的包装标志

(四) 易燃固体

易燃固体的包装标志如图6-4所示。

此类标志用于燃烧点较低,即使不与明火接触,经受热、冲击或摩擦以及与氧化剂接触时,也能引起急剧的、

连续性的燃烧或爆炸的物品;用于即使不与阴火接触,在适当的温度下,也能发生氧化作用,放出热量,因积热达到自燃点而引起燃烧的货物;用于遇水受潮能分解,产生可燃或有毒气体放出热量,引起燃烧或爆炸的货物。

(符号:黑色;底色:白色红条)　(符号:黑色;底色:上白下红)　(符号:黑色、白色;底色:蓝色)

图 6-4　易燃固体的包装标志

(五) 氧化剂

氧化剂的包装标志如图 6-5 所示。

此类标志用于具有强烈的氧化性能,当遇酸、受潮湿、高热、摩擦、冲击或与易燃有机物和还原剂接触时,即能分解,引起燃烧或爆炸的货物;用于分子组成中含有过氧基的有机物。

(六) 有毒物品

有毒物品的包装标志如图 6-6 所示。

(符号:黑色;　　　(符号:黑色;　　　(符号:黑色;　　　(符号:黑色;
底色:柠檬黄色)　　底色:柠檬黄色)　　底色:白色)　　　底色:白色)

图 6-5　氧化剂的包装标志　　　　　图 6-6　有毒物品的包装标志

此类标志用于具有较强毒性,以少量接触皮肤或侵入人体内,即能引起局部刺激、中毒,甚至能造成死亡的货物;用于具有强烈毒害品,以极少量接触皮肤或侵入人体、畜体内,即能引起中毒造成死亡的货物。

(七) 放射性物质

放射性物质的包装标志如图 6-7 所示。

此类标志用在能自发地、不断地放出人眼看不见的 α、β、γ 等射线的货物。其包装标志按照射量的强度,由小到大分为一、二、三级。

(八) 腐蚀性物品

腐蚀性物品的包装标志如图 6-8 所示。

此类标志用于具有较强腐蚀性,接触人体或其他物品后,即产生腐蚀作用,出现破坏现象,甚至引起燃烧、爆炸,造成伤亡的货物。

（符号：黑色；底色：白色；附一条红竖条）　　（符号：黑色；底色：上黄下白；附两条红竖条）　　（符号：黑色；底色：上黄下白；附三条红竖条）

图 6-7　放射性物质的包装标志

（九）杂类物质

杂类物质的包装标志如图 6-9 所示。

（符号：上黑下白；底色：上白黑下）　　　　　　（符号：黑色；底色：白色）

图 6-8　腐蚀性物品的包装标志　　　　　图 6-9　杂类物质的包装标志

学习单元三　危险货物的积载与隔离

一、危险货物的积载

（一）危险货物积载的含义

危险货物积载是指货物在某场所内的装载。对于水运危险货物来说，包括货物在船上货物处所内的位置、堆码、加固、平舱、通风、安全防范措施以及应急措施等方面，也包括货物在货物运输组件，如集装箱、可移动储罐内的堆码、衬垫等方面。对于陆运危险货物来说，包括在汽车及火车上的货物的堆码、加固、通风及安全防范措施和应急措施等方面。

（二）危险货物积载的一般要求（以水运为例）

除爆炸品外，危险货物的积载方式是从积载类 A 至 E，如表 6-1 所示。

表 6-1　危险货物积载方式

积载方式	积载类 A	积载类 B	积载类 C	积载类 D	积载类 E
货船[①]	舱面或舱内	舱面或舱内	只限舱面	只限舱面	舱面或舱内
客船[②]	舱面或舱内	只限舱面	只限舱面	禁止装运	禁止装运

注：① 是指专门从事货物运输的船舶，但包括载客限额不超过 25 人或船舶总长每 3m 不超过 1 人的客船。
　　② 是指载客超过限制数额的其他客船。

(1) 根据积载类别,如允许舱面或舱内积载的危险货物,应尽量在舱内积载,在下列情况下选择在舱面积载。

① 要求经常查看的货物。

② 因特殊要求需接近检查的货物。

③ 有形成爆炸性混合气体的、产生剧毒蒸汽的或对船舶有严重腐蚀作用的物质。

(2) 遇水易损坏的包件应在舱内积载。如在舱面积载,应严加防护,任何时候不能使其受天气和海水的侵袭。

(3) 由于危险货物意外事故的突发可能影响到全船,因此,那些需要在短时间内撤离大量人员的"其他客船"不得载运某些具有特殊危险的货物。

(4) 如果危险货物有可能在货舱内发生溢漏,应采取预防措施,防止通过舱内的污水管路造成溢物的不当排放。

(5) 危险货物包件堆积的最低高度是3m,在考虑到积载支撑程度和加固等情况下,允许船长自行选择较高的积载。

(6) 危险货物在舱面积载时,要保证消防栓及其他类似设备和通道不受影响,并与之远离。

(7) 对具有特殊危险的货物应按特殊要求进行积载。

(8) 对于某些危险货物要求隔热保护。

(9) 对于有毒气体、蒸汽、有腐蚀性的气体或蒸汽,应避开生活居住处积载。标有有毒物品标志的货物或其他有感染性、放射性物质,也都应避开生活区或食品而积载。

(10) 有海洋污染物标志的货物,如果允许在"舱面或舱内"积载,除非在露天甲板能提供等效的防护,否则应选择舱内积载。

二、危险货物的隔离

(一) 危险货物隔离的含义

隔离是将两个或多个不相容的物质或物品分开的过程。这些货物当包装或积载在一起时,一旦发生泄漏、溢出或其他事故,会产生不必要的危险。

隔离是重要的安全措施,可以防止不同危险货物之间以及危险货物与所处环境之间发生物理或化学变化与反应,导致货物质量下降、加重危险货物危险性或产生新的危险性,保证货物及财产、人员等的安全。

(二) 危险货物隔离的原则

(1) 性质不相容的物品应进行有效的隔离。

(2) 某种特殊货物与助长其危险性的货物不能配装。

(3) 易燃物品与遇火可能爆炸的物品不能配装。

(4) 性质相似但消防方法不同的货物,不能配装。

(5) 性质相似但危险性大、发生事故后不易扑救的货物,不能配装。

(6) 同类物质可积载在一起而不必考虑危险性的隔离要求,条件是这些物质不会相互发生危险反应和引起燃烧或产生大量的热;不会产生易燃、有毒或令人窒息的气体;不会生成腐蚀性物质或不稳定物质。

危险货物配装表如表6-2所示。

表 6-2　危险货物配装表

危险货物			1	2	3	4	5	6	7	8	9	10	11	12	13	14	15	16	17	18	19	20	21	22	23	24	25
爆炸品	起爆器材	1	1																								
	炸药及爆炸性药品	2	×	2																							
	其他爆炸性药品	3	×	×	3																						
压缩气体液化气体	剧毒气体	4	×	×	×	4																					
	易燃气体	5	×	△	×	×	5																				
	助燃气体	6	×	×	×	×	×	6																			
	不燃气体	7	×	×	×	×	×	×	7																		
易燃物品	易燃液体	8	×	×	×	×	△	×	×	8																	
	易燃固体	9	×	×	×	△	×	×	×	×	9																
	易自燃物品	10	×	×	×	×	×	×	×	×	×	10															
	遇潮湿时放出易燃气体物品	11	×	×	×	8)	×	×	×	×	×	×	11														
氧化剂	硝酸盐、亚硝、亚氯、次亚氯酸盐类	12	×	×	×	×	×	×	×	×	×	×	×	12													
	其他氧化剂	13	×	×	×	×	×	×	×	×	×	×	8)	×	13												
	有机过氧化物	14	×	×	×	×	△	×	×	×	×	×	×	×	△	14											
	无机过氧化物	15	×	×	×	×	×	×	×	×	×	×	×	×	×	×	15										
毒害品	有机毒害品	16	×	×	×	×	×	×	×	×	×	×	×	×	×	×	×	16									
	无机毒害品	17	×	×	×	×	△	×	×	×	△	×	×	×	×	×	×	×	17								
	易感染品	18	×	×	×	×	×	×	×	×	×	×	×	×	×	×	×	×	×	18							
	溴	19	×	×	×	×	×	×	×	△	×	×	×	△	△	×	×	×	×	×	19						
腐蚀物品	无机酸性腐蚀物品：硝酸、发烟硝酸	20	×	×	×	×	×	×	×	△	×	×	×	△	△	×	×	×	×	×	△	20					
	硫酸、发烟硫酸、氯磺酸	21	×	×	×	×	×	×	×	△	×	×	×	△	△	×	×	×	×	×	△	△	21				
	其他无机酸性腐蚀物品	22	×	×	×	×	×	×	×	△	×	×	×	△	△	×	×	×	×	×	△	△	△	22			
	有机酸性腐蚀物品	23	×	×	×	×	×	×	×	×	×	△	×	×	×	×	×	×	×	×	×	×	×	×	23		
	碱性腐蚀物品	24	×	×	×	×	×	×	×	×	×	×	×	×	×	×	×	×	×	×	×	×	×	×	△	24	
	其他腐蚀物品	25	×	×	×	×	×	×	×	×	×	×	×	×	×	×	×	×	×	×	×	×	×	×	×	×	25

注：① 表内无符号表示可配装，×符号表示不得同车配装，△表示不可以配装，但堆放时必须隔离 2m 以上。
② 不同的炸药及爆炸性药品相互间不得配装。
③ 其他爆炸品中的炸药、点火线等点火器材与本项的其他爆炸物品隔离 2m 以上。
④ 其中液氯和液氢气不得配装。
⑤ 易自燃物品中的黄磷，不得与其他易燃物品自燃，易燃物品配装，必须配装时要隔离。
⑥ 生石灰、漂白粉与起爆器材及易燃液体及易燃固体、炸药等药材隔离配装。
⑦ 有恶臭及有毒易燃固体，不得与生活物品、饮食物、饲料、饮料、药品等配装。
⑧ 含水的易燃物品和用水、泡沫、二氧化碳作主要灭火方法的物品，不得与遇潮湿时易放出易燃气体的物品配装。
⑨ 放射性货物与其他危险货物不可在同一车厢内配装。

学习单元四　危险货物的储存与运输

一、危险货物的储存

(一) 危险货物的储存场所要求

储存危险货物的建筑物不得有地下室或其他地下建筑,其耐火等级、层数、占地面积、安全疏散和防火间距,应符合国家有关规定。储存地点及建筑结构的设置,除了应符合国家的有关规定外,还应考虑对周围环境和居民的影响。储存场所的电气安装必须符合国家规定。储存场所的通风或温度调节要求如下。

(1) 储存危险货物的建筑必须安装通风设备,并注意设备的防护措施。

(2) 储存危险货物的建筑通排风系统应设有导除静电的接地装置。

(3) 通风管应采用非燃烧材料制作。

(4) 通风管道不宜穿过防火墙等防火分隔物,如必须穿过时应用非燃烧材料分隔。

(5) 储存危险货物建筑采暖的热煤温度不应过高,热水采暖不应超过80℃,不得使用蒸汽采暖和机械采暖。

(6) 采暖管道和设备的保温材料,必须采用非燃烧材料。

(二) 危险货物储存的基本要求

(1) 储存危险货物必须遵照国家法律、法规和其他有关的规定。

(2) 危险货物必须储存在经公安部门批准设置的专门的危险货物仓库中,经销部门自管仓库储存危险货物及储存数量必须经公安部门批准。未经批准不得随意设置危险货物储存仓库。

(3) 危险货物露天堆放,应符合防火、防爆的安全要求,爆炸物品、一级易燃物品、遇湿燃烧物品、剧毒物品不得露天堆放。

(4) 储存危险货物的仓库必须配备有专业知识的技术人员,其库房及场所应设专人管理,管理人员必须配备可靠的个人安全防护用品。

(5) 危险化学品储存方式分为3种。①隔离储存,在同一房间或同一区域内,不同的物料之间分开一定距离,非禁忌物料间用通道保持空间的储存方式。②隔开储存,在同一建筑或区域内,用隔板或墙将其与禁忌物料分离开的储存方式。③分离储存,在不同的建筑物或远离所有建筑的外部区域内的储存方式。

(6) 灭火方法相互抵触的危险物品,不得在同一仓库或同一储存室内存放。

视频:危险品的存储养护技术

二、常见危险货物储存要求

(一) 储存易燃易爆品的要求

《易燃易爆性商品储存养护技术条件》(GB 17914—2013)对易燃易爆品的储存提出了详细的要求。

1. 建筑条件

应符合《建筑设计防火规范》(GB 50016—2014)中的要求,库房耐火等级不低于三级。

2. 库房条件

要满足储存易燃易爆性货物的要求,应冬暖夏凉、干燥、易于通风、密封和避光。根据各类货物的不同性质、库房条件、灭火方法等,进行严格的分区、分类、分库存放。爆炸品宜储存于一级耐火建筑的库房内。低闪点液体、中闪点液体、一级易燃固体、自燃物品、压缩气体和液化气体宜储存于一级耐火建筑的库房内。遇湿易燃物品、氧化剂和有机过氧化物可储存于一、二级耐火建筑的库房内。二级易燃固体、高闪点液体可储存于耐火等级不低于三级的库房内。

3. 安全条件

货物避免阳光直射,远离火源、热源、电源,不产生火花。一、二级无机氧化剂与一、二级有机氧化剂必须分别储存,但硝酸铵、氯酸盐类、高锰酸盐、过氧化钠等必须分别专库储存。

4. 环境卫生条件

库房周围无杂草和易燃物。包装的衬垫物要及时清理。库房内经常打扫,地面无漏撒物品,保持地面与货垛清洁卫生。

(二)储存毒害品的要求

(1) 库房结构完整、干燥、通风良好。机械通风排毒要有必要的安全防护措施。库房耐火等级不低于二级。

(2) 仓库应远离居民区和水源。货物避免阳光直射、暴晒,远离热源、电源、火源,库内在固定方便的地方配备与毒害品性质适应的消防器材、报警装置和急救药箱。不同种类的毒害品要分开存放,危险程度和灭火方法不同的毒害品要分开存放,性质相抵的毒害品禁止同库混存。剧毒品应专库储存或存在彼此间隔的单间内,执行"五双"制度(双人验收、双人保管、双人发货、双把锁、双本账),安装防盗报警装置。

(3) 环境卫生条件。库区和库房内要经常保持整洁。对散落的毒害品、易燃物、可燃物品和库区的杂草及时清除。用过的工作服、手套等用品必须放在库外安全地点,妥善保管或及时处理。更换储存毒害品品种时,要将仓库清扫干净。

(4) 温湿度条件。库区温度不超过35℃为宜,易挥发的毒品应控制在32℃以下;相对湿度应在85%以下,对于易潮解的毒品应控制在80%以下。

(三)储存腐蚀性货物的要求

(1) 库房应是阴凉、干燥、通风、避光的防火建筑。建筑材料最好经过防腐蚀处理。储存发烟硝酸、高氯酸的库房应是低温、干燥通风的一、二级耐火建筑。

(2) 货棚应阴凉、通风、干燥,露天货场应地面高、干燥。

(3) 货物要避免阳光直射、暴晒,远离热源、电源、火源,库房建筑及各种设备应符合规定。按不同类别、性质、危险程度、灭火方法等,对货物进行分区分类储存,性质相抵的货物禁止同库储存。

(4) 库房地面、门窗、货架应经常打扫,保持清洁。库区内的杂物、易燃物应及时清理,排水沟保持畅通。

(四)其他危险货物的保管

(1) 储存危险货物的库房不得有地下室或其他地下建筑,具有一定的耐火等级、层数、占地面积、安全疏散和防火间距。

(2) 压缩气体和液化气体必须专库专用；盛装液化气体的容器属压力容器的，必须有压力表、安全阀、紧急切断装置，并定期检查，不得超装。

(3) 易燃固体、自燃物品和遇湿易燃物品，应注意库房温度的控制，装卸搬运时应轻拿轻放，且严禁与氧化剂、氧化性酸类混放。

(4) 有毒物品应储存在阴凉、通风、干燥的场所，不能露天存放，不能接近酸类物质。库内温度应在32℃，相对湿度在80%以下。操作时严禁与皮肤接触，要注意防护。

(5) 氧化剂和有机过氧化物，应储存在阴凉、通风、干燥的库房内，严禁摩擦、拖拉，防止日晒。

三、危险货物的运输

（一）危险货物运输的基本要求

(1) 运输、装卸危险货物，应当依照有关法律、法规、规章的规定和国家标准的要求，并按照危险货物的危险特性，采取必要的安全防护措施。

(2) 用于危险货物运输工具的槽罐以及其他容器，必须依照《危险品安全运输管理条例规定》，由专业生产企业定点生产，并经检测、检验合格，方可使用。质监部门应当对专业生产企业定点生产的槽罐以及其他容器的产品质量进行定期或不定期的检查。

(3) 运输危险货物的槽罐以及其他容器必须封口严密，能够承受正常运输条件下产生的内部压力和外部压力，保证危险货物运输中不因温度、湿度或者压力的变化而发生任何渗漏。

(4) 装运危险货物的槽罐应适合所装货物的性能，具有足够的强度，并应根据不同货物的需要配备泄压阀、防波板、遮阳物、压力表、液位计、导除静电等相应的安全装置；槽罐外部的附件应有可靠的防护设施，必须保证所装货物不发生"跑、冒、滴、漏"，并在封口装置集漏器。

(5) 通过公路运输危险货物，必须配备押运人员，并将货物随时处于押运人员的监管之下，不得超装、超载，不得进入危险货物运输车辆禁止通行的区域；确需进入禁止通行区域的，应当事先向当地公安部门报告，由公安部门为其指定行车时间和路线，运输车辆必须遵守公安部门规定的行车时间和路线。危险货物运输车辆禁止通行区域，由设区的市级人民政府公安部门划定，并设置明显的标志。运输危险货物途中需要停车住宿或遇有无法正常运输的情况时，应当向当地公安部门报告。

(6) 运输危险货物的车辆应专车专用，并有明显标志，要符合交通管理部门对车辆和设备的规定。车厢、地板必须平坦完好，周围栏板必须牢固；机动车辆排气管必须装有有效的隔热和熄灭火星的装置，电路系统应有切断总电源盒隔离火花的装置；车辆左前方必须悬挂黄底黑字"危险品"字样的信号旗；根据所装危险货物的性质，配备相应的消防器材和捆扎、防水、防散失等用具。

(7) 定期对装运放射性同位素的专用运输车辆、设备、搬运工具、防护用品进行放射性污染程度的检查，当污染程度超过规定的允许水平时，不得继续使用。

(8) 装运集装箱、大型气瓶、可移动槽罐等的车辆，必须设置有效的紧固装置。

(9) 各种装卸机械、工具要有足够的安全系数，装卸易燃、易爆危险货物的机械和工属具,必须有消除产生火花的措施。

(10) 三轮机动车、全挂汽车列车、人力三轮车、自行车和摩托车不得装运爆炸品、一级氧化剂、有机过氧化物；拖拉机不得装运爆炸品、一级氧化剂、有机过氧化物、一级易燃品；自卸汽车除二级固体危险货物外，不得装运其他危险货物。

(11) 危险货物在运输中包装应牢固，各类危险货物包装应符合《危险货物运输包装通用技术条件》(GB 12463—2009)的规定。

(12) 性质或消防方法相互抵触，以及配装号类项不同的危险货物不能装在同一车、船内运输。

(13) 易燃、易爆品不能装在铁帮、铁底的车、船内运输。

(14) 易燃品闪点在28℃以下,气温高于28℃时应在夜间运输。

(15) 运输危险货物的车辆、船只应有防火安全措施。

(16) 禁止无关人员搭乘运输危险货物的车、船和其他运输工具。

(17) 运输爆炸品和需凭证运输的危险货物,应有运往地县、市公安部门的"爆炸品准运证"或"危险货物准运证"。

(18) 通过航空运输危险货物的,应按国务院民航部门的有关规定执行。

(二) 化学危险货物的装载和运输

(1) 轻拿轻放,防止撞击、拖拉和倾倒。

(2) 碰撞、互相接触容易引起燃烧、爆炸或造成其他危险的化学危险物品,以及化学性质或防护、灭火方法相互抵触的化学危险物品,不得违反配装限制和混合装运。

(3) 遇湿、遇潮容易引起燃烧、爆炸或产生有毒气体的化学危险物品,在装运时应当采取隔热、防潮措施。装运化学危险物品时,不得客货混装。

(4) 载客的火车、船舶、飞机机舱不得装运化学危险物品。

视频：危险品运输的押运员要求　　　　视频：危险品油罐车运输事故

四、硫酸的装卸和运输

(一) 硫酸运输容器和一般注意事项

我国运输硫酸时使用的容器如表6-3所示。

表6-3　硫酸运输容器

种	类	盛酸浓度	容量范围	材质	包装
大型容器	汽车槽车	>92.5% H_2SO_4	1.5～9.0 m^3	A3钢	无
	火车槽车	>92.5% H_2SO_4	12～30 m^3	A3钢	无
	槽船	>92.5% H_2SO_4	15～280 m^3	A3钢	无
	如运输稀硫酸,以上容器需衬铅、塑料、橡胶等				

续表

种类		盛酸浓度	容量范围	材质	包装
小型容器	玻璃瓶	全浓度硫酸	10～20L	玻璃	木箱
	耐酸坛子	全浓度硫酸	28L	陶器	木箱
	聚乙烯容器	除发烟酸外	30L	聚乙烯	无
	钢桶	浓硫酸	200L和220L	A3钢	无

运输硫酸时的一般注意事项如下。

(1) 硫酸运输容器,每个容器上应标明品种、数量、生产厂名、商标和出厂日期等。凡浓度超过10%的硫酸要注明"危险品"字样,对浓硫酸和发烟硫酸还要注明"加水要注意"的字样。

(2) 从事搬运、灌酸、装卸硫酸的人员必须佩戴防护用具,现场附近必须备有水龙头。

(3) 搬运硫酸时,若将酸坛子或玻璃瓶撞破、倒置或坠落等都会造成漏酸或使酸液飞溅,因此工作时务必谨慎。

(4) 运输硫酸时,要尽可能避免与其他物质混装。

(5) 使用汽车运输硫酸时,若硫酸浓度超过90%,车身前后要标有"危险"标志;若浓度超过10%,要标有"毒"字标志。行走道路时,要选择流通量小的道路;因转载、休息、事故等需要暂时停放时,要尽可能选择安全的场所。

(二) 使用小型运输容器时的注意事项

工作人员必须穿戴工作衣、安全帽、耐酸手套、靴子、防护眼镜和围裙等。以下注意事项主要是针对玻璃瓶、陶瓷坛子、聚乙烯容器等运输容器的使用。

1. 灌酸

(1) 在灌酸前、封装时,都要检查容器有无破损。

(2) 要用大量的水将酸坛子洗净,然后将酸坛子倒置在地坪上或用其他方法使酸坛内部干燥。特别是玻璃瓶子,一般是用来盛装精制硫酸的,所以必须先用浓硫酸洗净后,再用蒸馏水仔细洗净和干燥。

(3) 在进行灌酸操作时,工作人员必须认真按规定穿戴好防护用具。

(4) 使用标准坛子时,每坛规定装浓硫酸45kg,既不能多装也不能少装,既要装足数量又要留有一定空间。

(5) 酸装好后,将坛盖盖好,并用石棉、水玻璃、石膏泥将盖密封好。

2. 装卸

(1) 装卸时要注意检查酸坛子(或瓶子)有无破损或裂痕,破损容器要另放一边、不可乱放乱抛。

(2) 搬运时不可持着瓶塞或瓶顶,要十分注意不得碰撞。

(3) 移动酸瓶和酸坛时必须注意塞子(或盖子)是否牢固,操作人员不可把瓶顶或坛口倾向自己一方。近距离移动时,可用特制的手推车搬移或用坛卡子抬。若为聚乙烯制的容器则可持把手移动。

(4) 将酸坛子(或瓶子)装入木条箱内,每箱装两坛,并用软物(如稻草等)塞紧间隙。

(5) 装箱的酸瓶子叠放不能超过三层,装箱的酸坛子叠放不得超过两层。酸桶不得叠放。

3. 运输

（1）要认真按照政府有关运输危险品的规定办理。

（2）为防止容器摩擦、摇动、翻倒、冲撞等，要用绳、网牢牢固定。

（3）装箱的酸坛或酸瓶叠装不得超过车厢板高度，叠高不得超过2至3层。

（4）要注意装载重量不得超过运输工具允许的载重量。

（5）要遵守规定的行驶速度，开车或刹车时要缓慢进行，防止因冲击而损坏酸坛或酸瓶。

（6）用船舶运输时，盛酸容器要远离人员工作地点和居住场所，要远离粮食和有机物的堆放处，并要便于进行监视。要采用货垫，遇有紧急危险时容易抛出船外。遇有漏酸时，可用大量水冲洗，使漏出的酸能很快排出船外，不至于流入船内其他部位。

（7）稀硫酸与金属反应能生成氢气，如用钢制酸桶装运硫酸时，桶内就有积存氢气的可能。因此，酸桶不论装酸与否，其附近都要严禁明火或吸烟，并严禁用锤子等能引起火花的工具敲打酸桶。

拓展阅读

化学品安全说明书

MSDS(material safety data sheet)，即化学品安全说明书，也可译为化学品安全技术说明书或化学品安全数据说明书，是化学品生产商和进口商用来阐明化学品的理化特性（如pH酸碱度、闪点、易燃度、反应活性等）以及对使用者的健康（如致癌、致畸等）可能产生的危害的一份文件。

MSDS是化学品生产或销售企业按法律要求向客户提供的有关化学品特征的一份综合性法律文件。它提供化学品的理化参数、燃爆性能、对健康的危害、安全使用储存、泄漏处置、急救措施以及有关的法律法规等16项内容。MSDS可由生产厂家按照相关规则自行编写。

MSDS简要说明了某种化学品对人类健康和环境的危害性并提供如何安全搬运、储存和使用该化学品的信息。作为提供给使用者的一项服务，生产企业应随化学商品向使用者提供安全说明书，使使用者明了化学品的有关危害，使用时能主动进行防护，起到减少职业危害和预防化学事故的作用。目前美国、日本、欧盟等发达国家已经普遍建立并实行了MSDS制度，要求危险化学品的生产厂家在销售、运输或出口其产品时，同时提供一份该产品的安全说明书。

MSDS的目标是迅速、广泛地将关键性的化学产品安全数据信息传递给使用者，特别是面临紧急情况的人，避免他们受到化学产品的潜在危害。MSDS化学产品安全数据信息包括：化学产品与公司标识符；化合物信息或组成成分；正确使用或误用该化学产品时可能出现的危害人体健康的症状及有危害物标识；紧急处理说明和医生处方；化学产品防火指导，包括产品燃点、爆炸极限值以及适用的灭火材料；为使偶然泄漏造成的危害降低到最低程度应采取的措施；安全装卸与储存的措施；减少工人接触产品以及自我保护的装置和措施；化学产品的物理和化学属性；改变化学产品稳定性以及与其他物质发生反应的条件；化学物质及其化合物的毒性信息；化学物质的生态信息，包括物质对动植物及环境可能造成的影响；对该物质的处理建议；基本的运输分类信息；与该物质相关的法规的附加说明；其他信息。

化学品安全说明书作为传递产品安全信息的最基础的技术文件,其主要作用体现在以下几个方面。

(1) 提供有关化学品的危害信息,保护化学产品使用者。

(2) 确保安全操作,为制定危险化学品安全操作规程提供技术信息。

(3) 提供有助于紧急救助和事故应急处理的技术信息。

(4) 指导化学品的安全生产、安全流通和安全使用。

(5) 是化学品登记管理的重要基础和信息来源。

前沿视角

危险品储存装置

天津危险品仓库发生爆炸,引起了人们对危险品仓储安全问题的广泛关注。那么,国外是用什么存储危险品的呢?

DENIOS UK 公司起源于德国,为工程危险品存储全球市场的领导者。该公司于 2000 年在英国建立办事处,生产各种各样的大型专业存储柜。DENIOS 一直是全球领先的工程危险品存储解决方案设计制造商,为全球使用者提供广泛的和创新的产品系列。

1. 户外危险品存储柜

(1) Walk-in 自通风式存储柜。该存储柜的占地面积为 $2 \sim 21 m^2$,多种尺寸可以选择定制,如图 6-10 所示。

图 6-10　Walk-in 自通风式存储柜

(2) 易燃物品存储柜。BMC 耐火系列存储柜的应用非常广泛,从紧凑型小型存储到 20 多平方米大型仓储均能适用,如图 6-11 所示。

图 6-11　BMC 耐火系列存储柜

(3) 带推拉门的圆桶存储柜。带推拉门的圆桶存储柜如图 6-12 所示。

(4) 圆桶和 IBC 存储柜。圆桶和 IBC 存储柜如图 6-13 所示。

(5) 定制的危险品存储设施。定制的危险品存储设施如图 6-14 所示。

图 6-12　带推拉门的圆桶存储柜

图 6-13　圆桶和 IBC 存储柜

图 6-14　定制的危险品存储设施

2. 室内危险品存储

(1) 防泄漏托盘。防泄漏托盘如图 6-15 所示。

图 6-15　防泄漏托盘

(2) 易燃液体存储柜。易燃液体存储柜如图 6-16 所示。

图 6-16　易燃液体存储柜

（3）托盘货架系统。托盘货架系统如图 6-17 所示。

图 6-17　托盘货架系统

（4）带斜坡和货架的防泄漏板台。带斜坡和货架的防泄漏板台如图 6-18 所示。

图 6-18　带斜坡和货架的防泄漏板台

职业指导

企业需求

危险化学品储存企业，必须建立健全各项安全管理规章制度，如危险化学品出入库管理制度、危险化学品保管制度等。储存危险化学品的仓库必须配备有专业知识的技术人员，其库房及场所应设专人管理，管理人员必须经培训合格。只有经过严格的培训，对各类危险货物的特性都比较熟悉，他们才能有针对性地进行危险货物的养护储存。目前，我国监督力度不够完善，很多企业在危险货物运输及储存方面还不符合相关规范要求，从业人员不具有相关的专业知识，急需大量专业人员来填补。

实际应用

本学习项目所涉及的"危险货物特性"具有较强的知识性，也是物流企业从业人员进行危险化学品作业时必须要清楚的内容，包括不同特性的危化品之间保管条件、灭火方法、温湿度的要求等。根据危化品的不同特性，在储存和运输时，可以有针对性地利用相关设施设备，以保证货物及人员的安全。

职业技能

学生通过本学习项目学习，能够掌握以下技能，以满足企业（职业）岗位需求。
- 能够正确地使用危险货物包装标志；
- 能够正确地积载和隔离交通工具上的危险货物；
- 能够正确运输危险货物；
- 能够合理地利用储存技术进行危险货物的储存保管。

同步测试

一、选择题

1. 搬运剧毒化学品后,应该( )。
   A. 用流动的水洗手　　　B. 吃东西补充体力　　　C. 休息

2. 强酸灼伤皮肤不能用( )冲洗。
   A. 热水　　　　　　　　B. 冷水　　　　　　　　C. 弱碱溶液

3. 吸湿性强、遇水释放较多热量的化学品沾染皮肤后,应立刻( )。
   A. 用清水清洗　　　　　B. 用冷水清洗　　　　　C. 用软纸、软布抹去

4. 遇水燃烧物质起火时,不能用( )扑灭。
   A. 干粉灭火剂　　　　　B. 泡沫灭火剂　　　　　C. 二氧化碳灭火剂

5. 发生危险化学品事故后,应该向( )方向疏散。
   A. 下风　　　　　　　　B. 上风　　　　　　　　C. 顺风

6. 进行腐蚀品的装卸作业时,应该戴( )手套。
   A. 帆布　　　　　　　　B. 橡胶　　　　　　　　C. 棉布

7. 以下物品中露天存放最危险的是( )。
   A. 氯化钠　　　　　　　B. 明矾　　　　　　　　C. 遇湿燃烧物品

8. 在易燃易爆场所穿( )最危险。
   A. 布鞋　　　　　　　　B. 胶鞋　　　　　　　　C. 带钉鞋

9. 危险化学品的储存设施必须与以下( )场所、区域之间要符合国家规定的距离标准。
   A. 居民区、商业中心、公园等人口密集地区
   B. 学校、医院、影剧院、体育场(馆)等公共设施
   C. 风景名胜区、自然保护区
   D. 军事禁区、军事管理区

10. 作业场所使用化学品系指可能使工人接触化学制品的任何作业活动,包括( )。
    A. 化学品的生产、搬运、贮存、运输　　　B. 化学品废料的处置或处理
    C. 因作业活动导致的化学品的排放　　　　D. 化学品设备和容器的保养、维修和清洁

11. 遇水燃烧物质是指与水或酸接触会产生可燃气体,同时放出高热,该热量就能引起可燃气体着火爆炸的物质。下列物质属于遇水燃烧的是( )。
    A. 碳化钙(电石)　B. 碳酸钙　　　C. 锌　　　　　D. 硝化棉

12. 易燃固体、自燃物品和遇湿易燃物品运输的安全要求描述正确的是( )。
    A. 避免明火　　　　　　　　　　　B. 运输车辆不能通过隧道
    C. 防止包装渗漏　　　　　　　　　D. 定时停车检查货物

13. 需要进行危险化学品登记的单位为( )。
    A. 生产危险化学品的单位
    B. 使用其他危险化学品数量构成重大危险源的单位
    C. 经营危险化学品的单位
    D. 使用剧毒化学品的单位

14. 毒害品的运输安全要求（　　）。
   A. 严防货物丢失
   B. 行车要避开高温、明火场所
   C. 防止袋装、箱装毒害品淋雨受潮
   D. 用过的苫布，或被毒害品污染的工具及运输车辆，未清洗消毒前不能继续使用

二、简答题

1. 装卸和搬运爆炸品应注意什么？
2. 危险化学品分为哪几类？
3. 易燃气体的危险特性是什么？
4. 简述危险货物隔离的原则。
5. 简述危险货物储存的基本要求。

三、案例分析题

案例1 某年1月24日10点，在某路段发生特大汽车追尾事故，造成5人死亡、5人受伤，其中一辆运输车上装载的有毒化工原料泄漏。事故发生在某高速自北向南方向距某市14km处，前方4辆汽车相撞，其中一辆面包车上3人当场死亡，另一辆挂重庆车牌的运输车被撞坏，造成车上2人死亡，1人受伤，运输车装载的15t四氯化钛开始部分泄漏。四氯化钛是一种有毒化工原料，有刺激，挥发快，对皮肤、眼睛会造成损伤，大量吸入可致人死亡。事故现场恰逢小雨，此物质遇水后起化学反应，产生大量有毒气体。某市、某县有关领导闻讯后立即赶赴现场，同时组织公安、消防人员及附近群众200余人，对泄漏物质紧急采取以土掩埋等处置措施。

问题：危险化学品运输车辆的安全要求是什么。

案例2 某年8月26日凌晨2时40分许，一辆卧铺客车与一辆大型甲醇罐车在包茂高速安塞段追尾起火，酿成36人死亡、3人受伤的悲剧。该事故的发生，在化工业界引起了极大反响。业内专家认为，出台严厉措施和突击性的治理整顿固然必要，但注重源头治理才是根本。只有在危化品运输业全面推行安全标准化，加强安全基础管理，才能使安全事故屡屡发生的现状真正得到改变。

问题：该案例说明了什么？

制订烟花鞭炮运输方案

1. 实训目的

通过训练，使学生掌握烟花爆竹的危险品级别和烟花爆竹运输要求、运输流程，选择合理的运输路线，确保该批危险货物安全运抵目的地。

2. 实训内容

(1) 背景资料：环球物流有限公司是一家大型第三方物流企业，具有危险品运输的资质。春节前，该公司接到一项烟花爆竹的运输任务，将2t的烟花爆竹从长沙运往重庆。

(2) 为了完成这批烟花爆竹的运输任务，需进行以下工作。

- 确定烟花爆竹危险品的级别；
- 对该批烟花爆竹进行运输包装；
- 刷制运输唛头；
- 确定运输车辆；
- 明确装载和隔离要求；
- 选择运输路线。

（3）制订该批烟花爆竹运输方案。

3. 实训要求

（1）根据烟花爆竹的危险品级别，确定运输包装材料和容器、运输唛头、运输车辆、积载和隔离要求。

（2）规划运输路线，确定运输流程。

（3）制订烟花爆竹从长沙到武汉的运输方案。

（4）每组提交一份实训报告。

4. 实训考核

（1）评价方式：采取小组自评、小组互评、教师评价三维评价方式，以教师评价为主，小组自评和小组互评为辅，其中教师评分比例占总分数的60%，小组自评占20%，小组互评占20%。

（2）评价指标：从专业能力、方法能力、社会能力、工作成果展现4个方面进行评价，总评成绩＝小组自评×20%＋小组互评×20%＋教师评价×60%。

学习项目六任务工作单　　学习项目六任务实施单　　学习项目六任务检查单　　学习项目六任务评价单

学习项目七

冷藏货物

引导案例

顺丰公司的药品冷链运输

顺丰冷运北京分公司接到北京BSY生物制品有限公司的生物制品运输通知,需要分批次运输约1 000件国家免疫规划的生物制品至西藏自治区区级疾控中心,以及阿里地区、昌都地区、林芝地区等地市疾病预防控制中心(以下简称"疾控中心"),各类疫苗共计580 000余人份。为了避免疾控中心断供,或者因运输温度异常导致生物制品性状发生变化,所以必须在保障运输时效的同时严格控制生物制品的运输温度。

由于运输的生物制品都是新生儿、婴幼儿所用,受用对象较为特殊(新生儿、婴幼儿的使用时效要求更高),加上路途的艰巨、路况的恶劣、时效的高要求,顺丰冷运制定了"以医药专车服务为主,医药商配服务辅助,医药专递服务提供航空支持"的定制化运输方案,并安排机动资源全程跟随,以应对运输途中的突发事件。

医药专车服务:顺丰冷运使用通过GSP验证合格的医药冷藏车,提前预冷充分,此产品省去了医药中转场中转、操作环节,将货品全程保持2~8℃运输环境,直运至西藏疾控中心。

医药专递服务:由于拉萨通往阿里地区、昌都地区的道路出现严重塌方,车辆无法前行,顺丰冷运北京分公司马上调整配送方案,启用拉萨当地航空运力资源,使用医药专用冷藏箱航空运输。同时,立即做出备用应急方案,确保生物制品在任何情况下都不脱温:由于拉萨当地机场航班取消频繁,顺丰冷运在将疫苗送进机场后,冷藏车保持打冷在机场外机动等候,一旦航班取消,将在第一时间内取出货物,暂存至冷藏车或者自治区疾控中心冷库。

案例分析:冷藏货物对运输和储存的要求是非常关键的,特别是针对药品类的冷藏货物,对温度、时效性要求非常高,否则在储运过程中容易引起货损甚至更多的灾难。

案例所涉及的知识点:冷藏货物的运输。

学习目标

【知识目标】

1. 掌握冷藏货物的概念和特点;

2. 了解货物霉腐的过程和引起霉腐的主要因素;
3. 掌握冷藏货物储存的方法和温度条件;
4. 掌握冷藏货物运输与储存的注意事项;
5. 理解冷藏货物运输流程。

【能力目标】
1. 能够运用所学知识进行简单的冷藏货物养护;
2. 能够正确地完成冷藏货物的运输组织和储存管理工作。

【思政目标】
1. 培养学生树立严格把控货物流通质量的意识。通过本项目的学习,使学生能够从冷藏货物的基本特性出发,合理地安排冷藏货物的储存与运输,确保冷藏货物在流通环节的质量。

2. 培养学生良好的服务意识。通过本项目的学习,使学生树立良好的服务意识,能够根据货主企业的需求和货物的特性,提供优质的仓储和运输服务,提高客户的满意度。

▶ **思维导图**

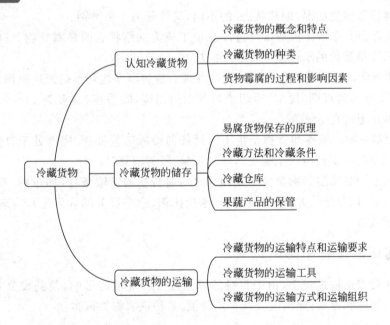

学习单元一 认知冷藏货物

一、冷藏货物的概念和特点

(一)冷藏货物的概念

冷藏货物是指放在常温以下温度保管、运输的货物。较为常见的是各种易腐货物,如水果、蔬菜、肉类、蛋类、水产品类等物品。

(二) 冷藏货物的特点

1. 对温度要求不同

运送肉类的温度要低,蛋类温度要适中,水果、蔬菜或鲜花均怕热又怕冷,如苹果和梨都要保持-4℃,香蕉和菠萝要保持零上12～14℃、8～10℃等。运输此类货物适宜使用冷藏车、保温车。对于要保持零度以上温度的货物,可采取加盖保温材料和封闭车厢车辆运输。

2. 季节性强、货流波动幅度大

比如,水果主要产于夏季与秋季,海洋水产有冬汛和春汛期,鲜蛋的运输旺季在4—6月,蔬菜运输旺季在11月至次年的5月等。由于各地自然条件和气候不同,往往影响着这些物资产量,继而使货流产生波动。

二、冷藏货物的种类

冷藏货物分为易腐货物和活动物两大类,其中占比例最大的是易腐货物。

易腐货物是指在一般条件下保管和运输时,极易受到外界气温及湿度的影响而腐坏变质的货物。易腐货物主要包括肉、鱼、蛋、水果、蔬菜、冰鲜活植物等,活动物包括禽、畜、兽、蜜蜂、活鱼、鱼苗等。

易腐货物按其温度状况(即热状态)的不同,又可分为3个类别。

(1) 冻结货物。冻结货物是指经过冷冻加工成为冻结状态的易腐货物。《鲜活货物运输规则》规定,冻结货物的承运温度(除冰外)应在-10℃以下。

(2) 冷却货物。冷却货物是指经过预冷处理后货物温度达到承运温度范围之内的易腐货物。《鲜活货物运输规则》规定,冷却货物的承运温度,除香蕉、菠萝为11～15℃外,其他冷却货物的承运温度在0～7℃。

(3) 未冷却货物。未冷却货物是指未经过任何冷冻工艺处理,完全处于自然状态的易腐货物。例如采收后以初始状态提交运输的瓜果、新鲜蔬菜等。

按照热状态划分易腐货物是为了正确确定易腐货物的运输条件(如车种、车型的选用,装载方法的选取,以及运输方式、控温范围,冰盐比例、途中服务的确定等),合理制定运价,提高综合经济效益。

三、货物霉腐的过程和影响因素

货物在保管或运输过程中,由于自身的原因或外界环境的影响,使其成分发生分解变化,产生恶臭、异味和毒素,逐渐失去其食用价值,这种现象称为霉腐。

(一) 货物霉腐的过程

货物霉腐要经历受潮—发热—发霉—腐烂—霉味的过程。

1. 受潮

货物受潮是霉菌生长繁殖的关键因素。若货物含水量超过安全水分,货物就会发霉。货物受潮后不易通过感官发现,可用测湿仪器测定货物含水量,同时还应观测库内的相对湿度。比如,用测湿仪测定棉布,若含水量超过10%,相对湿度超过75%时,棉布就有发霉的可能。货物受潮时,一般都有水印出现,这时应采取有效的去湿措施。

2. 发热

货物受潮后发热原因是多方面的,主要是因为霉腐微生物开始生长繁殖。由于霉腐微生物生长繁殖,产生热量逐渐增高。这些热量一部分供其本身利用,剩余部分则在货物中散发出来。外部比内部容易散热,所以内部比外部温度高,用手摸垛内货物有时可达烫手程度;如果有厌氧菌参与,严重者可引起自燃。货物内部发热时,外表不易发现,可用铁钎插入测得。如果发现发热,应立即拆垛或拆包晾晒。

3. 发霉

由于霉菌在货物上生长繁殖,起初有菌丝生长,肉眼能看到白色毛状物称为菌毛,霉菌继续生长繁殖形成小菌落称为霉点,菌落增大或菌落融合形成菌苔称为霉斑。霉菌代谢产物中的色素,会使菌苔呈黄、红、紫、绿、褐、黑等颜色。

4. 腐烂

货物发霉后,由于霉菌摄取货物中营养物质,通过霉菌分泌酶的作用,将货物内质结构破坏,发生霉烂变质。发霉后货物外观上发生了变化,如产生污点或货物被染上各种颜色。一旦发现货物发霉,如果能及时采取有效措施,有些货物尚可挽救,不致全部损失。货物腐烂后,其内质结构被彻底破坏,则无可挽回。

5. 霉味

霉味是货物腐烂后产生的气味。它包括货物中糖类发酵而产生的酒味、辣味和酸气味,特别是在货物内部,气味尤为严重;蛋白质腐烂而产生的臭气味;以及脂肪类的酸败而产生的"哈喇味"。

（二）引起货物霉腐的主要因素

易腐货物主要是由有机物构成,包括生物性货物及其制品或含有生物成分的货物。易腐货物发生霉腐的主要因素有以下几个方面。

1. 货物霉腐的内在因素

虽然易腐货物种类繁多,但都含有霉腐微生物需要的有机物。假如货物中不含有霉腐微生物所需的有机物,那么这类货物就不会发生霉腐。易腐货物主要含有糖类、蛋白质、脂肪、有机酸、维生素等有机物质。

易腐货物多数是中性或偏酸性的。多数霉菌和酵母在酸性环境中能生长,而细菌则在中性或偏碱性环境中生长。

2. 货物霉腐的外界因素

货物所含的营养物质,是霉腐微生物生长繁殖的物质基础,而货物所含的水分是霉菌生长繁殖的关键。霉菌所需的水分来源有两个,一是货物所含的水分,二是空气中所含的水分。货物必须含有足够的水分,否则霉菌就无法利用货物所含的营养物质,霉菌体内的代谢产物也无法排出。库内空气中的水分主要来自地表水蒸气的蒸发扩散,其次来自库外湿空气的侵入。货物含水量随空气中水分的大小而变化,即处于动态平衡状态。

货物发霉所要求的湿度条件,包括货物含水量和相对湿度两个方面。货物含水量若超过安全水分时,就容易发霉;相对湿度越大,就越容易发霉。反之,发霉的可能性就越小。

霉腐微生物因种类不同,对温度要求也各异。温度对酶的活性影响很大,如鸟类体内的酶最适温度为40℃,人体内病原菌的酶最适温度为37℃,多数霉菌体内的酶最适温度为25~28℃。

部分霉菌生长繁殖需要有充足的氧气,如果氧气很少或处于无氧状态,就难以生长。很多霉菌需要适量的氧,氧过多或过少对霉菌都不利。库房背处、死角、货堆之间的缝隙、破损包装箱和货物之间的空隙、货物本身之间的空隙以及货垛下部,这类空气不易流通的地方是最易发霉的。

学习单元二　冷藏货物的储存

一、易腐货物保存的原理

(一) 易腐货物变质的主要原因

1. 微生物作用

微生物作用又称生物作用,主要指霉菌、病菌的作用,微生物对食品的破坏作用在于它分泌出有害的物质水解酶破坏食品的细胞壁,投入细胞内部,将细胞中复杂的有机物(如蛋白质、脂肪、糖类、微生物及酶等)水解,供其生活、滋长、繁殖。随着微生物的几何级数繁殖,食品会被加速分解、消耗,最终导致其腐败变质。

2. 呼吸作用

呼吸作用又称生物化学作用,指植物性的食品虽离开母株,但本身仍有生命活动,吸收氧气、放出二氧化碳、水分和热量。它们用呼吸作用产生的免疫功能抵御外界微生物的入侵,但以消耗自身体内的营养物质为代价,所以植物类食品(如水果、蔬菜等)的呼吸作用其实质是由酶介入的一种缓慢的氧化过程。它使复杂的有机物分解为比较简单的物质,消耗体内养分,并放出能量,致使植物类食品腐败变质。

3. 化学作用

化学作用又称氧化作用。食品被碰伤后,其内部组织暴露在空气中,于是食品中的某些成分被氧化,致使食物变色、变味、腐败;同时,碰伤使呼吸强度增加,又加速了食品的腐败变质。例如,果蔬被碰伤、表皮受损后,果蔬为抵抗微生物的入侵,会加强自身的呼吸作用,使被碰伤部位的成分被氧化,生成黑褐色的物质,这就加速了自身的成熟过程,并很快导致腐败变质。

由此可见,动物类食品腐败变质的主要原因是微生物作用,而植物类食品腐败变质的主要原因是呼吸作用。

(二) 影响微生物活动和呼吸作用的因素

1. 影响微生物活动的因素

微生物作用主要影响动物类食品(如肉、蛋、奶类)腐败变质。细菌、霉菌、酵母菌等各种微生物广泛地存在于自然界的土、气和空气中,在条件适宜的情况下快速繁殖。影响微生物活动的主要因素是温度、含水量、食品的酸碱度以及光线的作用。

(1) 温度对微生物活动的影响。温度对微生物的生存与发育影响很大。一般微生物最适宜的繁殖温度为25~35℃,低于25℃微生物的繁殖速度就会逐渐减慢,2~4℃繁殖速度逐渐减慢,-8~-12℃低温时,微生物基本停止繁殖,当温度降到-18℃以下时,微生物完全停止繁殖。此时,食品内部的绝大部分水已经结冰,在细菌周围形成了"铜墙铁壁",使它无法摄取营养物质,同时低温条件使细菌内部汁液冻结,破坏了细胞壁和原生质之间的关系,最后使其生理过程失常而逐渐死亡。但是,低温并不会完全杀死细菌,只能使其停止繁殖;当温度升高后,细菌苏醒,繁殖速度会更快。

（2）含水量对微生物活动的影响。一般来说,环境湿度越大,则促进微生物的迅速生长繁殖和增强货物的呼吸氧化作用,加速货物的腐败变质。

（3）酸碱度对微生物活动的影响。微生物的繁殖都需要适宜的酸碱度,酵母菌适合的pH为3~6,霉菌适合的pH为2~8,多数病菌最适合的pH为6.8~7.6。

（4）光线对微生物活动的影响。大部分微生物都害怕阳光和紫外线照射,紫外线可以破坏细菌的分子所构成的链条。因此经常受到阳光直射,微生物就不能繁殖。

2. 影响呼吸强度的因素

呼吸作用主要影响植物类食品（如果蔬类）腐败变质。呼吸作用的强弱是用呼吸强度来表示。呼吸强度是指单位重量的果蔬在单位时间内吸入的氧或放出的二氧化碳数量,用热量形式表达出来。影响呼吸强度的内因是果蔬的种类和生长天数等,外因是温度、空气成分、机械创伤、微生物侵染等。

（1）影响呼吸强度的内因。在相同条件下,不同种类果蔬的呼吸强度差异很大。一般,绿叶菜的呼吸强度大于浆果类菜,浆果类菜的呼吸强度大于水果类。同种类、不同品种的果蔬的呼吸强度也不同。一般,早熟品种的呼吸强度大于晚熟品种的呼吸强度。

（2）影响呼吸强度的外因。果蔬的呼吸强度随着储存环境的不同而不同。

首先,温度对果蔬的呼吸强度的影响最为明显。一般情况下外部环境温度越高,果蔬的呼吸强度越大。例如樱桃15.5℃时的呼吸热比0℃时高7倍。温度的高低波动,也会引起呼吸强度的变化。其次,空气中的氧气和二氧化碳的含量对呼吸强度也有一定的影响。一般情况下,外部环境中氧气含量充足时,呼吸强度较高；二氧化碳浓度增加会导致果蔬缺氧,抑制果蔬的呼吸强度增高。再次,果蔬受机械损伤,表皮脱落,内部组织暴露在空气中,氧的浓度增加,也会使呼吸强度增大。此外,果蔬表面受微生物感染也将增加其呼吸强度。

从以上的分析可以看出,微生物活动和呼吸作用都与温度相关。因此,调节温度既可以控制微生物活动,又能控制呼吸作用,这是采用冷藏方法保藏易腐货物的主要原因之一。

采用冷藏方法保存食物较之其他保藏方法（如腌制、晒干、添加防腐剂等）具有明显的优点：①冷藏方法能很好地保持食品原有的色、香、营养物质和维生素；②冷源价格比较低廉,加工成本不高；③冷藏方法适合对食品进行大规模加工。

二、冷藏方法和冷藏条件

（一）冷藏方法

按将易腐货物温度降低的程度来划分,冷藏方法有冻结方法和冷却方法两种。

视频：肉类的储存环境

1. 冻结方法

冻结方法是将易腐货物的温度降低到使货物中大部分水都变成冰的低温,在冻结状态下储存。根据易腐货物对温度的不同要求,有"冷冻"和"速冻"两种不同的处理方法。

（1）冷冻方法。冷冻就是把货物的温度降到0℃以下使之冻结。冻肉、冻鸡、冻鱼、冰蛋等均采用"冷冻"储存与运输。由于冷冻时积累了大量的冷量,当外部温度波动时或者装卸过程中,也不会使货物温度升高。但是,由于冻结速度慢,细胞膜的内层形成较大的冰晶,使细胞膜破裂、细胞质遭受损失,会使货物丧失或减少原有的营养成分。

(2) 速冻方法。速冻就是在很短的时间内使货物冻结。速冻过程中所形成的冰晶颗粒比较均匀、细小，不至于造成细胞膜的破裂，因而能保持货物原有的营养价值。

2. 冷却方法

冷却方法是将易腐货物的温度降低到还不至于使细胞膜结冰的程度，通常是在 0～5℃。鲜蛋、乳品、水果、蔬菜等常采用"冷却"储存。冷却方法不影响货物组织，微生物仍有一定的繁殖能力，因此"冷却"的货物不能长期存放。

(二) 冷藏条件

采用冷藏方法保存易腐货物时，温度是保证货物质量的主要条件。除此之外，湿度的高低、通风的强弱和卫生条件的好坏也直接影响货物的质量。在温度、湿度、通风、卫生 4 个条件之间存在着相互配合和相互影响的关系，只有妥善处理好它们之间的关系，才能保证冷藏货物的质量。

1. 温度条件

就限制微生物繁殖的角度，低温是防止易腐货物发生腐烂的重要条件。大部分易腐货物适宜的储存和运输温度都低于外界气温。因为在货物内部含有各种盐类的水溶液，随着温度的降低，溶液中的水分会不断析出，浓度不断增加，货物的冰点也会不断下降。因此，如果要使货物中的液体全部冻结，需要温度降到 −60℃。但是温度降到 −20℃ 时，仅有 10% 左右的未冻结液，一般情况下货物的冷冻温度大多不低于 −20℃。

2. 湿度条件

冷藏空间内空气湿度会对货物质量产生较大的影响。湿度太小会增加货物的干耗，破坏果蔬的正常呼吸，破坏维生素和其他营养物质，削弱货物的抗病能力；湿度太大，又助长微生物的繁殖，不利于货物的质量。因此，在冷藏技术上常通过控制空气中的相对湿度，来保证冷藏货物的质量。

3. 通风条件

有些冷藏货物在储运过程中会不断地挥发水分和一氧化碳等气体。为了保证冷藏空间内的相对湿度和二氧化碳的含量，在储运过程中，需要对冷藏空间通风换气，但需要注意通风的时间和次数。一般情况下，果蔬食品在夜间进行通风换气，可以起到降温的作用，通风换气的次数通常是以 24h 内的通风换气的次数来表示。

三、冷藏仓库

冷藏仓库是用于储存冷藏货物的仓库，也称为冷库。

冷库的结构包括：冷却和结冻间、冷冻/冷藏库房、冷藏库房、分发间。其中，冷却和结冻间也称为预冷加工库间，用于货物入库前的预冷处理。冷冻/冷藏库房是用于堆垛货物，不同的是冷冻库房的货物保存期较长，且货垛较小，采用货板或托盘垫高，冷冻货物不直接与地面接触，避免温度波动、水分再冻结而造成货物与地面的粘连。分发间用于货物出库时的装运作业。

视频：自动化冷库

四、果蔬产品的保管

果蔬采收以后，来自根部的养分供给完全中断，但果蔬自身仍然是一个有生命的有机体,继续进行一系列生理生化变化,如果蔬软化、氧化等。了解和认识果蔬的这些变化规律和它们对外界环境的要求,可以更好地控制和调节环境条件,实现保鲜保质、延长供应期的目的,进而获得最好的经济效益。

(一) 影响果蔬质量变化的主要因素

1. 果蔬本身的生理作用

果蔬采摘后仍会不断呼吸,分解体内有机物质,以维持其本身的生命代谢活动。果蔬的呼吸作用是在氧和酶的参与下进行的缓慢氧化过程。在这个过程中要消耗其体内营养物质葡萄糖,从而使果蔬形态、品质、色泽、风味等不断发生质变,最后枯萎、腐烂变质而失去食用价值,并使得储藏期缩短。而且,果蔬在呼吸作用下会产生热量并不断积累,如不能及时地散发,往往会加快果蔬腐败变质。同时,由于呼吸作用果蔬有机会还会分解出水分,这不仅使有害微生物生长繁殖,而且会加快果蔬的霉变。

2. 致病微生物的侵染

果蔬采收前后受到真菌和细菌的侵害而造成的损失是比较严重的。尤其是在热带和亚热带地区,高温和高湿条件非常有利于微生物的生长和繁殖,会使果蔬迅速腐烂变质。而果蔬的病原物又会侵害其他本来完好的果蔬产品,从而使更多产品腐烂,形成恶性循环。

各种病原体侵害果蔬主要有3条途径:①直接穿透果蔬表皮侵入;②从自然孔口如气孔、水孔侵入;③从机械性伤口侵入。一般细菌病原物多由伤口侵染,仅有少数细菌能够从自然孔口侵入。

3. 储运环境的影响

果蔬采摘后,果蔬的呼吸会使其不断释放出乙烯、乙醛和乙醇等生理刺激性气体。在物流环境中,这些气体的浓度逐渐增高,反过来又促进果蔬的呼吸代谢,加快果蔬的成熟,导致果蔬衰老。

储运环境的温度是影响果蔬变质速度的重要因素。温度会影响到果蔬的呼吸作用,影响微生物的生命活动,在一定的温度范围内,每升高10℃,果蔬的呼吸强度就增加1倍。而温度过低又会造成果蔬有机体的冷害或冻害,使其衰老进程加快,抵抗力下降,易遭受病菌侵害,容易腐烂;同时,果蔬内部组织也会发生变化,大大地缩短果蔬的贮藏寿命。

4. 采收及采收后的机械性损伤

新鲜果蔬一般以人工采收为主。采收人员在使用辅助工具时,可能会对果蔬产生机械损伤而形成伤口。如果工具上携带致病微生物,又会因病菌污染而加速变质。此外,果蔬在分级、包装、运输、装卸和储存过程中,常常会遇到挤压、碰撞、刺扎等外力损伤。在这种情况下,果蔬的呼吸强度加大,加速了果蔬的后熟和衰老,而受机械损伤的果蔬,还容易受病菌侵染而引起腐烂。

(二) 果蔬产品的保管措施

(1) 实施精细采收,做好果蔬养护的紧前工序。

(2) 采后及时防腐消毒处理。

(3) 进行预冷和保鲜包装。

学习单元三　冷藏货物的运输

一、冷藏货物的运输特点和运输要求

视频：禽蛋的储存保鲜技术

（一）冷藏货物运输的特点

冷藏货物运输具有以下特点。

(1) 季节性强、运量变化大。

(2) 运输时间要求短。

(3) 运输途中需要特殊照料。

(4) 货物运输质量要求高。

（二）冷藏货物运输要求

1. 运输过程中保持一定的温度和湿度

在运输过程中，温湿度对易腐货物的质量有很大影响。如果易腐货物的运输工具内不能保持一定的温度和湿度要求，货物就会腐烂变质。例如，冻肉运输要求冷藏车车内温度在 $-60℃$ 以下，湿度在 $95\%\sim100\%$；蔬菜运输要求冷藏车车内温度 $3\sim8℃$，湿度 $80\%\sim95\%$。

2. 运输过程中需要配备相应的运输车辆、运载器具和运输设施

为了安全地运输易腐货物，除了要求配备有适宜货物性质的、装运鲜活货物的、各种类型的专门货车外，还要求在有关站段配备为易腐货物运输服务的制冰设备和加冰、加盐设备等。

3. 运输过程中要有良好的卫生条件和通风条件

运输易腐货物的全过程还必须具有良好的卫生环境，运输工具要有通风装置，以避免或减少易腐货物的腐坏、变质。

4. 运输过程要求全程冷链

运输过程要求连续冷藏。因为微生物的活动和呼吸作用都随着温度的升高而加强，若运输过程的某个环节没有保证连续冷藏的条件，那么货物很有可能在这个环节发生变质腐烂。因此，要协调好各个运输环节，尽可能配备一定数量的冷藏车或保温车，尽量组织"门到门"的直达运输，提高运输速度，以保证运输货物的完好。

（三）冷藏货物的运输温度要求

为了防止冷藏货物在运输过程中变质，需要保持一定的温度，该温度一般称为运输温度。冷藏货物的运输可以根据运输温度细分为以下 3 种。

(1) 冷冻运输（$-18\sim-22℃$）：提供符合标准的冷冻运输车辆，运送速冻食品、肉类、冰激凌等货物。

(2) 冷藏运输（$0\sim7℃$）：提供符合标准的冷藏运输车辆，运送水果、蔬菜、饮料、鲜奶制品、花草苗木、熟食制品、糕点、食品原料等货物。

(3) 恒温运输（$18\sim22℃$）：提供符合标准的保温、温控运输车辆，运送巧克力、糖果、药品、化工产品等货物。

一些具有代表性的冷冻货物和低温货物的运输温度如表 7-1 和表 7-2 所示。

表 7-1 冷冻货物的运输温度　　　　　　　　　　　　　　　　单位：℃

货物名称	运输温度	货物名称	运输温度
鱼	−17.8～−15.0	虾	−17.8～−15.0
肉	−15.0～−13.3	黄油	−12.2～−11.1
蛋	−15.0～−13.3	浓缩果汁	−20.0

表 7-2 低温货物的运输温度　　　　　　　　　　　　　　　　单位：℃

货物名称	运输温度	货物名称	运输温度
肉	−1～−5	葡萄	6～−8
腊肠	−1～−5	菠萝	0～−11
带壳鸡蛋	−1.7～−15.0	橘子	2.0～−10.0
苹果	−1～−16	柚子	8.0～−15.0
白兰瓜	1.1～−2.2	红葱	−1.0～−15.0
梨	0～−5	土豆	3.3～−15.0

二、冷藏货物的运输工具

（一）冷藏车

1. 公路运输的冷藏卡车

冷藏卡车的制冷箱体是固定在底盘上的。其制冷系统分为两个大类：非独立式（车驱动）和独立式（自驱动）。非独立式使用卡车的发动机来驱动制冷机组的压缩机或者驱动发电机，然后通过发电机来驱动制冷机组的压缩机。独立式则有自带的发动机，通常是柴油发动机，以此来独立地驱动制冷系统，而无须借助车辆的发动机动力。冷藏卡车如图 7-1 所示。

图 7-1 公路冷藏卡车

2. 铁路运输主要有加冰冷藏车、机械冷藏车和冷板冷藏车

（1）加冰冷藏车为单节车，使用较方便，但冰盐的制冷能力较小，车内温度难以调控，且盐水易使车体锈蚀。

（2）机械冷藏车采用机械制冷，制冷量大，制冷速度快，调温范围宽，控温稳定可靠。但是，车组技术含量高，维修复杂，需配备专业乘务人员负责操作和维护，设置专门的车辆段负责维修、运用和管理。

(3) 冷板冷藏车顶部安装有多块冷板,利用冷板制冷。较之加冰冷藏车,具有冷剂可循环使用、耗能少、无盐水腐蚀的优点,运输成本低,使用期长。

(二) 冷藏集装箱

冷藏集装箱的载货量相对较小,具有运用灵活、市场适应性强、"门到门"运输的优点外,还能减少易腐货物在不同运输工具间换装和在待装、待搬、装卸、搬运、中转、配送等作业过程中的暴露时间,使货物免受外温影响而导致温升软化变质或发生低温冷害冻损,也减少了货物被污染的可能性,有利于保持货物的质量。冷藏集装箱如图7-2所示。

(三) 冷藏船

冷藏船的货舱为冷藏舱,常隔成若干个舱室。每个舱室是一个独立的、封闭的装货空间。舱壁、舱门均为气密,并覆盖有泡沫塑料、铝板聚合物等隔热材料,使相邻舱室互不导热,以满足不同货物对温度的不同要求。冷藏舱的上下层甲板之间或甲板和舱底之间的高度较其他货船的小,以防货物堆积过高而压坏下层货物。冷藏船上有制冷装置,包括制冷机组和各种管路。制冷机组一般由制冷压缩机、驱动电动机和冷凝器组成。冷藏船如图7-3所示。

图 7-2 冷藏集装箱

图 7-3 冷藏船

三、冷藏货物的运输方式和运输组织

(一) 冷藏货物的运输方式

易腐货物在不同外界气温条件下,需要采用不同的运输方式。运输易腐货物有冷藏、气调、通风、保温和防寒5种运输方式。

(1) 冷藏运输是指通过一定的制冷方式,让运输工具保持低于外界气温的温度,是让货物保持在适宜的温度条件下的运输方法。

(2) 气调运输是指运输过程中通过对运输环境中空气成分、浓度及温湿度条件的控制和调节,保证货物的新鲜度和质量。

(3) 通风运输是指在运输过程或部分区段需开启门、窗、通风孔或吊起运输工具侧板进行通风的运输方法。

(4) 保温运输是指不采用任何制冷、加温措施,仅利用车体的隔热结构,使易腐货物本身蓄积的冷量或热量以较为缓慢的速度散失,在一定时间内维持低于或高于外界气温的温度,保持车内适宜温度的一种运输方法。

(5)防寒运输实质上是指加强隔热性能的保温运输,但只用于寒季运送易发生冷害或冻害的易腐货物。

(二)冷藏货物运输组织

对于易腐货物的运输应坚持"四优先"的原则,即优先安排运输计划、优先进货装车、优先取送、优先挂运。

发货人在托运之前,应根据货物的不同性质,做好货物的包装工作。托运时,应向承运人提出货物最长的运达期限、某一种货物的具体运输温度及特殊要求,提交卫生检疫等有关证明,并在托运单上注明。检疫证明应退回发货人或随同托运单代递到终点站,交收货人。

承运人在承运易腐货物时,应对货物的质量、包装、温度等进行仔细检查。承运人应根据货物的种类、性质、运送季节、运距和运送地方,来确定具体的运输服务方法,及时地组织适合的车辆予以装运。

在易腐货物装车前,应认真检查车辆及设备的完好状态,做好车厢的清洁、消毒工作,适当风干后再装车。装车时,应根据不同货物的特点,确定装载方法。

对于易腐货物的运送,应充分发挥公路运输的快速、直达的特点,协调好仓储、配载、运送各环节,及时运送。在运输途中,应由托运方派人沿途照料。天气炎热时,应尽量利用早晚时间运输。

苹果的保鲜技术

1. 采收

苹果的采收期对储藏质量的影响很大。若采收太早,果实的外观、色泽、风味都不会很好,还容易发生虎皮病、苦痘病、褐心病、二氧化碳伤害和失水萎蔫等;若采收太晚,果实容易衰老、果肉发绵、褐变,容易发生斑点病、水心病、果肉湿褐病和腐烂。做短期储藏或冷藏的可稍晚些采收,储藏期较长则可适当提早采收。采收时要轻拿、轻放,避免碰伤和擦伤,采收工作最好在早晚进行,且要避免在雨天采收。

2. 预冷

苹果常用的预冷方法如下。

(1)自然预冷:利用秋季夜间气温较低的特点,将采收的苹果有序地堆放在树荫下或空气流畅的房间内放置一夜,利用夜间自然降温,使果蔬散失部分热量,次日清晨再快速包装入库。

(2)水冷:将刚采收的苹果放入冷水中(水中可加冰块)使其降温。水冷降温速度快,也可在水中添加一定量的钙盐和防腐剂,以取得更好的储藏效果。

(3)风冷:将果实放入预冷室内,通过冷风使其降温。

(4)冷却间冷却:采后及时进入冷库,进行快速预冷。

(5)真空预冷:将果实放入耐压的密闭容器中,抽气减压,使果实表面水分迅速蒸发,带走热量，降低果温。

3. 冷库保鲜储藏

苹果品种间的耐藏性差异很大，冷藏应选择晚熟品种。苹果冷藏的适宜温度因品种而异，大多数晚熟品种以-1～1℃为宜，相对湿度应控制在90%左右。

苹果入库前要对冷库进行清扫和消毒，并检修好设备，在进果前两三天正式开机降温。苹果采收后最好能尽快入库，以便利用机械制冷使果温尽快将至0℃左右。果垛在库内的布局应有利于通风，垛与墙壁、地面、库顶都要留有空隙。

冷库的管理主要是温度的控制与湿度、通风的调节。温度的调节主要是通过制冷机的运行，来维持库内稳定适宜的低温，须有专人定期观测温度变化情况。湿度可用洒水或喷雾水来调节。苹果在后熟过程中会释放乙烯等气体，应定时通风换气。换气工作应选择外界与库内温度接近时进行，以免引起库温的剧烈波动。

冷库储藏的苹果出库时，应使果温逐渐上升至室温。否则，果实表面会产生许多水珠，容易造成腐烂。另外，果实骤遇高温，其色泽极易发暗，果肉易变软。

前沿视角

低温快速微冻技术

低温快速微冻技术是采用高科技生物技术，研究生物体细胞在低温状态下的冰结晶状态，应用低温、超低温技术和新发明的天然成分的微冻液，将水产、肉类食品，用创新的冻结曲线，在微冻液中直接冻结保鲜。根据品种和物体的大小，在6～15min、15～30min内完成食品的冻结保鲜。在被冻保鲜的食品内的细胞膜未被冻裂，处在生物体微冻状态，再经冷藏保持被冻保鲜的水产、肉类食品的品质鲜活。这种低温快速微冻技术是食品保鲜领域达到国际领先水平的创新技术。

微冻液的研究和发明历经了20年的时间，经过上万次试验，终于在天然物质中，发掘和发明了微冻液，经上海市疾病预防控制中心检测《奉疾防2002检字第00724号》卫生学报告，符合食品卫生要求；并通过美国FDA注册认证，打开了低温快速微冻技术通向世界的大门。此项专利技术已输出中国台湾地区和东南亚国家，为人类提供划时代创新的食品保鲜全价营养的产品。

由于发明的微冻液的密度是空气的1 300倍，导热系数hc=4kal/(m·h·℃)，克服了空气具有较大的热阻，导热系数低于微冻液近30倍。故由电能转化成冷冻能量，传导到被冻物上的转换率为95%，传导速度极快。比如，3cm×10cm×6cm大小的肉块在-30～-35℃的微冻液中冻结的时间为12min，中心温度达到-18℃。而在-30～-35℃的空气中冻结的时间为12h，中心温度达到-18℃。所以，同吨位的肉类冻结保鲜能节省40%以上的电耗。

以冷却空气进行食品快速冻结是不可能的。常规冻结水产、肉类食品最起码需要2h，甚至12h，因而不能满足被冻食品细胞膜不破的要求。经科学实验，把液体制冷到-30～-35℃时，把被冻物放入液态微冻液中，31～40只（500g）虾，只用了6min虾体中心温度达到-18℃。经测定，细胞膜未遭破坏。解冻后仍保持着鲜活的全价品质，而可以长期冷藏保存。在科学实验中用各种肉类食品做试冻保鲜，结果使肉类更加鲜美，并且快速冷冻肉内的乳酸即转化糖元物质,完全可以减去在加工肉类过程中的排酸工艺。用青蛙、鲫鱼、泥鳅、小龙虾做试验,冻结后在-18℃的冷库存放7天,慢慢调温解冻,部分试验生物能够复活。虾类、鱼类和肉类食品冻结后经细胞切片检验,细胞膜保存完好,解冻时无可溶性蛋白和细胞原生质外渗现象,故解冻水清澈洁净。

低温快速微冻技术在极短的时间完成肉类的冻结保鲜工艺,同时在快速冻结过程中确保被冻物细胞膜不破裂;经快速物理反应转换成多糖物质,以创新的高科技生物技术,改变传统的排酸等工艺;解冻时肉中无可溶性蛋白质渗出,解冻后的肉仍保持了肉类食品的全价营养,食用时肉类更加鲜嫩。同时,加工企业克服了在常规冻结中的肉类干耗大难题,实现了无干耗、全价、省电、省人工的肉类冻结保鲜。

职业指导

企业需求

冷藏货物的质量除了受货物本身性质的影响,还会受到外界因素的影响。作为物流企业从业人员,要充分了解易腐货物发生霉腐的原因,以及防止霉腐的措施,特别是果蔬类货物,要熟悉其保鲜技术。

实际应用

本学习项目所涉及的冷藏货物对保管设备及场所、外界温湿度、卫生条件等的要求较高,应运用合理的养护技术,保证冷藏货物在储存和运输过程中安全无损。

职业技能

学生通过本学习项目的学习,能够掌握以下技能,以满足企业(职业)岗位需求。
- 能够分析冷藏货物的性质;
- 能够运用易腐货物保存原理选择适当的冷藏方式;
- 能够根据冷藏货物的运输温度要求选择适当的运输工具和运输方式。

同步测试

一、选择题

1. 需在运输途中上水、换水、注氧气的鲜活货物是( )。
   A. 牲畜　　　　B. 蜜蜂　　　　C. 鱼苗

2. 冻结货物是指经过冷冻加工成为冻结状态的易腐货物,冻结货物的承运温度(除冰外)应在( )以下。
   A. -10℃　　　B. 0℃　　　　C. -2℃

3. 香蕉、菠萝的原运温度为( )。
   A. 0~7℃　　　B. 11~15℃　　C. -10~0℃

4. 运送蛋类的温度要( )。
   A. 低　　　　　B. 适中　　　　C. 偏高

5. 运送肉类时的温度要( )。
   A. 低　　　　　B. 等于常温　　C. 偏高

6. 用冷藏方法来保藏和运输鲜活易腐货物时,对货物的质量会产生直接影响的主要条件是( )。
    A. 温度   B. 湿度   C. 通风   D. 卫生

7. 下列不属于公路运输的鲜活易腐货物的是( )。
    A. 蔬菜   B. 花木秧苗   C. 蜜蜂   D. 木材

8. 在运输冷藏货物时,下列( )项操作是错误的。
    A. 为保持冷冻货物的冷藏温度,所有货物都要紧密码放
    B. 怕压的货物必须在车内加隔板,分层装载
    C. 应根据货物的种类、运输距离、运送地方和运送季节确定相应的运输服务方法
    D. 应充分发挥公路运输快速、直达的特点,协调好仓储、配载、运送各环节,及时送达

9. 鲜葡萄运输温度应控制在( )为宜。
    A. 1～2℃   B. 3～4℃   C. 6～8℃   D. 8～10℃

二、简答题

1. 什么是冷藏货物?冷藏货物有什么特点?
2. 简述货物霉腐的过程。
3. 易腐货物变质的主要原因是什么?
4. 冷藏货物的冷藏条件主要是什么?它们之间存在什么关系?
5. 冷藏货物运输的温度要求是什么?
6. 冷藏货物的主要运输方式有哪些?

三、案例分析题

金秋十月,菊黄蟹肥,苏州阳澄湖、太湖的大闸蟹早已名扬海内外。给远方的朋友或亲人捎去苏州特有的品牌大闸蟹,是不少人的美好愿望。每年苏州大闸蟹通过快递方式,将这种鲜活水产品发运到全国各地。据悉,大闸蟹属鲜活类水产品,不易运输。为了确保大闸蟹在运输途中的鲜活,快递企业在快递大闸蟹时,需要保持一定的湿度。一般都是用专用的包装箱将螃蟹放入,在螃蟹周围放上冰块,当螃蟹进入低温休眠后,再用专用胶带进行密封加固,这样才能做到万无一失。

问题:
(1) 如何保存大闸蟹?
(2) 运输大闸蟹的途中应注意哪些问题?

实训项目

制订果蔬产品的保鲜方案

1. 实训目的

通过训练,使学生掌握水果和蔬菜的保管和养护知识以及保鲜技术。

2. 实训内容

(1) 背景资料:长风物流有限公司为物美超市储存一批果蔬产品,主要包括:卷心菜、黄瓜、西红柿、土豆、葱头、小白菜、菠菜、油菜等大众蔬菜,苹果、甜橙、香蕉、梨等大众水果。

(2) 针对长风物流有限公司储存的果蔬产品,分析货物易腐变质的主要原因。

(3) 进行果蔬产品保鲜试验。

(4) 制订果蔬产品保鲜方案。

3. 实训要求

(1) 根据货物的基本性质,分析货物易腐变质的主要原因。

(2) 进行果蔬产品保鲜试验,并进行记录(时间周期为3天)。

(3) 制订果蔬产品保鲜方案(包括储存环境和保鲜技术)。

(4) 每组提交一份果蔬产品保鲜方案(包括保鲜试验记录表)。

(5) 每组选派一名代表讲解和展示本组的工作成果。

4. 实训考核

(1) 评价方式:采取小组自评、小组互评、教师评价三维评价方式,以教师评价为主,小组自评和小组互评为辅,其中教师评分比例占总分数的60%,小组自评占20%,小组互评占20%。

(2) 评价指标:从专业能力、方法能力、社会能力、工作成果展现4个方面进行评价,总评成绩=小组自评×20%+小组互评×20%+教师评价×60%。

学习项目七任务工作单　　学习项目七任务实施单　　学习项目七任务检查单　　学习项目七任务评价单

学习项目八

集装箱货物

引导案例

集装箱水密性不够　造成货损

某年6月30日,某货代公司委托船公司运输袋装大豆,装于由船公司提供的1个401HQ(40尺超高柜)内,由货主自行检查箱体并装箱施封。船公司原计划7月10日于西雅图开船,由于受台风影响,延迟至7月20日开船。这期间,起运地受到台风袭击,连降暴雨和大雨。起运时,箱体完好,封条完整。8月12日船舶抵达广州南沙港拆箱,收货人将集装箱从目的卷码头提走时,集装箱仍然箱体完好,封条完整。收货人在其仓库拆箱后,发现集装箱底部有水湿现象,大豆受潮霉变,经专业检验公司检验出具了"箱子底部受潮,部分麻袋有水渍痕迹"的查勘证明。经查明,货物在装入集装箱前未受水湿,水湿发生在装箱之后;而在货柜迟运期间连降暴雨,因此认定迟运期间雨水渗入集装箱是造成货物湿损的唯一原因。

案例分析:本案例中作为实际承运人的船公司将水密性不符合要求的集装箱投放使用,造成货物湿损,应承担赔偿责任。承运人应检箱后,再交托运人装载货物。

案例所涉及的知识点:集装箱货物受潮损失。

学习目标

【知识目标】

1. 熟悉集装箱的概念和分类;
2. 了解集装箱的规格和标记;
3. 掌握集装箱货物的概念和分类;
4. 掌握各类货物适箱情况;
5. 掌握集装箱的选择方法和检查方法;
6. 掌握不同货物装载集装箱的方法;
7. 熟悉集装箱汗湿原因及防范措施。

【能力目标】

1. 能够识读集装箱外部的标记;
2. 能够进行集装箱货物的适箱分析;
3. 能够根据不同类型货物选择集装箱;

4. 能够对不同的货物进行集装箱操作。

【思政目标】

1. 培养学生锲而不舍的学习精神和终身学习的思想品质。本学习项目以集装箱和集装箱货物的基础知识为主,逐步渗透和延伸集装箱运输中前沿理论与技术。通过本项目的学习,使学生掌握集装箱和集装箱货物的基础知识,在此基础上关注行业的发展趋势,培养学生立足基础,不断地学习新知识和新技能,树立终身学习的思想。

2. 培养学生认真负责的工作态度和勇于担当的职业精神。通过本项目学习,使学生掌握知识和理论,认真履行集装箱货物在选箱和装箱工作职责,确保集装箱货物的质量,培养学生认真负责的工作态度。面对工作中出现的问题,能够用知识和理论提出解决实际问题的方案,培养学生勇于担当的职业精神。

思维导图

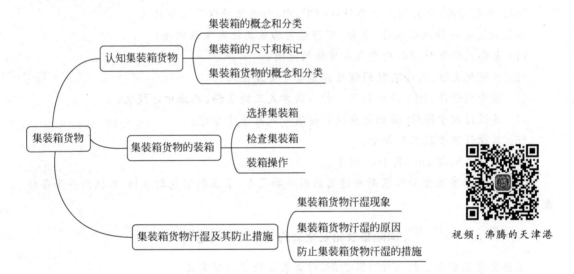

视频:沸腾的天津港

学习单元一　认知集装箱货物

集装箱运输是一种先进的现代化运输方式。它能够长期反复使用,在运输中不移动货物就可以进行多种运输工具的交替运输,可以快速地装卸,对货物的包装实行统一和简单规范化,减少中间环节,加速货物流通,降低流通费用,节约物流的劳动消耗,能够快速、低耗、高效地完成运输过程,具有运输效率高、经济效益好和服务质量优的特点。目前集装箱运输已经成为各国保证国际贸易的最佳运输模式。因此,我们需要详细了解集装箱和集装箱货物。

一、集装箱的概念和分类

(一)集装箱的概念

集装箱(container)是一种装货的容器,又称为货箱、货柜。

但是并非所有容器都是集装箱。国际标准化组织(ISO)根据保证集装箱在装卸、堆放和运输中的安全需要,在货物集装箱的定义中,提出了作为一种运输工具的货物集装箱应具备的条件。

(1) 具有足够的硬度,可以反复使用。

(2) 装有便于装卸和搬运的装置,特别是运输工具之间的换装。

(3) 便于货物的装满和卸空。

(4) 适合于多种运输方式运送货物,中途无须换装。

(5) 内容积为 $1m^3$(35.315 立方尺)或 $1m^3$ 以上。

注:集装箱这一术语,不包括车辆和一般包装。

综上所述,集装箱是指具有一定强度、刚度和规格,专供周转使用的大型装货容器。

集装箱海关公约对集装箱的定义

1972 年制定的《集装箱海关公约》(CCC)中,对集装箱做了如下定义。

集装箱是指一种运输装备(货箱、可移动货物或其他类似结构物):

(1) 全部或部分封闭而构成装载货物的空间;

(2) 具有耐久性,因而其坚固程度能适合于重复使用;

(3) 经专门设计,便于以一种或多种运输方式运输货物,无须中途换装;

(4) 其设计便于操作,特别是在改变运输方式时便于操作;

(5) 其设计便于装满和卸空;

(6) 内部容积在 $1m^3$ 或 $1m^3$ 以上。

集装箱包括有关型号集装箱所适用的附件和设备,集装箱不包括车辆、车辆附件和备件或包装。

国际集装箱安全公约对集装箱的定义

国际集装箱安全公约(CSC)第 2 条,对集装箱做了如下定义。

集装箱是指一种运输装备:

(1) 具有耐久性,因而其坚固程度足能适合重复使用;

(2) 经专门设计,便于以一种或多种运输方式运输货物而无须中途换装;

(3) 为了坚固和(或)便于装卸,设有角件;

(4) 4 个外底角所围闭的面积应为下列两者之一:至少为 $14m^2$($150ft^2$);如顶部装有角件,则至少为 $7m^2$($75ft^2$)。

集装箱不包括车辆及包装,但集装箱在底盘车上运送时,则底盘车包括在内。

(二) 集装箱的分类

为了适应装运不同种类货物的需要,出现了不同类型的集装箱。根据集装箱装载的不同类型货物、集装箱的不同功能、不同制造材料、不同箱体结构,可以将集装箱划分为不同类型。

1. 按照集装箱所装货物种类划分

对不同类型的货物,应使用不同的集装箱装载。按照集装箱所装的货物种类划分,主要有干货集装箱、散货集装箱、灌式集装箱、冷藏箱集装箱,以及一些特种专用集装箱,如汽车集装箱、牧畜集装箱、兽皮集装箱等。

(1) 干货集装箱(dry container)。干货集装箱又称普柜(杂货箱),是一种通用集装箱。这种集装箱可以用来装运除液体货、需要调节温度的货物或者特殊货物以外的一般杂件货,适用范围广,常用的有 20ft 和 40ft 两种规格。只要在尺寸和重量方面适合用集装箱装运的货物(适箱货),均可用杂货集装箱装运。目前在各种集装箱中,干货集装箱占有 90% 以上。干货集装箱如图 8-1 所示。

(2) 散货集装箱(bulk container)。散货集装箱是用来装运粉状或粒状货物,如大豆、大米、各种饲料以及水泥、化学制品等。散装集装箱的顶部设有 2~3 个装货口,在箱门的下部设有卸货口。使用这种集装箱可以节省不菲的包装费用,提高装卸效率和货运质量,减轻粉尘对人体和环境的侵害。散装集装箱如图 8-2 所示。

图 8-1 干货集装箱(40'普柜)

图 8-2 散货集装箱

(3) 灌式集装箱(tank container)。罐式集装箱是专门装运液体货物,如酒类、汽油、液体食品、化学品等。灌式集装箱是由罐体和框架两部分组成,罐体用于装载液体,框架用来支承和固定罐体。罐体的外壁采用保温材料以使罐体隔热,内壁一般要研磨抛光以避免液体残留在壁面。为了降低液体的黏度,罐体下部还设有加热器。罐体内部温度可以通过安装在其上部的温度计观察到。为了便于装卸,罐顶设有装货口,罐底设有排出阀,装货时液体由罐顶部装货口进入,卸货时由排货孔流出,也可用吸管从顶部装货口吸出。灌式集装箱如图 8-3 所示。

(4) 冷藏箱集装箱(reefer container)。冷藏集装箱也称冷藏柜、冻柜或冰柜,是专为运输过程中保持一定温度的冷冻货或低温货而特殊设计的保温集装箱。目前国际上采用的冷藏集装箱基本上分两种:一种是集装箱内带有冷冻机,叫机械式冷藏集装箱;另一种箱内没有冷冻机而只有隔热设备,集装箱的端壁上设有进气孔和出气孔,箱子装在船舱中后,由船舶的冷冻装置供应冷气,叫作离合式冷藏集装箱(又称外置式冷藏集装箱)。冷藏集装箱如图 8-4 所示。

(5) 特种专用集装箱。这种集装箱是专门为装载特殊货物而设计的集装箱,主要有汽车集装箱、动物集装箱、兽皮集装箱等。

图 8-3 罐式集装箱

图 8-4 冷藏集装箱

① 汽车集装箱(car container)。汽车集装箱专门装运小型汽车。其结构特点是没有侧壁,仅有框架和箱底。为了防止汽车在箱内滑动,箱底专门设有绑扎设备和防滑钢板。大部分汽车集装箱设计成上下两层,可以装载多辆小汽车。汽车集装箱如图 8-5 所示。

图 8-5 汽车集装箱

② 动物集装箱(pen container or live stock container)。动物集装箱是一种专门用来装运鸡、鸭、猪、牛等活牲畜的集装箱。为了避免阳光照射,动物集装箱的箱顶和侧壁是用玻璃纤维加强塑料制成的。另外,为了保证箱内有比较新鲜的空气,侧面和端面都有用铝丝网制成的窗,以加强通风。侧壁下方设有清扫口和排水口,并配有上下移动的拉门,可把垃圾清扫出去。箱体的侧壁还装有喂食口。动物集装箱在船上一般装在甲板上,因为甲板上空气流通,也便于清扫和照顾。动物集装箱如图 8-6 所示。

③ 兽皮集装箱(hide container)。兽皮集装箱是一种专门设计用来装运生皮等带汁液、有渗漏性质货物的集装箱,它备有双层底,可存贮渗漏出来的液体。

2. 按照集装箱功能划分

按照集装箱的特有功能划分,可以分为通风集装箱、开顶集装箱、平台集装箱、框架集装箱、保温集装箱。

(1) 通风集装箱(ventilated container)。通风集装箱具有通风的功能,一般在其侧壁或端壁或箱门上设有 4~6 个通风口,适用于装运不需要冷藏但需要通风、防止汗湿的货物。通风集装箱如图 8-7 所示。

图 8-6 动物集装箱

（2）开顶集装箱（open top container）。开顶集装箱具有方便装卸的功能，其箱顶可以方便取下或装上，由硬顶和软顶两种。它适用于装载超高的重货，如钢铁、木材，尤其是像玻璃板等易碎的重货，可利用吊机从顶部吊入箱内，使货物不易损坏，也便于箱内固定。开顶集装箱如图 8-8 所示。

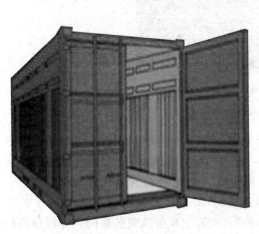

图 8-7 通风集装箱　　　　　　　　图 8-8 开顶集装箱

（3）平台集装箱（platform container）。平台集装箱是仅有底板而无上部结构的集装箱。其特点是装卸作业方便，适合装运长度在 6m 以上、宽度在 4m 以上、高度在 4.5m 以上，重量为 40t 的超重超长的货物。这种集装箱在装运大件货物时，可同时使用几个平台集装箱。平台集装箱如图 8-9 所示。

（4）框架集装箱（flat rack container）。框架集装箱是以箱底面和四周金属框架构成的集装箱。其特点是箱底较普通集装箱厚、强度大，内部高度较普通集装箱低，适用装运形状不规则的货物。框架集装箱如图 8-10 所示。

图 8-9　平台集装箱

图 8-10　框架集装箱

（5）保温集装箱（insulated container）。保温集装箱又称隔热集装箱，具有保鲜功能，主要适用于装运蔬菜、水果等货物，通常采用干冰制冷，保温时间大约 72h。保温集装箱如图 8-11 所示。

图 8-11　保温集装箱

3. 按照集装箱制造材料划分

为了充分发挥装卸机械的能力，最大限度地利用集装箱的装货能力，往往对集装箱的材料有特别要求：首先是质量轻、强度高，能承受一定的拉力和压力；其次是坚固耐用，使用年限长，能满足集装箱反复使用的需求；最后是便于加工成型，制造和维修保养费用低。

从目前来看，一个集装箱不只是用一种材料制成的，而是以某种材料为主，在箱子的不同结构处采用不同的材料。因此，按照制造材料分类，实际上是按照集装箱的主体材料进行划分。一般可分为钢制集装箱、铝合金集装箱、不锈钢集装箱、玻璃钢集装箱、木质集装箱等。

（1）钢制集装箱。钢制集装箱的框架和箱壁板皆用钢材制成。其主要优点是：强度高、结构牢固、焊接性好、容易修理、水密性好、价格低廉、能反复使用；主要缺点是抗腐蚀性差、自重大。

（2）铝合金集装箱。铝合金集装箱有两种：一种为钢架铝板，另一种仅框架两端用钢材，其余用铝材。其主要优点是自重轻、不生锈、外表美观、弹性好、不易变形；主要缺点是造价高，受碰撞时易损坏。

（3）不锈钢集装箱。不锈钢集装箱一般多用于罐式集装箱。其主要优点是强度高、不生锈、耐腐好；主要缺点是价格高、投资大。

（4）玻璃钢集装箱。玻璃钢集装箱是在钢制框架上装上玻璃钢复合板构成的。其主要优点是隔热性、防腐性和耐化学性均较好,强度大,刚性好,能承受较大应力,易清扫,修理简便,集装箱内容积较大;主要缺点是自重较大,造价较高。

4. 按照集装箱的箱体结构划分

按照集装箱的结构划分,可以分为内柱式集装箱和外柱式集装箱、折叠式集装箱和固定式集装箱、预制骨架式集装箱和薄壳式集装箱。

(1) 内柱式集装箱和外柱式集装箱。内柱式集装箱是指侧柱和端柱位于侧壁和端壁之内,外柱式集装箱则是指侧柱和端柱位于侧壁和端壁之外。内柱式集装箱的优点是外表平滑,印刷标记方便,由于外板与内衬板之间留有空隙,故隔热效果好,并能减少货物湿损;外柱式集装箱的优点是集装箱受到外力作用时,外力由侧柱和端柱承受,起到保护外板的作用,有时还可以省去内衬板。

(2) 折叠式集装箱和固定式集装箱。折叠式集装箱的主要部件(指侧壁、端壁和箱顶)能折叠和分解,再次使用时,可以方便地组合起来。固定式集装箱是各个部件永久地固定在一起。目前使用较多的是固定式集装箱。

(3) 预制骨架式集装箱和薄壳式集装箱。预制骨架式集装箱是外部用铆接或焊接方法与预制骨架连成一体的集装箱;薄壳式集装箱是把所有构件连成一个刚体,其优点是可以减轻重量,共同承担扭力而不会变形。

二、集装箱的尺寸和标记

(一) 集装箱尺寸

集装箱尺寸包括集装箱外尺寸和集装箱内尺寸。

1. 集装箱外尺寸

集装箱外尺寸(container's overall external dimensions)包括集装箱永久性附件在内的集装箱外部最大的长、宽、高尺寸。它是确定集装箱能否在船舶、底盘车、货车、铁路车辆之间进行换装的主要参数,是各运输部门必须掌握的一项重要技术资料。

2. 集装箱内尺寸

集装箱内尺寸(container's internal dimensions)有集装箱内部的最大长、宽、高尺寸。高度为箱底板面至箱顶板最下面的距离,宽度为两内侧衬板之间的距离,长度为箱门内侧板量至端壁内衬板之间的距离。它决定了集装箱内容积和箱内货物的最大尺寸。集装箱内部尺寸如表 8-1 所示。

表 8-1 集装箱内尺寸 单位:mm

规格	干货箱(dry container)			冷藏箱(reefer container)		
	L	W	H	L	W	H
20ft(6.1m)	5 890	2 350	2 390	5 435	2 286	2 245
40ft(12.2m)	12 029	2 350	2 390	11 552	2 266	2 200
规格	开顶箱(open top container)			框架箱(flat rack container)		
	L	W	H	L	W	H
20ft(6.1m)	5 900	2 350	2 337	5 628	2 178	2 159
40ft(12.2m)	12 025	2 350	2 337	11 762	2 178	1 986

注:① L 表示长度,W 表示宽度,H 表示高度。
② 规格表示货柜的长度。

按集装箱内部尺寸,可以计算出装货容积。同一规格的集装箱,由于结构和制造材料的不同,其内容积略有差异。集装箱内容积是物资部门或其他装箱人必须掌握的重要技术资料。主要规格的集装箱的内容积、配货体积和毛重如表 8-2 所示。

表 8-2 主要规格的集装箱的内容积、配货体积和毛重

集装箱尺寸	20'	40'GP	40'HQ	45'HQ
理论内容积/CBM	33	67	76	86
允许配货体积/CBM	22～31	50～65	60～73	70～83
允许配货毛重/MT	≈17.5	≈22	≈22	≈29

集装箱的计量单位

集装箱计算单位,简称 TEU(twenty equivalent unit),又称 20 英尺换算单位,是计算集装箱箱数的换算单位,也称国际标准箱单位。通常用来表示船舶装载集装箱的能力,也是集装箱和港口吞吐量的重要统计与换算单位。目前各国大部分集装箱运输,都采用 20 英尺和 40 英尺长的两种集装箱。为使集装箱箱数计算统一化,把 20 英尺集装箱作为一个计算单位,40 英尺集装箱作为两个计算单位,以便统一计算集装箱的营运量。

(二)集装箱的标记

集装箱标记是为了便于对集装箱在流通和使用中识别和管理,便于单据编制和信息传输。国际标准化组织规定的标记有必备标记和自选标记两类。具体来说,集装箱上有箱主代号、集装箱号或顺序号、核对数字或验证码、国别代号、集装箱尺寸代码、集装箱类型代号。除此以外,集装箱后门上还有 8 行标记。

1. 必备标记

(1)箱主代号。国际标准化组织规定,箱主代号由 4 个大写的拉丁文字母表示,前 3 位由公司制定,并在国际集装箱局(BIC)注册,第 4 个字母一律用 U 表示(U 是集装箱这种设备的设备识别码)。箱主代码举例如表 8-3 所示。

表 8-3 箱主代码举例

公司名称	马士基	中远	中海	商船三井	长荣	东方海外
箱主代码	MSKU	CBHU	CCLU	MOLU	KMCU	OCLU

(2)顺序号,又称箱号,由 6 位阿拉伯字母组成。如有效数字不足 6 位时,则在有效数字前用"0"补足 6 位。

(3)核对数字或校验码。核对数字或校验码是用来核对箱主代号和顺序号记录是否准确的依据。它位于箱号后,以一位阿拉伯数字加一方框表示。

2. 自选标记

(1)国别代码。国别代码是指箱主公司所在国家的代码,非强制性的,为自选代码。国别代码以 2 个或 3 个英文字母表示。如中国用 CN;美国用 USA。

(2)尺寸代码。尺寸代码中包含了箱子的长度、高度、是否有鹅颈槽 3 个信息。尺寸代

码由2位阿拉伯数字组成。第1个字符表示箱长，20ft箱长代号为"2"；40ft箱长代号为"4"。另外，英文字母A～P为特殊箱长的集装箱代号。第2个字符表示箱宽与箱高。其中，柜高8ft代号为0；8.5ft代号为2；9ft代号为4；9.5ft代号为5；高于9.5ft，代号为"6"；半高箱（箱高4ft）代号为8；低于4ft，代号为9。尺寸代号为奇数者，表示柜子底部有鹅颈槽，尺寸代号为偶数者，表示柜子底部无鹅颈槽。

(3) 类型代码，类型代码可反映集装箱的用途和特征。类型代码用2个字符表示。其中第1个字符为英文字母，表示集装箱的类型。例如，G(general)表示通用集装箱；V(ventilated)表示通风集装箱；B(bulk)表示散货集装箱；R(reefer)表示保温集装箱中的冷藏集装箱；H(heated)表示集装箱中的隔热集装箱；U(up)表示敞顶集装箱；P(platform)表示平台集装箱；T(tank)表示罐式集装箱；A(air)表示空陆水联运集装箱；S(sample)表示以货物命名的集装箱。第2个字符为阿拉伯数字，表示某类型集装箱的特征。例如，G0表示一端或两端有箱门，G1表示货物上方有透气罩，G2表示一端或两端设有箱门并且一侧或两侧设有"全开式"箱门，G3表示一端或两端设有箱门并且一侧或两侧设有"局部"箱门，G4～G9为备用等。

3. 集装箱后门标记

集装箱右后门有10行字符，如图8-12所示。

第1行为必备标记，第2行自选标记。

其余8行主要信息如下。

(1) MGW（或MAX GROSS），最大允许箱货总重。

(2) PAYLOAD CAPACITY（或NET WEIGHT），最大允许载重。

(3) TARE，箱子自重。

(4) CU CAP.（或用CUBE），箱内容积。

```
MSKU    327 846 3
GB         42G1
MGW                  27308KGS
                     60365LBS
PAYLOAD CAPACITY  27380KGS
(或用NET WEIGHT)    60365LBS
TARE                  3100KGS
                      6835LBS
CU CAP.              67.4CUM
(或用CUBE)           2380CUFT
```

图8-12 集装箱门信息

三、集装箱货物的概念和分类

（一）集装箱货物的概念

集装箱货物是指以集装箱为装载单元进行运输的货物。

并非所有货物都可以成为集装箱货物。集装箱货物应具备两个基本特点：①能比较好地利用集装箱的载货重量或载货容积；②货物的价值较高，对运输费用的承担能力较强。从技术的角度看，不能使用集装箱运输的货物很少；但从经济的角度，有些货物不适合集装箱运输，如大件货物或大批量货物，如煤炭、矿砂、粮谷、原油等。

（二）集装箱货物的分类

集装箱货物分类是为了合理安排集装箱运输组织工作，合理使用各种不同的集装箱运输方式，使运输能力得到有效、充分的发挥，保证货物运输的安全和货物运输质量的提高。一般而言，集装箱货物可以按照货物的适箱程度、货物的基本性质、货物的包装形式、货物是否装满一个集装箱进行分类。

1. 按货物的适箱程度划分

从集装箱运输货物的经济性、物理性的角度，按照货物适合集装箱运输的程度，可分为最适箱货、适箱货、临界货和不适箱货。

(1) 最适箱货即最适合于集装箱的货物(prime containerizable cargoes)。这类货物在物理属性方面完全适合于集装箱运输,而且货价一般很高,因此对高运价的承受能力也很强。这类货物包括医药类产品,酒和饮料等液体产品,家用电器、照相机、手表等家电产品、中高档纺织品等。

(2) 适箱货即适合于集装箱的货物(suitable containerizable cargoes)。这类货物通常是指其物理属性与运价均可为集装箱运输所接受的货物。但与最适合于集装箱的货物相比,其价格和承受运价的能力相应要低一些。这类货物包括屋顶板、纸浆、罐装植物油、电线、电缆、金属制品、皮革、黑色颜料等。

(3) 临界货即临界于集装箱的货物(marginal containerizable cargoes)。这类货物在物理属性及形态上使用集装箱运输是可行的,但其货价较低,承受运价的能力比较低,在包装方面难以进行集装箱化,若采用集装箱运输,在经济上所获利润不高,甚至可能亏损。这类货物包括钢锭、铅锭、生铁、原木、生铁块、原木、砖瓦等。

(4) 不适箱货即不适合于集装箱的货物(unsuitable containerizable cargoes)。这类货物由于物理状态和经济上的原因不能使用集装箱运输,如货价较低的大宗货物、长度超过12.2m(40ft)的货物和重量超过了集装箱最大载重量的超限货物,如金属构件、桥梁、废钢铁、大理石、花岗石、地砖、瓷砖、老虎钳、铁榔头、废钢铁等。还有些货物的物理属性与运价均适合于集装箱运输,如卡车、工程车辆、食糖、矿砂、粮谷、水泥、鱼粉、原油等;但这类货物经常采用大批量运输,使用特种船(诸如散装船、滚装船、油轮、专用船之类)运输,其运输效率更高,价格更低廉。

2. 按货物性质划分

按货物性质和运输要求,可将集装箱货物分为普通货物和特殊货物。

(1) 普通货物。普通货物是不需要用特殊方法进行保管和装卸的货物。其特点是货物批量不大,品种较多。普通货物通常装在普通集装箱(杂货柜)、开顶集装箱、通风集装箱、平台式集装箱、散货集装箱内进行运输。

(2) 特殊货物。特殊货物是指货物本身的性质、体积、重量和价值等方面具有特别之处,在积载、装卸和保管中需要采取特殊设备和措施的各类货物。主要包括危险货物,冷藏货物、超限货物、贵重货物、有生动植物货物等。

危险货物可以用干货集装箱装运,但是集装箱的四周外壁上必须贴上危险品标志;冷藏货物通常装在冷藏集装箱装运;超限货物可以用开顶集装箱、平板式或台架式集装箱装运;贵重货物通常先装入木箱或特殊的较牢固的金属箱中,再装入普通集装箱;活的动物可以用动物集装箱装运;动物皮毛(如生皮、皮革、毛皮等)可以用兽皮集装箱或通风集装箱装运;动植物产品(如肉类、动植物油等)可以用冷藏集装箱、灌装集装箱装运。

3. 按照货物的包装形式划分

根据货物的包装方式划分,可将货物分为纸箱装货、木箱装货、波纹纸板箱货、捆包货、袋装货、鼓桶类货、滚筒货和卷盘货、长件货、托盘货等,以适应集装箱运输装卸的需要。

(1) 纸箱装货。纸箱是当今世界物流业使用最广泛的包装,其尺寸大小不一,大的可装冰箱、柜式空调机等,小的可装牛奶、方便面、矿泉水等。

(2) 木箱装货。木箱主要用于装运易碎、易损或比较贵重的货物,比如玻璃制品、电气制品、瓷器制品等。其尺寸大小不一,从50g以下的包装货物到几吨重的大型机械,都可以用木箱装运,常用木箱形式有木板箱、板条箱。

(3) 波纹纸板箱货。波纹纸板箱一般用于包装比较精细的和比较轻的货物,包括水果类、酒类、办公用品工艺品、玩具等。

(4) 捆包货。捆包货是根据货物的品种形态需要进行捆包的货物,包括纤维制品、羊毛、棉布、棉花、纺织品、纸张等。

(5) 袋装货。袋装货是指装在纸袋、塑料袋、布袋、麻袋内的货物。用纸袋装载的货物有水泥、砂糖;用塑料袋装的货物有肥料、化学药品、可可、奶粉等;用麻袋装载的货物有粮食;布袋用于装载粉状货物。

(6) 鼓桶类货。鼓桶类货是指货物的包装外形是圆形或鼓形的。按包装形态,有铁桶、木桶、纸板桶等,主要用于装载油类、液体和粉末化学制品、酒精、糖浆等货物。

(7) 滚筒货和卷盘货。滚筒货和卷盘货是按货物本身形态划分的。如塑料薄膜、钢瓶属于滚筒货;电缆、卷纸卷钢、钢丝绳等属于卷盘货。

(8) 长件货。长件货是指货物的外形尺度较长的货物,主要包括原木、管子、横梁以及特别长的木箱包装货物。

(9) 托盘货。托盘货是指货物本身需装在托盘上的货物,就是常说的"打托"的货物。

4. 按一批货物是否装满一个集装箱划分

按照一批货物是否能装在一个集装箱里进行分类,可分为拼箱货和整箱货。

(1) 拼箱货(less than container cargo load,LCL)。拼箱货是指装不满一箱的小票货物。通常是由承运人分别揽货并在集装箱货运站(container freight station,CFS)或内陆站(inland depot)集中,而后将两票或两票以上的货物拼装在一个集装箱内,同样要在目的地的集装箱货运站或内陆站拆箱,分别交给不同的收货人。

(2) 整箱货(full container cargo load,FCL)。整箱货是由发货人负责装箱、计数、加封(施封)、填写装箱单(packing list,P/L)。整箱货通常只有一个发货人和一个收货人。整箱货的拆箱一般由收货人办理。承运人不负责箱内货物的货损和货差。

学习单元二　集装箱货物的装箱

选好集装箱,检查集装箱,进行装箱作业,这些环节对集装箱能否被充分有效地利用,货物是否能安全可靠地运到目的地,具有十分重要的意义。

一、选择集装箱

在集装箱货物装箱之前,应根据所运输的货物种类、性质、形状、包装、重量、体积以及有关的运输要求等,选择适货的集装箱。集装箱的装载量、运输路线及其通过能力以及货物密度与集装箱容重的适应程度也要考虑在内。

(一) 根据货物的种类选择相适用的集装箱

货物在装运集装箱之前,应按货物的不同特性,选择不同类型的集装箱,具体如表8-4所示。

表 8-4　按货物种类选择集装箱

集装箱种类	货 物 种 类
杂货集装箱	清洁货物、污秽货物、危险货物、箱装货、滚筒货、卷盘货等
开顶集装箱	清洁货物、污秽货物、超重货、长件货、超高货、易腐货物等
框架式集装箱	超重货、长件货、超高货、袋装货、箱装货、捆装货等
散货集装箱	散装货物、污秽物、易腐货物等
平台集装箱	超重货、长件货、超宽货、散件货物、托盘货等
通风集装箱	易腐货物、动植物、冷藏货物、托盘货物等
动物集装箱	动植物
罐式集装箱	液体货物、气体货物等
冷藏集装箱	冷藏货物、危险货物、污秽货物等

(二) 选择集装箱还应考虑的因素

1. 装载量、运输路线及其通过能力

(1) 选择装载量与货物相适应的箱型,其目的在于使集装箱载重量得到充分利用。集装箱的最大载货重量等于总重量减去自重。

(2) 根据运输道路通过能力及有关规定,选择相应的运输路线和相对应的箱型。

2. 货物密度与集装箱的容重两者要相适应

(1) 货物密度是指货物单位容积的重量,是货物单位重量与货物单位体积之比。

(2) 集装箱的容重是指集装箱单位容积的重量,是集装箱的最大载货重量与集装箱的容积之比。

为了使集装箱的容积和载重量得到充分利用,在选箱时,应选择单位容重与货物密度相接近的集装箱。

链接

如何计算一只集装箱能装下的同一种货物的最大数量(件数)

1. 方法 1

计算原理:每个集装箱的容重是一定的,因此如箱内装载一种货物时,只要知道货物密度,就能断定是重货还是轻货(所谓的"重货""轻货"是相对的)。若货物密度大于柜子容重则是重货,装载的货物最大件数以柜子的限重计算;反之,货物密度小于柜子的容重,则是轻货,装载的货物最大件数以柜子的有效容积计算。

【算例 1】 (1) 一只 20 尺普柜(俗称 20'GP 柜)的理论容积为 33CBM(m^3),计划装载牛奶,已知这种货物的装箱舱位容积为 3CBM(或者相容利用率 91%),货柜的限重为 15t。这批货为纸箱货,纸箱规格(外形尺寸)为 30cm×20cm×10.7cm,每个纸箱里装 24 盒牛奶,每箱毛重(GW)为 6kg。

试求:该 20 尺普柜最多可以装运多少箱牛奶?

解答:

① 该货柜的容重:$15 \div (33-3) = 0.5(t/m^3)$。

② 货物密度：$0.006 \div (0.3 \times 0.2 \times 0.107) \approx 0.93 (t/m^3)$。

③ 由于 $0.93 > 0.5$，说明此货为重货，因此以柜子的限重为准计算货物的件数，即，限重÷每件货物重量＝最多允许件数，将数据代入可得：$15 \div 0.006 = 2\,500$（箱）。

(2) 如果其他条件相同，只是把货物改为方便面，每箱毛重 3kg。试求：该 20 尺普柜最多可以装运多少箱方便面？

解答：

① 该货柜的容重：$15 \div (33-3) = 0.5 (t/m^3)$。

② 货物密度：$0.003 \div (0.3 \times 0.2 \times 0.107) \approx 0.47 (t/m^3)$。

③ 由于 $0.47 < 0.5$，说明此货为轻货，因此以柜子的有效容积为准计算。

有效容积÷每件货物体积＝最多允许件数。将数据代入可得：$30 \div (0.3 \times 0.2 \times 0.107) = 4\,672$（箱）。

2. 方法2

计算原理：分别按照集装箱限重和有效容积计算出货物件数，再取较小者作为最后确定的最多装载货物件数。

【算例2】 (1) 以算例1中重货（牛奶）的数据。

① 按照柜子限重计算出可能装下的货物件数。

限重÷每件货物重量＝最多允许件数，代入数据就可得：$15 \div 0.006 = 2\,500$（箱）。

② 按照柜子有效容积计算出可能装下的货物件数。

$(33-3) \div (0.3 \times 0.2 \times 0.107) = 30 \div 0.00642 = 4\,672$（箱）

③ 由于 $2\,500 < 4\,672$，因此该货柜最多可装载的货物件数为 $2\,500$ 箱。

(2) 以算例1中轻货（方便面）的数据。

① 按照柜子限重计算出可能装下的货物件数。

限重÷每件货物重量＝最多允许件数，代入数据就可得：$15 \div 0.003 = 5\,000$（箱）。

② 按照柜子有效容积计算出可能装下的货物件数。

$(33-3) \div (0.3 \times 0.2 \times 0.107) = 30 \div 0.00642 = 4\,672$（箱）

③ 由于 $4\,672 < 5\,000$，因此该货柜最多可装载的货物每件数为 $4\,672$ 箱。

（三）所选择的集装箱应具备的条件

所选定的集装箱应该具备以下条件。

(1) 符合ISO标准。

(2) 四柱、六面、八角完好无缺。

(3) 箱子各焊接部位牢固。

(4) 箱子内部清洁、干燥、无味、无尘。

(5) 不漏水、不漏光。

(6) 具有合格的检验证书。

二、检查集装箱

集装箱在装货之前，要进行全面检查，通常是对集装箱内部、外部、箱门、附件和清洁状态进行检查。

（一）内部检查

集装箱内部检查时，要把箱门关上，检查箱子有无漏光处，这样很容易发现箱顶和箱壁四周有无气孔，箱门是否严密。检查时要注意箱壁内衬板有无水印。

（二）外部检查

集装箱外部检查主要是检查集装箱外部表面有何损伤，要特别检查箱顶部分有无气孔等损伤。对于已经修理过的部分，检查时要注意其现状如何，有无漏水现象。

（三）箱门检查

集装箱箱门检查主要是检查箱门能否顺利开启、关闭，开启时能否正常运转至 270°，完全关闭后能否密封。此外，还要检查箱门把手是否灵活，箱门能否完全锁上。

（四）附件检查

集装箱附件检查主要检查系环、孔眼、框架集装箱和开顶集装箱上使用的布篷和索具、储液槽、防水龙头、通风管、通风口等是否齐备。

（五）清洁状态检查

集装箱清洁状态检查主要是检查集装箱内有无垃圾、恶臭、生锈，有无污染，是否潮湿等。

三、装箱操作

（一）典型货物的装箱操作

1. 纸箱货的装箱操作

（1）装箱要从箱里往外装或者从两侧往中间装。如集装箱内装的是统一尺寸的大型纸箱，会产生空隙。当空隙为 10cm 左右时，一般不需要对货物进行固定；当空隙很大时，需要按货物具体情况加以固定。在纵向产生 250～300cm 的空隙时，可以利用上层货物的重量把下层货物压住，但最上层货物一定要塞满或加以固定。

（2）如果不同尺寸的纸箱混装，应就纸箱大小合理搭配，做到紧密堆装。如所装的纸箱很重，在集装箱的中间层就需要适当地加以衬垫。

（3）拼箱的纸箱货应进行隔票。隔票时，可用纸、网、胶合板、吸塑防静电托盘等材料，也可以用粉笔、带子等做记号。

（4）纸箱货不足以装满一个集装箱时，应注意纸箱的堆垛高度，以满足使集装箱底面占满的要求。

（5）箱门端留有较大的空隙时，需要利用方形木条来固定货物。

（6）装载小型纸箱货时，为了防止塌货，可采用纵横交叉的堆装法。

2. 木箱装的装箱操作

木箱其种类繁多，尺寸和重量各异。木箱装载和固定时需要注意以下问题。

（1）装载比较重的小型箱子时，可采用骑缝装法，使上层的箱子压在下层两个箱子的接缝上，最上一层必须加以固定或塞紧。

（2）装载小型箱子时，如箱门端留有较大的空隙，则必须利用木板或木条加以固定或撑紧。

(3) 重心较低的重大箱子、大箱子只能装一层且不能充分利用集装箱底部面积时,应装在集装箱的中央区,底部横向必须用方形木条加以固定。

(4) 对于重心重的箱子,仅靠底部固定是不够的,还必须在上面用木条撑紧。

(5) 体积较大的木箱可考虑用开顶柜装,但这种木箱货件须是不怕湿的货物,因为开顶柜即使在箱顶蒙上帆布也很难保证不渗水。

(6) 装载框箱时,通常是使用钢带拉紧,或用具有弹性的尼龙带或布袋来代替钢带。

3. 托盘货的装箱操作

托盘上通常装载纸箱货和袋装货。纸箱货在上下层之间可用粘贴法固定。袋装货装板后要求袋子的尺寸与托盘的尺寸一致,对于比较滑的袋装货也要用粘贴法固定。托盘在装载和固定时应注意以下几个问题。

(1) 托盘的尺寸如在集装箱内横向只能装一块时,则货物必须放在集装箱的中央,并用纵向垫木等加以固定。

(2) 装载两层以上的货物时,无论空隙在横向或纵向,底部都应用档木固定,而上层托盘货还需要用垮档木条塞紧。

(3) 拖盘货装载框架集装箱时,必须使集装箱前后、左右的重量平衡。装货后应用带子把货物拉紧,货物装完后集装箱上应加罩帆布或塑料薄膜。

(4) 袋装的托盘货应根据袋包的尺寸,将不同尺寸的托盘搭配起来,以充分利用集装箱的容积。

4. 捆包货的装箱操作

捆包货包括纸浆、板纸、羊毛、棉花、面布、棉织品、纺织品、纤维制品以及废旧物料等。其平均每件重量和容积比纸箱货和小型木箱货大。一般,捆包货都用杂货集装箱(干货柜、普柜)装载。

捆包货包装形态因货种不同而存在很大的差异,装箱的捆包单位体积一般不宜超过 $0.566m^3(20ft^3)$,否则装箱及拆箱(或叫掏箱或拆吉,即把货物从箱内取出)都有一定困难。捆包的堆积不受方向限制,在箱内可做纵向或横内堆积,也可竖内堆积,堆积方式的选定以空隙最小为原则。捆包在装载和固定时应注意以下问题。

(1) 捆包货一般可横向装载或竖向装载,此时可充分利用集装箱箱容。

(2) 捆包货装载时一般都要用厚木板等进行衬垫。

(3) 用粗布包装的捆包装,在箱门处可能倒塌,对这种捆包在箱门内 0.3m 处要利用环扣和绳索进行绑扎。

(4) 集装箱内可能有棱角、突起物(螺丝钉等)会损坏货件包装,对这些部位应加以适应的衬垫。

5. 袋装货的装箱操作

袋包装的种类有麻袋、布袋、塑料袋、纸袋等,主要装载的货物有粮仓、咖啡、可可、化肥、水泥、粉状化学品等。除某些袋装货物须使用通风集装箱等特殊集装箱外,一般都使用杂货集装箱(通风柜、普柜)。通常袋包装材料的抗潮、抗水湿能力较弱,故装箱完毕后,最好在货物顶部铺设塑料等防水遮盖物。

袋装货在装载和固定时应注意以下问题。

(1) 袋装货一般容易倒塌和滑动,可采用压缝方式堆积或者用粘贴剂粘固,或在袋装货中间插入衬垫板和防滑粗板。

(2) 袋包一般在中间呈鼓凸形,常用堆装方法有砌墙法和交叉法。

(3) 为防止袋装货堆装过高而发生塌货事故,需用系绑用具加以固定。

(4) 必要时可采用货板成组方式,作业较简便,并可提高作业效率,但缺点是货板本身要占据一定的载货空间,使货物装箱数量有所减少。

6. 滚筒货的装箱操作

卷纸、卷钢、钢丝绳、电缆盘圆等卷盘货,塑料薄膜、柏油纸、钢纸等滚筒货,以及轮胎瓦管等均属于滚动类货物。滚筒货装箱时,要注意消除滚动的特性,做到有效、合理地装载。

(1) 卷纸类货物的装载和固定操作。卷纸类货物原则上应竖装,并应保证卷纸两端的端面不受污损。此外,要把靠近箱门口的几个卷纸与内侧的几个卷纸用钢带捆一起,并用填充物将箱门口处的空隙填满,将货物固定。

(2) 盘圆的装载和固定操作。盘圆是一种只能用机械装载的重货,一般在箱底只能装一层。最好使用井字形的盘圆架。对大型盘圆,还可以用直板系板、夹件等在集装箱箱底进行固定。

(3) 电缆是绕在电缆盘上进行运输的,装载电缆盘时也应注意箱底的局部强度问题。大型电缆盘在集装箱内只能装一层,一般使用支架防止滚动。

(4) 卷钢的装载和固定操作。卷钢虽然也属于集中负荷的货物,但是热轧钢卷一般比电缆轻。装载卷钢时,一定要使货物之间互相贴紧,并装在集装箱的中央。对于重3t左右的卷钢,除用钢丝绳或钢带通过箱内系环将卷钢系紧外,还应在卷钢之间用钢丝绳或钢带连接起来;对于重5t左右的卷钢,还应再用方形木条加以固定。固定时通常使用钢丝绳,而不用钢带,因为钢带容易断裂。

(5) 轮胎的装载和固定操作。对于普通卡车用的小型轮胎采用竖装、横装都可以,但横装时比较稳定,不需要特别加以固定。大型轮胎则以竖装为多,应根据轮胎的直径、厚度来研究其装载方法,并加以固定。

7. 桶装货的装箱操作

桶装货一般包括各种油类、液体和粉末类的化学制品、酒精、糖浆等,其包装形式有铁桶、木桶、塑料桶、胶合板桶和纸板桶这5种。除桶口在腰部的传统鼓形木桶外,桶装货在集装箱内均以桶口向上的竖立方式堆装。由于桶体呈圆柱形,因此在桶装货件装箱时,应充分注意桶的外形尺寸,并根据具体尺寸决定堆装方法。

(1) 铁制桶的装载和固定操作。集装箱运输中以$0.25m^3$的铁桶最为常见,这种铁桶在集装箱内可堆装两层,每一个20英尺型集装箱内一般可装80桶。装载时要求桶与桶之间要靠近,对于桶上有凸缘的铁桶,为了使桶与桶之间的凸缘错开,每隔一行要垫一块垫高板,装载第二层时同样要垫上垫高板,而不垫垫高板的这一行也要垫上胶合板,使上层桶装载稳定。

(2) 木质桶的装载和固定操作。木桶一般呈鼓形,两端有铁箍,由于竖装时容易脱盖,故原则上要求横向装载。横装时在木桶的两端垫上木契,木契的高度要使桶中央能离开箱底,不让桶的腰部受力。

(3) 纸板桶的装载和固定操作。纸板桶的装载方法与铁桶相似,但其强度较弱,故在装箱时应注意不能使其翻倒而产生破损。装载时必须竖装;装载层数要根据桶的强度而定,有时要有一定限制;上下层之间一定要插入胶合板做衬垫,以分散负荷。

8. 薄板货物的装箱操作

薄板货物主要是指纤维板、薄钢板、胶合板、玻璃板、木制或钢纸制的门框等。这些货物的包装形式一般是裸装或者先装入木箱。

这类货物的装载方法各有不同,有的需要横装,有的需要竖装。比如,纤维板、胶合板等一般要求横装;而玻璃板则必须竖装。考虑到装卸的便利性,对这类货物可选用开顶式集装装载。用集装箱装载薄板货,其货物本身要用钢带、布带或收缩性的塑料等固定在柜子上。

(二) 特殊货物的装箱操作

1. 超尺度和超重货物的装箱操作

超尺度货是指货物的尺度超过了国际标准集装箱的尺寸而装载不下的货物,超重货是指货物重量超过了国际标准集装箱的最大载货重量而不能装载的货物。

集装箱船的箱格(格栅)结构和装卸集装箱的机械设备是根据集装箱标准来设计的。因此,如果货物的尺寸、重量超过了这一标准规格,则会对集装箱船的装卸和集装箱自身的做柜(装箱)、拆柜(拆箱)作业造成一定的困难。

(1) 超高货物的装载。超高货物是指货物的高度超过集装箱箱门高度的货物。通常,干货集装箱箱门的有效高度,20ft 型箱为 2 265～2 284mm,40ft 平柜为 2 265～2 284mm,40ft HQ 柜(超高柜、超高箱)为 2 290～2 310mm。如货物超过了箱门高度,则属于超高货。超高货物只能用开顶式集装箱或板架式集装箱装载。装载超高件货时,通常只能将该箱子堆放在舱内或甲板上的最高层,该箱的上部不能再配载其他集装箱。

(2) 超宽货物的装载。超宽货物受到集装箱结构上的限制和装卸作业条件、集装箱船装载条件的限制。集装箱对超宽货物的限制主要由箱格结构入口导槽的形状而定。另外,堆放集装箱时,其集装箱之间的空隙大小对超宽货物也有相应的限制。通常日本集装箱船之间空隙为 200mm 左右,而其他国家船舶约为 180mm。如果所装的超宽货物不超过上述范围,一般在箱格内是可以装载的,而且装载箱与箱格导柱之间有一些超宽余量(一般为 80～150mm)。

(3) 超长货物的装载。超长货物一般只能用板架式集装箱装载,并利用机械进行装卸。装载时,需将集装箱两端的插板取下,装货时,把插板铺在货物下面就可以了。超长货物的超长量有一定限制,最大不得超过 306mm。在箱格结构的集装箱船上,舱内是不能装载超长货的。

(4) 超重货物的装载。集装箱自身的重量加上所装的货物的重量的总重是有限制的。20ft 集装箱的装货重量为 20 长吨(20.32t),40ft 集装箱的装货重量为 30 长吨(30.48t),所有的与其有关的运输工具和装卸机械都是根据这一总重来设计,使其重量能符合运输设备和装卸设备的要求。超重货物装箱时,要注意重量的均匀分布,应将超重货物放在箱内的中心位置。

2. 液体散货的装箱操作

液体货物集装箱装运分两种情况:一是直接装入罐式集装箱运输;二是将液体货物装入其他容器(如桶)后再装入集装箱运输。采用罐式集装箱装运液体散货时,通常要注意以下事项。

(1) 确认箱内的涂料能否满足货物的运输要求;如果不适合,有时可使用内衬袋。

(2) 查明货物的比重与集装箱允许载重量与容积比值是否一致或接近。当货物比重较大,货物只装半罐时,不能采取罐式集装箱装载,因为半罐装会出现巨大的自由液体,从而降低船舶的稳性,另外半罐装使得罐的结构受到巨大的损伤,给货物的装卸和运输带来危险。

(3) 检查必备的管道、排空设备、安全阀是否完备有效。

(4) 检查安全阀门是否有效。

(5) 在货物运输和装卸过程中,应根据货物的特性考虑是否需要加温,并确认装货、卸货地点有蒸汽源和电源。

3. 冷藏货物的装箱操作

冷藏货物分为冷冻货(frozen cargo)和低温货(chilled cargo)两种。冷冻货是指货物在冻结状态下进行运输的货物,运输温度的范围一般在－20～－10℃。低温货是指货物在还未冻结或货物表面有一层薄薄的冻结层的状态下进行运输的货物,一般的调整范围在－1～＋16℃。

(1) 冷藏货物装箱前的检查及准备如下。

① 检查集装箱是否具有集装箱所有人出具的集装箱合格证书或文件;集装箱的启动、运转、停止装置是否处于正常状态。

② 检查集装箱的通风孔是否处于所要求的状态。通风孔是箱内冷却货物呼吸所需要的开口。做柜(装箱)期间为了冷却货物要打开通风孔;但做柜完毕后,必须关闭通风孔,以防止暖空气进入箱内造成货物腐烂变质。

③ 检查泄水管是否堵塞。因为残水排出口是装运冷却货物时所必需的,如果该处附有杂物或积尘,则会使残水难于排出,进而影响箱内货物的质量,所以应注意定期清理使其畅通。

④ 检查集装箱本身的气密性(集装箱内、外围壁和箱门等处的气密质量),以及隔热材料有无损坏等情况。

⑤ 如果装运食品,还应检查箱内的清洁条件。

⑥ 检查冷藏货物本身是否达到规定的温度,冷藏箱能否达到规定的温度。

⑦ 冷冻集装箱内使用的垫木和其他衬垫材料要预冷,并确保衬垫材料的清洁卫生,不污染货物。

⑧ 在整个装货期间,冷冻装置应停止运转。

(2) 冷藏货物装载时的注意事项如下。

① 冷藏货装箱时,先要对箱子进行预冷,同时还要检查货物本身的温度是否达到指定的温度。

② 为了使箱内的冷风保持循环,货物通常不能装到风管下面,也不能将冷风口的前面堵塞,装货高度不能超过箱中的货物积载线,天棚部分应留有空隙,且货物不能堵塞冷气通道和泄水通道,使冷气能有效地流通。

③ 冷藏货物比普通杂货更容易滑动、破损,因此对货物要加以固定。固定货物时,可以用网等作衬垫材料,这样不会影响冷气的循环和流通。货物之间还需加冷冻垫托盘。

④ 货物装载期间,冷冻装置必须停止运转。

⑤ 温度要求不同或气味不同的冷藏货物绝不能配入同一箱内。装货完毕关门后,应立

即使通风孔放在要求的位置,并按货物对温度的要求及操作要求控制好箱内温度。

⑥ 冷藏箱装船前,应由大管轮和电机员负责,按舱单(manifest,M/F)上的标注检查其设定的冷藏温度,并对制冷机械试机运行。若存在故障,则应及时修理,或临时换箱或退关。

4. 危险货物的装箱操作

装运危险货的集装箱必须带有表明符合《国际集装箱安全公约》要求的"CSC安全合格"金属标牌。装有危险货的集装箱必须配备"集装箱装运危险货物装箱证明书"。装有危险货物的集装箱,其箱体两端和两侧均需粘贴符合国际危险物装载规定的危险货的主、副标牌或海洋污染物标记。

学习单元三 集装箱货物汗湿及防止措施

集装箱货物汗湿是集装箱货物发生残损的主要原因之一。当货物使用封闭式集装箱时,甚至比装载在杂货船的货舱内更容易发生货物受汗湿而损坏。货物汗湿不仅影响货物的包装、外观,而且有时还损害货物的质量,使货物丧失使用价值。因此,物流工作人员在做好集装箱货物积载工作的同时,还要做好集装箱货物汗湿的预防工作,掌握汗湿货物的处理方法。

一、集装箱货物汗湿现象

当货物装载在封闭式集装箱时,由于封闭式集装箱无法控制和调节箱内的温湿度,使得箱壁或者货物表面产生"出汗"现象,即货物汗湿。货物汗湿是造成集装箱货损的一个重要因素。

二、集装箱货物汗湿的原因

集装箱货物汗湿的主要原因如下。

(1) 港口集装箱堆场上,最上层集装箱普遍受到水泥场地辐射热的影响。

(2) 由于船舶甲板上的集装箱受外界温度变化的影响较严重,所以在甲板上最上层和两侧最外部的集装箱最易发生汗湿。

(3) 积载在船首部两侧的集装箱,会受到海水冲击而使箱壁急剧冷却,结果使箱内温度较高的空气因急剧冷却而出现严重的结露现象。

(4) 箱内本身含有水分,其来源有:一是集装箱底板未曾干透而含有水分;二是箱内冲水清洗后,底板表面似乎干燥,而实际上内部尚未干透;三是货物含有水分或货物包装材料含有一些水分;四是货板(托盘)及垫木等曾受潮而含有一定数量的水分等。在气温较高的环境下散发出来,从而增大了箱内空气的绝对湿度。

三、防止集装箱货物汗湿的措施

为了提高集装箱运输的质量,控制货物的汗湿现象,一般可以采取以下措施。

(一) 降低箱内空气的绝对湿度

封闭式集装箱几乎是气密的,基本上可断绝与外界空气的流通,所以降低箱内空气的绝对湿度,可以防止结露。

(1) 货物装箱要在干燥晴朗天气下进行,尽量避免在阴雨湿度大的条件下装箱。
(2) 货物包装材料要保持干燥,即如果货物或其包装材料较潮湿,在不得已而装箱时,应紧密堆装,使货件之间的空气不易顺畅对流。
(3) 加固及衬垫材料应干燥。
(4) 在箱内放置高效的吸湿剂(如硅胶等)。

(二) 防止箱内壁面的温度急剧变化

集装箱顶板由单层铝合金或钢板所构成的,因其热传导率较高,对外界温度变化的反应极为敏感,极易在内壁出汗。所以,应尽可能使用内壁有隔垫材料的集装箱。比如,在集装箱内壁贴附一层隔热的胶合板,就可以改善内壁出汗的情况。

(三) 其他措施

当集装箱本身无法抑制外界温、湿度变化的影响时,可采取下列措施,尽量减少货物湿损。
(1) 在顶板及侧板上铺盖隔热材料或用吸水性材料覆盖顶板。
(2) 货物本身使用塑料薄膜密封,在其内部再放置硅胶,或用真空包装。
(3) 易生锈货物表面预先处理,以防汗湿锈蚀。
(4) 成组货物尽量使货物之间保持坚实致密,减少货物与空气的接触面,减轻汗湿的影响。

拓展阅读

航空集装器

在航空运输中,飞机舱内设有固定集装器的设备,把集装器固定在飞机上,这使得集装器成了飞机的一部分。

1. 集装器按照注册和非注册划分

(1) 注册的飞机集装器。注册的飞机集装器是政府有关部门授权集装器生产厂家生产,适宜于飞机安全载运,在其使用过程中不会对飞机的内部结构造成损害的集装器。

(2) 非注册的飞机集装器。非注册的飞机集装器是指未经政府部门授权生产的,未取得适航证书的集装器。非注册的飞机集装器不应看作飞机的一部分。因其与飞机货舱不相匹配,所以不允许装入飞机的主货舱。

2. 集装器按照种类进行划分

(1) 集装板和网套。集装板是具有标准尺寸,四边带有卡锁轨道或网带卡锁眼,且带有中间夹层的硬铝合金制成的平板,以便货物在其上方堆码。网套用来将货物固定在集装板上,主要靠专门的卡锁装置来固定。

(2) 结构和非结构集装箱。为了充分利用飞机内部空间,保护飞机的内壁,除了板和网以外,还可以增加一个非结构的网罩,罩在货物与网套之间,这就是非结构的集装棚。结构的集装棚是指带有固定在底板上的外壳的集装设备,它形成了一个完整的箱,不需要网套固定,分为拱形和长方形两种。

(3) 航空集装箱。航空集装箱可以分为主货舱集装箱、下货舱集装箱、空陆联运集装箱。

主货舱集装箱只能装在全货机或客机的主货舱,这种集装箱的高度一般为163cm以上。下货舱集装箱只能装在宽体集装箱的下货舱内。空陆联运集装箱分为20ft和40ft,高和宽为8ft。

 前沿视角

集装箱行业发展趋势

集装箱具有强度高、容积大、可叠放的特点,可以长期重复使用,节省大量空间,并能够加快货物的装载、卸载和换装速度。在全球贸易中,80%以上的货物使用集装箱运输,集装箱已经成为全球最大的运输载体。同时,集装箱能够使运输货物尺寸标准化,并以此为基础实现全球多式联运物流系统相配套,对国际物流行业发展具有重要意义。

随着运输市场的不断变化以及集装箱技术的日趋完善,对集装箱的需求也将变得多样化、复杂化,集装箱行业呈现出智能化、标准化、大型化、多式联运、节能环保的发展趋势。

(1) 智能化。集装箱的信息化是影响现代物流的一个关键因素。目前,集装箱的信息化主要通过射频识别技术(RFID)、微机电系统(MEMS)等传感技术、控制技术、通信网络技术等相关信息技术,来实现全球环境下全供应链的信息实时与透明,以及全供应链下的集装箱远程监测、跟踪与管理。

(2) 标准化。集装箱产品是标准化程度较高的产品,仅就内外部尺寸、各种性能试验和零部件方面,就有多项标准或规范要求。目前,我国已有集装箱国家标准50多项,行业标准20多项。由于集装箱运输涉及车船、起吊设备等相关设施,各种配套标准在运输中将起到至关重要的作用。

(3) 大型化。与普通集装箱船舶相比较,大型化集装箱船在运载能力上有实质突破。此外,船舶的大型化也在节能环保上具有优势,其低碳特点突出,客观上降低了班轮公司成本,扩大了利润空间。随着技术的不断改进和完善,大型化集装箱运输船将逐渐取代现有船只,成为主流船型。

(4) 多式联运。目前世界集装箱运输仍以单一的运输模式为主,海陆空之间的衔接不够紧密。未来集装箱技术的不断进步会为各种运输途径相互衔接提供更为便利的条件。

(5) 节能环保。未来集装箱不仅在生产过程中要遵循更高的排放和能耗标准,而且在使用过程中也将提出轻量化要求。以中集集团的"梦工厂"为例,该生产线已经能够在实现生产力提高的同时,做到污水零排放,VOC(挥发性有机化合物)排放量仅为国家规定标准的5%。

随着集装箱下游应用市场的逐步扩大,集装箱行业将会面临一个极为庞大的市场。未来中国集装箱运输行业仍有很大的发展和提升空间,中国正在实现从集装箱运输大国向强国的转变。

职业指导

企业需求

集装箱作为一种现代物流业广泛使用的包装单元和容器,为经济全球化做出了巨大贡献,目前已经在仓储企业、港口企业、公路运输、铁路运输、水路运输、航空运输中被广泛使用。随着集装箱运输的发展,企业需要一大批熟悉集装箱货物特性,并能够对不同性质货物进行装箱和配积载方案设计的人员,通过智能化的装箱软件实现集装箱的积配载。同时也需要实施集装箱装载的实际操作人员。

实际应用

本学习项目所涉及的"集装箱货物的分类和集装箱货物的装箱"具有较强的实际应用价值。首先,并不是所有货物都适合集装箱运输,因此要根据各类货物进行适箱情况的分析。其次,即使是适合集装箱运输的货物,其装箱的方法也不同,因此可以根据不同货物选择正确的积载方法,保证货物在运输过程中的安全。再次,集装箱货物在储存和运输过程中可能因出现汗湿情况而造成货损,因此需要分析汗湿产生的原因,有针对性地采取防止措施。

职业技能

学生通过本学习项目的学习,能够掌握以下技能,以满足企业(职业)岗位需求。
- 能够分析各类货物的适箱情况;
- 能够对各类适箱货物进行正确地装载;
- 能够分析集装箱货物汗湿的原因,采取防止措施。

同步测试

一、选择题

1. 下列不适合集装箱运输的货物有(　　)。
   A. 小型电器　　　B. 医药品　　　C. 纺织品　　　D. 废铁
2. (　　)是集装箱整箱货。
   A. FCL　　　　　B. CFS　　　　C. CY　　　　　D. LCL
3. 按照货物是否适箱划分的货物类别不含(　　)。
   A. 最适箱货　　　B. 适箱货　　　C. 清洁货　　　D. 边缘货
4. 某集装箱在船上的箱位编号为040201,其中02表示(　　)。
   A. 行号　　　　　B. 排号　　　　C. 层号　　　　D. 识别号
5. 危险货物装箱时,不正确的做法是(　　)。
   A. 每一票危险货物必须具备危险货物申报单
   B. 作业人员操作时应穿防护服、戴防护面具和手套
   C. 危险货物与其他货物混载时,应尽量把危险货物装在集装箱里面
   D. 装有危险货物的集装箱上必须粘贴危险品标志
6. 集装箱超长货物的超长量最大不超过(　　)mm。
   A. 150　　　　　B. 280　　　　C. 306　　　　D. 350

二、简答题

1. 集装箱有哪些种类?
2. 集装箱货物有哪两个方面的特征?
3. 根据货物的适箱性分类可以货物分为几类?

4. 集装箱在使用前要做哪几个方面的检查？
5. 冷藏货物装载时应注意哪些问题？
6. 危险货物在装载时应主要哪些问题？

三、实务题

图 8-13 是一货柜后门的一部分，看图回答以下问题。

(1) 箱主的代号是什么？其所在国家是什么？

(2) 此柜的类型是什么？其尺寸大小是多少？

(3) 此柜理论上可装货多少？空箱自重多少？

(4) 此柜是否有鹅颈槽？

(5) 此柜的核对数字和顺序号分别是什么？

图 8-13　货柜

集装箱货物的选箱和装箱

1. 实训目的

通过训练，使学生了解和熟悉不同集装箱货物的选箱和装箱思路和方法。

2. 实训内容

(1) 背景资料：某一公路运输企业，主要承接件装货物、散装货物和冷藏货物的集装箱运输业务。

(2) 以小组为单位，到某一站场了解货物的选箱和装箱全过程，并分析集装箱货物的选箱和装箱是否得当。

3. 实训要求

(1) 了解某一货站某一货物选箱的情况，并分析其选箱是否合适。

(2) 了解某一货站某一货物装箱全过程，并分析其装箱是否得当。

(3) 根据分析结论提出改进意见。

(4) 每组提交一份货物基本性质分析报告。

(5) 每组选派一名代表讲解和展示本组的工作成果。

4. 实训考核

(1) 评价方式：采取小组自评、小组互评、教师评价三维评价方式，以教师评价为主，小组自评和小组互评为辅，其中教师评分比例占总分数的 60%，小组自评占 20%，小组互评占 20%。

(2) 评价指标：从专业能力、方法能力、社会能力、工作成果展现 4 个方面进行评价，总评成绩＝小组自评×20%＋小组互评×20%＋教师评价×60%。

学习项目八任务工作单　　学习项目八任务实施单　　学习项目八任务检查单　　学习项目八任务评价单

参 考 文 献

[1] 张彤. 货物学概论[M]. 北京：中国财富出版社，2017.
[2] 张彤，牛雅丽. 汽车售后配件管理[M]. 2版. 北京：机械工业出版社，2016.
[3] 周艳，王波，白燕. 货物学[M]. 北京：清华大学出版社，2015.
[4] 霍红，刘莉. 货物学[M]. 3版. 北京：中国人民大学出版社，2018.
[5] 蔡佩林. 货物学基础[M]. 北京：人民交通出版社，2016.
[6] 腾连爽. 货物学基础[M]. 北京：中国水利水电出版社，2013.
[7] 窦志铭. 商品学基础[M]. 5版. 北京：高等教育出版社，2020.
[8] 中国出入境检验检疫指南编委会. 中国出入境检验检疫指南[M]. 北京：中国检察出版社，2010.
[9] 国家出入境检验检疫局. 出入境检验检疫公务员初任培训专业教材[M]. 北京：中国对外经济贸易出版社，2000.
[10] 岳蕾. 包装概论[M]. 北京：印刷工业出版社，2008.
[11] 孙宏岭，武文斌. 物流包装实务[M]. 北京：中国物资出版社，2004.
[12] 周晶杰，周在青. 危险货物运输与管理[M]. 上海：上海浦江教育出版社，2013.
[13] 李学工. 冷链物流管理[M]. 2版. 北京：清华大学出版社，2020.
[14] 郑若函，赵东明. 集装箱运输实务[M]. 北京：对外经济贸易大学出版社，2014.
[15] 邹建华，王燕萍. 国际贸易实务[M]. 2版. 北京：高等教育出版社，2020.